高等学校工程管理类本科指导性专业规范配套教材
高等学校土建类专业"十三五"规划教材

Project工程项目管理软件应用

沈良峰　王昭辉　主编

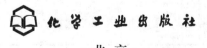

·北京·

本书主要介绍了 Project 工程项目管理软件应用的基本内容，包括 4 篇 11 章，涉及工程项目管理概述、工程项目过程管理、Project 介绍、工程项目范围管理、工程项目进度（资源、成本）计划、工程项目跟踪控制、工程项目信息管理及沟通管理等。

Project 软件应用具有很强的操作性和实践性，本书结合工程项目管理的基本理论和方法，编写时力求深入浅出、通俗易懂，突出各部分应用的操作过程和实用性。

本书可作为高等院校土木工程、工程管理、工程造价专业的学生教材，也可作为工程管理相关人员的岗位培训教材，还可供工程管理从业人员参考。

图书在版编目（CIP）数据

Project 工程项目管理软件应用/沈良峰，王昭辉主编. —北京：化学工业出版社，2018.8（2024.11重印）
高等学校工程管理类本科指导性专业规范配套教材
ISBN 978-7-122-32473-3

Ⅰ.①P… Ⅱ.①沈…②王… Ⅲ.①企业管理-项目管理-应用软件-高等学校-教材 Ⅳ.①F272.7-39

中国版本图书馆 CIP 数据核字（2018）第 138586 号

责任编辑：陶艳玲　　　　　　　　　　装帧设计：韩　飞
责任校对：王素芹

出版发行：化学工业出版社（北京市东城区青年湖南街 13 号　邮政编码 100011）
印　　装：北京虎彩文化传播有限公司
787mm×1092mm　1/16　印张 16½　字数 355 千字　2024 年 11 月北京第 1 版第 6 次印刷

购书咨询：010-64518888　　　　　　　　售后服务：010-64518899
网　　址：http://www.cip.com.cn

凡购买本书，如有缺损质量问题，本社销售中心负责调换。

定　　价：45.00 元　　　　　　　　　　　　　　　　版权所有　违者必究

丛书序

我国建筑行业经历了自改革开放以来 20 多年的粗放型快速发展阶段，近期正面临较大调整，建筑业目前正处于大周期下滑、小周期筑底的嵌套重叠阶段，在"十三五"期间都将保持在盘整阶段，我国建筑企业处于转型改革的关键时期。

另一方面，建筑行业在"十三五"期间也面临更多的发展机遇。国家基础建设固定资产投资持续增加，"一带一路"战略提出以来，中西部的战略地位显著提升，对于中西部地区的投资上升；同时，"一带一路"国家战略打开国际市场，中国建筑业的海外竞争力再度提升；国家推动建筑产业现代化，"中国制造 2025"的实施及"互联网＋"行动计划促进工业化和信息化深度融合，借助最新的科学技术，工业化、信息化、自动化、智能化成为建筑行业转型发展方式的主要方向，BIM 应用的台风口来临。面对复杂的新形式和诸多的新机遇，对高校工程管理人才的培养也提出了更高的要求。

为配合教育部关于推进国家教育标准体系建设的要求，规范全国高等学校工程管理和工程造价专业本科教学与人才培养工作，形成具有指导性的专业质量标准，教育部与住建部委托高等学校工程管理和工程造价学科专业指导委员会编制了《高等学校工程管理本科指导性专业规范》和《高等学校工程造价本科指导性专业规范》（简称"规范"）。规范是经委员会与全国数十所高校的共同努力，通过对国内高校的广泛调研、采纳新的国内外教改成果，在征求企业、行业协会、主管部门的意见的基础上，结合国内高校办学实际情况，编制完成。规范提出工程管理专业本科学生应学习的基本理论、应掌握的基本技能和方法、应具备的基本能力，以进一步对国内院校工程管理专业和工程造价专业的建设与发展提供指引。

规范的编制更是为了促使各高校跟踪学科和行业发展的前沿，不断将新的理论、新的技能、新的方法充实到教学内容中，确保教学内容的先进性和可持续性；并促使学生将所学知识运用于工程管理实际，使学生具有职业可持续发展能力和不断创新的能力。

由化学工业出版社组织编写和出版的"高等学校工程管理类本科指导性专业规范配套教材"，邀请了国内 30 多所知名高校，对教学规范进行了深入学习和研讨，教材编写工作对教学规范进行了较好地贯彻。该系列教材具有强调厚基础、重应用的特色，使学生掌握本专业必备的基础理论知识，具有本专业相关领域工作第一线的岗位能力和专业技能。目的是培养综合素质高，具有国际化视野，实践动手能力强，善于把 BIM、"互联网+"等新知识转化成新技术、新方法、新服务，具有创新及创业能力的高级技术应用型专门人才。

同时，为配合做好"十三五"期间教育信息化工作，加快全国教育信息化进程，系列教材还尝试配套数字资源的开发与服务，探索从服务课堂学习拓展为支撑网络化的泛在学习，为更多的学生提供更全面的教学服务。

相信本套教材的出版，能够为工程管理类高素质专业性人才的培养提供重要的教学支持。

高等学校工程管理和工程造价学科专业指导委员会 主任
任宏
2016 年 1 月

前言

在现代社会经济发展过程中，工程项目随处可见，可以说，政府部门和企业的管理人员，包括工程技术人员，都不同程度地参与过工程项目或者工程项目的管理工作。在本人20多年的工程实践中，见证了工程项目管理的教育和实际应用日趋成熟。

随着建筑产业市场化的迅速发展，工程项目管理的规模也在迅速扩大，广大工程管理人员通过利用计算机和信息技术，借助优秀的项目管理软件，能够提高工作效率，并能更加合理有效地规划和管理项目，从而在日益加剧的市场竞争中占据优势。

Project软件是Microsoft公司发布的集使用性、功能性和灵活性于一体的强大项目管理工具。对于工程项目管理人员来说，依靠Project的系列软件来计划和管理项目，可以有效地组织和跟踪任务与资源，使工程项目符合工期和预算，缩短投入生产的周期，降低成本，提高工程项目的管理水平和效率。同时，Project软件可与Microsoft Office系统中的产品协调工作，使得工程项目管理人员可以更有效地共享项目信息，并将信息传达给更多的项目参与人员。

本书结合微软Project工程项目管理软件，本着系统管理原则，以工程项目为对象，以工程项目全生命期为主线，全面阐述项目的前期策划、项目计划、控制、协调和信息管理的方法与应用。本书结合案例，每个案例都相应地运用Project软件提供解决方案，对Project软件的运用都有非常详细的操作步骤，便于读者学习。本书力求将工程项目管理的理论和方法与Project软件的实际运用结合起来，以便为工程管理的技术人员对工程项目管理中的问题提供方便、快捷的解决途径，同时也为工程管理专业的学生较好、较快地掌握工程项目管理的理论和方法提供了便利。

本书由沈良峰和王昭辉担任主编，沈良峰负责全书的总体策划、构思并定稿，王昭辉负责统稿。全书共分4篇11章，其中第1~第5章由沈良峰、王昭辉、胡伟勋编写，第 6~第 9 章由王昭辉、易欣、何惊宇编写,第 10、第 11 章由易欣编写。另外中南林业科技大学工程管理系的李倩、曹建文等老师为编写工作提供了便利并提出了不少修改意见,张志东、龙晴、刘耶霖、刘运泽、李卓洁等研究生也参与了部分工作,在此表示深深的谢意。

本书在编写过程中查阅和参考了许多专家、学者的著作,在此表示衷心感谢。由于工程项目管理与 Project 软件结合的应用在工程实践中仍需要不断丰富和发展,加之作者水平所限,本书不当之处敬请读者、同行批评指正,以便后续修改完善。联系方式:slf535@163.com。

编 者
2018 年 5 月

目录

第 1 篇　工程项目管理与 Project

▶ 第 1 章　工程项目与项目管理概述　2
- 1.1　工程项目与日常工作　3
- 1.2　工程项目的特征和分类　4
- 1.3　工程项目成功的因素　6
- 1.4　工程项目管理的 6 要素　8
- 1.5　工程项目管理的特点和精髓　10
- 1.6　PMBOK 的项目管理知识体系　12
- 本章小结　14
- 思考题　14

▶ 第 2 章　工程项目的过程管理　15
- 2.1　工程项目生命期及其 4 个阶段　15
- 2.2　工程项目管理的 5 个过程　17
- 2.3　工程项目管理 4 个阶段与 5 个过程的关系　18
- 2.4　工程项目计划与工程项目控制之间的关系　19
- 2.5　里程碑和可交付成果　20
- 本章小结　21
- 思考题　21

▶ 第 3 章　Project 介绍　24
- 3.1　Project 的基本情况　25
- 3.2　Project 的基础功能和组成　30
- 3.3　Project 的认证培训大纲　33
- 3.4　Project 工作界面　36

3.5 Project 的常用视图 …… 42
3.6 在 Project 中选择数据域 …… 48
3.7 上机实验 …… 53
本章小结 …… 56
思考题 …… 56

第 2 篇　工程项目计划

第 4 章　工程项目范围管理　60

4.1 概述 …… 60
4.2 项目启动 …… 62
4.3 项目范围计划 …… 64
4.4 项目范围定义 …… 66
4.5 项目范围确认 …… 67
4.6 项目范围变更控制 …… 69
4.7 Project 在项目范围管理中的运用 …… 71
本章小结 …… 75
思考题 …… 75

第 5 章　工程项目进度计划　76

5.1 工程项目工作分解结构（WBS）编制 …… 76
5.2 横道图 …… 80
5.3 CPM/PERT …… 81
5.4 无资源约束下的进度计划编制 …… 86
5.5 Project 在无资源约束下进度计划编制中的运用 …… 91
5.6 Project 软件在施工组织中的运用 …… 94
本章小结 …… 102
思考题 …… 102

第 6 章　工程项目资源计划　105

6.1 项目资源计划 …… 106
6.2 资源计划方法 …… 112
6.3 Project 在资源平衡中的运用 …… 120
6.4 资源约束下进度计划优化 …… 126
6.5 Project 在资源约束下进度计划编制中的运用 …… 126
本章小结 …… 137

思考题 …………………………………………………………………… 138

第 7 章　工程项目成本计划　140

7.1　概述 ………………………………………………………… 141
7.2　项目成本估算 ……………………………………………… 142
7.3　项目成本预算 ……………………………………………… 147
7.4　工程项目人工费成本计划的确定 ………………………… 149
7.5　工程项目各类资源成本的确定 …………………………… 152
7.6　工程项目总成本的确定与预算审批 ……………………… 156
7.7　Project 在工程项目成本管理中的运用 …………………… 162
本章小结 ………………………………………………………… 170
思考题 …………………………………………………………… 170

第 3 篇　工程项目跟踪控制

第 8 章　工程项目进度计划的跟踪控制　174

8.1　实际进度与进度计划的对比 ……………………………… 175
8.2　中间计划的修改和优化 …………………………………… 180
8.3　工程项目进度延误原因分析与解决措施 ………………… 184
8.4　工期索赔 …………………………………………………… 188
8.5　Project 在进度控制和工期索赔中的运用 ………………… 192
本章小结 ………………………………………………………… 198
思考题 …………………………………………………………… 198

第 9 章　工程项目成本计划的跟踪控制　200

9.1　项目成本控制概述 ………………………………………… 201
9.2　实际成本与预算的对比 …………………………………… 202
9.3　项目成本控制的方法 ……………………………………… 205
9.4　Project 在工程项目成本控制中的运用 …………………… 211
本章小结 ………………………………………………………… 217
思考题 …………………………………………………………… 217

第 4 篇　工程项目信息沟通

第 10 章　工程项目信息管理　222

10.1　工程项目信息管理概述 …………………………………… 223

10.2 工程项目管理信息系统 …………………………………………… 226
10.3 工程项目文档管理 …………………………………………… 229
10.4 Project 在工程项目信息管理中的运用 …………………………………………… 232
本章小结 …………………………………………… 237
思考题 …………………………………………… 238

第 11 章 工程项目沟通管理 239

11.1 工程项目沟通管理概述 …………………………………………… 240
11.2 工程项目中常见的几种重要沟通 …………………………………………… 241
11.3 工程项目的沟通方式 …………………………………………… 244
11.4 Project 在工程项目沟通管理中的运用 …………………………………………… 246
本章小结 …………………………………………… 252
思考题 …………………………………………… 252

思考题参考答案 253

参考文献 255

第1篇
工程项目管理与 Project

第1章 工程项目与项目管理概述

教学目标 ▶▶

本章主要讲述工程项目和项目管理的基本概念和相关知识。通过本章的学习,应达到以下目标:

(1) 了解项目和项目管理的概念;
(2) 掌握项目的特点;
(3) 了解成功项目管理的主要因素;
(4) 掌握工程项目管理的6要素;
(5) 掌握工程项目的精髓:计划、控制;
(6) 了解PMBOK规定的项目管理知识体系。

学习要点 ▶▶

知识要点	能力要求	相关知识
项目	掌握项目的基本概念 了解项目的特征和分类	(1)工程项目的起源 (2)Operation和Program的区别 (3)项目和日常工作的区别
项目管理	掌握项目管理的基本概念 掌握项目管理的特点	(1)工程项目管理的6要素 (2)项目管理的精髓 (3)项目管理知识体系(PMBOK)

基本概念 ▶▶

工程项目、项目管理、项目管理知识体系。

1.1 工程项目与日常工作

1.1.1 工程项目的起源

自从有了人类社会,人们就开展了各种有组织的活动,工程项目活动的历史甚为久远,中国古代的万里长城、都江堰、京杭大运河等工程以及埃及的金字塔等已经被人们称为早期成功项目的典范。

随着人类社会的发展,有组织的活动逐步分化为两种形式:一种是连续不断、周而复始的活动,人们称之为"运作"(Operation),如企业日常生产活动;另一种是临时性、一次性的活动,人们称之为"项目"(Project),如企业的技改活动,在工程建设领域,一般的 Project 指单项工程,而 Program 指建设工程项目,是由若干个单项工程构成,如一个学校的建设项目(Program)就是由教学主楼、办公室、学生宿舍楼、食堂等单项工程构成。两种活动的区别,如表1-1所示。

表1-1 项目与日常工作之间的比较

	内 容	项目	日常工作
不同点	负责人	项目经理	部门经理
	实施组织	项目组织	职能部门
	组织管理	项目团队	线性管理
	管理方法	变更管理	保持连贯
	是否持续	一次性的	经常性的
	是否常规	对特性的	常规性的
	实施目的	特殊目的	一般目的
	考核指标	以目标为导向	效率和有效性
相同点	实施者	都是由人来实施	
	资源占用	受制于有限的资源	
	管理过程	需要计划、实施和控制	

1.1.2 项目的定义

美国项目管理协会(PMI)在编写的《PMBOK》中给"项目"下的定义是:项目(Project)是指人们为完成独特的产品或服务所做的一次性努力。目前比较认同的定义是:项目是指在一定的约束条件下(主要是限定资金、时间等),为完成某一独特的产品或服务具有特定目标的一次性任务。如三峡工程、研制一种新药等都是项目。

项目一般是独特的,即使是利用同一张图纸盖相同的房屋也应该归结为两个项目。通过对工程项目概念的认识和理解,可以归纳出项目作为一类特殊的活动所表现出的区别在于其他活动的特征：整体性、独特性、生命期属性、资源约束性、渐进明晰性。中国的万里长城和埃及的金字塔可以说是最早的项目，而真正把项目看作一个系统来进行管理却是从曼哈顿原子弹计划开始的。

1.1.3 项目管理

项目管理就是把知识、技能和技术应用于项目各项工作中，实现或超过项目利害关系者对项目的要求和期望。美国学者戴维指出："在应对全球化的市场变动中，战略管理和项目管理将起到关键性作用"。战略管理立足于长远和宏观，考虑的是企业的核心竞争力，以及围绕增强核心竞争力的企业流程再造、业务外包和供应链管理等问题；项目管理则立足于一定的时期和相对微观，考虑的是有限的目标、学习型组织和团队合作等问题。

项目管理是一种现代项目管理方法，是一种为大家所公认的管理项目的科学的管理模式，项目管理的对象是一系列的临时性活动或任务，目的是实现项目的预定目标。项目管理的职能与其他管理的职能一样，都是对项目的资源进行计划、组织、指挥和控制。

项目管理方式是一种科学管理。在领导方式上，强调个人责任，实现项目经理负责制；在管理机构上，采用临时性动态组织形式——项目团队；在管理目标上，坚持效益最优原则下的目标管理；在管理手段上，有比较完整的技术方法，如工作分解结构（WBS）、计划评审技术（PERT）、关键路线法（CPM）、赢得值（Earned-Value-Management）等方法。

1.2 工程项目的特征和分类

1.2.1 工程项目的特征

工程项目一般都具有整体性、一次性、独特性、生命期属性、约束性和渐进明晰性等6大主要特征，如图1-1所示。

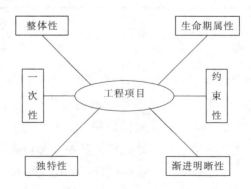

图1-1 工程项目的主要特征

(1) 整体性

项目是为完成目标而开展的工作的集合。不是一项独立的活动，而是一系列活动的有机组合，形成一个完整的过程。强调项目的整体性，就是强调工程项目的过程性和系统性。工程项目是有组织进行的，项目的结果可能是某种产品或服务，在生产实践中，工程项目的定义不但依赖于该工程项目的产品范围，同时还依赖于为完成该产品所需的管理过程。

(2) 一次性

工程项目是必须完成的、临时性的、一次性的工作，这是区别于其他常规"活动和任务"的主要特征。工程项目的一次性并不意味着项目历时短，有的工程项目可达到几年甚至更长，如京珠高速公路。

(3) 独特性

工程项目都有一个特定的明确的目标，或称特定的产品或服务。这一特定的目标通常在工程项目前期设计出来，并在工程项目活动中逐步实现。

(4) 生命期属性

工程项目是一次性任务，所以是有起点和终点的。任何工程项目都会经历启动、计划、实施和收尾四个阶段，常常将四个阶段连在一起称为"生命期"。由于项目是一次性的，而"生命周期"有周而复始的意思，因此，可以用"生命期"来表征工程项目的属性。

(5) 约束性

工程项目和其他任务一样，有资金、时间、资源等许多约束性条件，项目只能在一定的约束条件下进行。这些约束性条件既是完成项目的制约因素，也是管理工程项目的前提条件。

(6) 渐进明晰性

工程项目由启动阶段、计划阶段、实施阶段和收尾阶段所组成，通过这四个阶段的推进，使得工程项目的目标逐渐明晰，最终得到初期设计所要求的产品或服务。

1.2.2 项目的分类

(1) 大型项目（Program）

大型项目是指统一管理的一组相互联系的工程项目，以获得按单个工程项目管理无法获得的效益。大型项目常常设有大型项目经理，不仅负责单个项目的管理，而且负责多个项目在不同时间的协调工作。如一所学校的建设，作为大型项目经理不仅负责教学主楼的建设，同时还负责办公楼、学生宿舍、实验楼以及校内道路等多个项目的协调工作。

(2) 项目（Project）

工程项目是指为创造独特的产品或服务而进行的一次性努力，其一般是有独立完整的生命期，有能交付的独立产品。在建筑工程项目中，一般指单项工程项目，由承包单位项目经理负责实施。

(3) 子项目 (Subproject)

工程项目一般分为几个更容易管理的部分或子项目。子项目经常被发包给外部企业或执行组织内的其他职能部门。在生产实践中的子项目，一般指工程项目的某一阶段。

(4) 活动或任务 (Activity or Task)

活动是工程项目工程中的工作单元，一个活动通常具有预计的时间、预计成本和预计资源需求。活动通常细分成单个任务。活动或任务是构成工程项目的大量工作。

(5) 工作包 (Work Package)

活动或任务由工作包组成，工作包是组成活动或任务的组成部分。

(6) 工作单元 (Working Unit)

工作单元是工作包的组成部分，也是项目最基础的组成单元。

1.3 工程项目成功的因素

1.3.1 项目的三要素

任何项目都会受到质量、时间和费用3个方面的约束，即项目管理的三要素，它们中的任何一个发生变化都会影响其他两个。项目的"质量"指的是产品的质量，广义的还包括工作的质量。产品质量是指产品的使用价值及其属性；而工作质量则是产品质量的保证，它反映了与产品质量直接有关的工作对产品质量的保证程度。项目的"时间"指的是反映在项目日程中的完成项目所需的时间。项目的"费用"即项目的预算，取决于资源的成本，这些资源包括完成任务所需的人员、设备、材料等。

虽然这3个要素都很重要，但通常会有一个要素对项目起决定性作用。它们之间的关系根据每个项目而异，它们决定了用户会遇到的问题种类，以及可以实现的解决方案。

1.3.2 工程项目成功的因素

工程项目想要成功，要有大量的因素共同推动，主要有高层领导的支持、明确的目标和范围、优秀的项目经理、项目团队的积极参与、客户的全过程参与、分包商的良好沟通与合作、严密而灵活的项目计划、项目的跟踪与控制以及适宜的项目管理技术（图1-2）。诸多因素中，最主要的是要有一个很好的项目团队和一个考虑周到的项目计划。

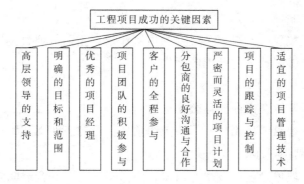

图 1-2 工程项目成功的因素

(1) 高层领导的支持

任何工程项目都会遇到这样或那样的困难,尤其是存在一些人为的阻拦项目进展时,特别需要高层领导的大力支持。如美的集团在进行事业部制改革时,上下都是一片反对声,请来的专家也有很多人反对改革,此时,美的核心人物何享健先生力排众议,大力推行事业部制改革,终于获得了极大成功。

(2) 明确的目标和范围

工程项目范围即为使客户满意而必须做的所有工作。客户总是期望工作范围高质量完成。如,一个房屋建造项目,客户期望项目质量高,如果仅仅完成了工作范围,却遗留了水龙头漏水、暖气片漏气等情况,都不会使得客户满意。

(3) 优秀的项目经理

工程项目经理是项目成功的关键因素。项目经理要与项目团队中的每位成员建立起友好关系,并能有效地应用人际交往能力、领导能力来影响其他人的思想和行为,更好地为项目服务。项目经理的责任就是使得客户对项目成果满意。项目经理应该常与客户沟通,通报项目进展,把客户作为自己的合作伙伴,在整个工程项目过程中使其积极地参与,确保项目最终的成功。

(4) 项目团队的积极参与

完成工程项目目标最为重要的是人员,而不仅仅是技术、程序。程序与技术仅仅是帮助人们做好工作,是工具。例如,Microsoft Project 软件是帮助人们进行项目设计和项目控制的,但计划如何制定,如何执行都取决于工程项目管理人员的智慧和经验。

(5) 客户的全程参与

在工程项目实施过程中,客户应该全过程参与,现代工程项目管理更加强调客户的参与,使得项目团队能够不断了解客户需求和意图,客户参与是确保工程项目顺利实施的有效手段。

(6) 分包商的良好沟通与合作

总承包商除了对合同进行管理外,与分包商的良好沟通有利于将问题尽早发现,从而确保工程质量和合同工期。

(7) 严密而灵活的项目计划

工程项目应该在实现前就有一个严密的项目计划，在工程项目实施过程中适当灵活处理，使得工程项目能够在计划的范围内运作。

(8) 项目的跟踪与控制

工程项目的实施需要客户或监理公司进行跟踪与监控，与工程项目团队（总承包商）沟通，将信息及时反馈给项目团队，促使工程项目在可控条件下顺利进行。

(9) 适宜的项目管理技术

目前运用于工程项目管理的技术有很多，但只有采用一些合适的先进的项目技术，才能够帮助项目合理运营。

1.4 工程项目管理的 6 要素

工程项目的要素除了前述的质量、时间（进度）和费用（成本）3 个要素外，发展到包含质量、进度、成本和范围在内的 4 要素，在此基础上再增加项目组织，成为项目管理的 5 要素，但成功的项目管理一般还需考虑客户的满意度，合起来称为成功项目管理的 6 要素，见图 1-3。

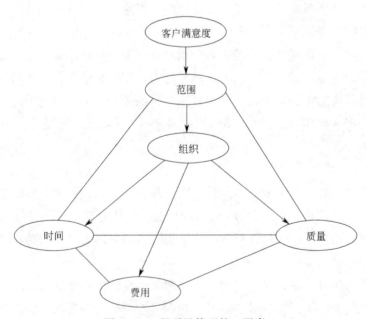

图 1-3　工程项目管理的 6 要素

1.4.1 工程项目管理的 3 要素

如前所述，项目的三要素也就是工程项目管理的 3 要素，通常进度、质量和成本三者是有机统一的整体，它们既互相制约，又相互联系，其关系如图1-4所示。工程项目管理的目的是追求进度快、质量好、成本省的有机统一。对于一个确定的工程项目，项目管理就是如何处理好质量、进度和成本之间的关系。

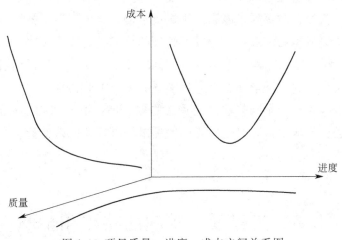

图1-4　项目质量、进度、成本之间关系图

1.4.2　工程项目管理的4要素

工程项目管理的要素除了上述的进度、质量、成本3要素外，还涉及项目的范围因素，范围指的是项目的目标和任务，以及完成这些目标和任务所需的工作。因此，工程项目管理的第四个目标就是范围管理，即项目的质量、范围可以与成本、进度相互折衷。如工程范围的增减、进度的变化，会引起费用和质量的改变。

1.4.3　工程项目管理的5要素

除了满足工程项目预期的需求，工程项目可以看成是由以下5个要素构成，工程项目的质量、项目的成本、项目的进度、项目的范围和项目的组织。它们形成了项目管理的基本对象和内容，其相互关系如图1-3所示。5种项目要素中，范围与组织是必不可少的，没有范围就没有项目，没有项目组织项目就无法实施，其他3个则是软约束，是可以有所变通的。工程项目一般都要满足一定的质量要求，一般都要花费一定的费用和时间。这些约束都可以与范围进行折衷权衡。

1.4.4　工程项目管理的6要素

在工程实践中，工程项目管理的核心就是通过工程项目使业主或客户满意。所以，客户满意度是工程项目管理的一个核心。因而工程项目管理涉及6个要素：进度、成本、质量、工作范围、组织和客户满意度。

项目团队为了提高客户满意度水平，在项目计划过程中首先需要对客户的需求进行分析，以便准确陈述工程项目。需求分析就是明确市场对项目的需求和业主对项目的要求。工程项目的需求是多种多样的，通常可以分为两类：必须满足的基本需求和附加需求。

基本需求包括项目的进度、质量、成本、范围以及必须满足的法规要求。项目质量、项目成本、项目进度三者是互相制约的，当进度要求不变时，质量要求越高，则成本越高；当项目成本不变时，质量要求越高，则进度越慢；当项目质量标准不变时，进度过快或变慢都会导致项目成本的增加。工程项目管理的目标就是追求多快好省的统一。

附加需求一般是对开辟市场、争取支持方面的要求。如一个工程项目，除了基本要求外，建设和生产是否有利于环境保护等，也应该列入需求分析中。

对于同一个工程项目，不同的项目关系人的需求是各不相同的，有的甚至相互抵触。这就要求我们在进行需求分析时对这些不同的需求加以协调，以便折衷，尽量可能使得工程项目相关者满意。

1.5 工程项目管理的特点和精髓

1.5.1 工程项目管理的特点

工程项目管理与传统的部门管理相比最大特点是注重于综合性管理，并且工程项目管理工作有严格的时间界限。工程项目管理必须通过不完全确定的过程，在确定的期限内生产出不完全确定的产品，日程安排和进度控制常对工程项目管理产生很大的压力。工程项目管理的特点如图 1-5 所示。

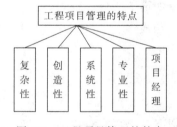

图 1-5 工程项目管理的特点

(1) 工程项目管理是一项复杂的工作

项目一般由多个主要任务组成的，工作跨越多个行业、多个组织和多个学科，项目通常没有或很少有供参考的经验，不确定因素太多，需要将不同经历、不同组织和不同特长的人组织成一个临时性的组织，在资源、成本和工期的约束下完成项目目标，这些都决定了项目管理工作的复杂性。

(2) 工程项目管理具有创造性

项目的一次性特点，决定了工程项目管理既要承担项目风险又要创造性进行管理。但创造总是带有探索性，并常常可能会导致失败。因此，创造性必须依赖于科学技术的发展和支持，通过对前人经验的继承和积累，综合多种学科的成熟的知识和最新的研究成果，将多种技术结合起来，创造性地完成项目预期目标。

(3) 工程项目管理需要集权领导与成立专门的项目组织

项目的复杂性随着项目范围的不同而有较大变化，项目越大越复杂，包含的学科、技术种类也越多，项目过程可能出现的各种问题贯穿于各组织部门，要求不同部门作出迅速有效且相互关联的反应，需要建立围绕专一任务进行决策的机制和相应的专门组织。

（4）项目经理起着非常重要的作用

工程项目管理中起着非常重要作用的人是项目经理，他受业主委托在时间限制、资源限制的条件下完成项目目标，有权独立进行计划、资源调配和协调控制，他必须使他的团队成为真正的队伍，一个公平配合默契、具有积极性和责任心的高效率团队。

1.5.2 工程项目管理的精髓

（1）对工程项目管理系统的认识

工程项目组织系统内每一位团队成员对工程项目目标应该都有共同的了解。然而在工程项目实践中，由于项目管理人员所处的岗位不同，具体承担的工作性质的差异，对工程项目管理的目标的理解可能不同。如负责工程项目进度管理的人员认为进度是主要，总是感觉其他人都在拖他的后腿；主管技术的人员可能对某一个技术细节精益求精，花费大量时间。这种情况在工程项目管理实践中是很常见的。工程项目管理者常常会因为一个决策、一个方案，因其承担的任务的不同，导致观点对立，而出发点都是为了顺利地完成项目目标。出现这种现象关键是缺乏对工程项目目标的整体和系统的认识。

工程项目是个系统，项目目标也是个系统，如工程项目中，项目质量、项目进度和项目成本是工程项目的3大基本目标，项目管理目标就是要使三大基本目标顺利实现。然而，在工程项目管理实践中，三大基本目标是相互对立又统一的。如项目成本与进度，项目进度快常常会增加项目成本，反过来，加快项目进度就能够提早动用工程，并增加盈利。加快项目进度有可能影响项目质量，而项目质量控制严格，自然返工减少，项目进度则会加快。如投资与项目质量的关系，项目质量好可能增加项目投资，但是工程项目质量控制严格，则可以减少维护费用，提高经济效益。所以，工程项目管理团队成员在目标控制的时候要注意采取系统的思考方法，以平衡项目的各大目标。

对项目的目标是一个目标系统的理解，也是项目团队工作的基础。项目目标决定了项目团队的形式以及组织内的各种流程，如果项目团队内成员对于项目目标的理解不一致，团队成员的行为有可能与组织设计中他们的定位不同，造成工程项目管理团队运行的障碍。如，一个技术管理者，他的主要职责是保证项目技术系统的先进性和项目质量，而没有系统考虑任何一个方案都具有经济性和技术性两个方面，那么，他可能在某些细节上耗时过长，从而影响项目进度的安排，或者为追求项目质量的完美没有考虑项目资金的约束。

（2）受控

工程项目管理知识并非深奥，只要我们认真阅读有关工程项目管理的书籍，都应该能对工程项目管理的思想和技术大致有个了解。有的人能够在工程项目中采用项目管理的技术和方法。工程项目管理的精髓是对工程项目管理的执行情况进行监控，确保工程项目大体上按计划执行。客观说，监控比不监控好，监控得多比监控得少好，早监控比晚监控好。总之，监控是确保项目目标实现的有力保障。

1.6 PMBOK 的项目管理知识体系

项目管理知识体系（或知识领域）是指项目管理学科的主体，是项目管理在各种特殊应用领域中都会涉及的共同需要的知识，其中也包括一般管理学知识，它是项目经理必须具备与掌握的重要知识与能力。项目管理知识可以用不同的方式来加以组织。本教材参照美国项目管理协会（PMI）颁布的项目管理知识体系，共分为 9 个知识领域，如图 1-6 所示。

图 1-6　项目管理知识体系

（1）项目整体管理

描述了用以保证项目各种要素能够相互协调所需要的各个过程，由项目计划制定、项目计划实施和综合变更控制构成。项目整体管理是将项目范围管理、项目时间管理、项目成本管理、项目质量管理、项目人力资源管理、项目沟通管理、项目风险管理、项目采购管理等集成起来的管理。

（2）项目范围管理

描述了用以保证项目包含且只包含所有要完成的工作，以便顺利完成项目所需要的各个过程，由启动、范围计划编制、范围核实和范围变更控制构成，是为达到项目目标对项目的工作内容范围保持控制所需要的一系列过程。项目范围在工程建设领域，一般在招标文件工程量清单中可以体现出来。在工程项目建设中尤其要注意对项目范围的管理，如果在项目建设过程中出现了项目范围的蔓延，作为项目经理要引起高度警惕。如，史玉柱的"巨人大厦"就是一个典型的例子，该项目由原来计划的18层、投资2亿元、工期2年，项目蔓延至74层、12个亿、工期为6年，最终导致了巨人集团的倒闭。

（3）项目时间管理

描述了用以保证能够按时完成项目所需的各个过程，是为确保项目各部分工作按时完成所需要的一系列过程，由活动定义、活动排序、活动历时估算、进度计划编制和进度计划控制等构成。

（4）项目成本管理

描述了用以保证项目在批准预算内完成而所需的各个过程，是为确保完成项目的总费用不超过批准的预算所需要的一系列过程，由资源计划编制、成本估算、成本预算和成本控制等工作构成。

（5）项目质量管理

描述了用以保证项目满足其所执行标准的要求而所需要的各个过程，是为确保项目达到其质量目标所需要实施的一系列过程，由质量计划编制、质量控制和质量保证等工作构成。

（6）项目人力资源管理

描述了用以保证参加项目的人员能够被最有效使用而所需要的各个过程，是为了保证项目所有关系人的能力和积极性得到最有效的利用而采用的一系列步骤，由组织的计划编制、人员获取和队伍组建等工作构成。

（7）项目沟通管理

描述了用以保证项目信息能够被及时、正确地产生、收集、发布、储存和最终处理而所需要的各个过程，是为确保项目信息合理收集和传输所需要实施的一系列措施，由沟通计划编制、信息发送、绩效报告和管理收尾等工作构成。

（8）项目风险管理

描述了有关识别、分析和应对项目风险的各个过程，涉及项目可能遇到的各种不确定因素，为了将它们的有利方面尽量扩大并加以利用，而将其不利方面带来的负面影响降到最低，需要采取一系列的风险措施，由风险管理计划、风险识别、定性风险分析、定量风险分析、风险应对计划编制和风险监控等工作构成。在工程建设领域，影响目标实现的风险有很多，但我们不能说，风险太多，就不搞项目。大量的事实证明，影响项目目标实现的重大风险局限在很小的范围，也就那么几个，只要在项目策划的前期，识别出了这些重大风险，并制定相应的措施，就可以很好的控制这些风险对项目目标的影响。

（9）项目采购管理

描述了用以从执行机构以外获得物质和服务所需要的各个过程，由采购计划编制、询价计划编制、询价、供方选择、合同管理和合同收尾等工作构成。在工程建设领域，一个项目的开展需要大量的资金、设备、材料和各类人员，这些绝大多数是以合同形式获取的。因此，合同成为联系各方的纽带，也是当事人之间争议、纠纷解决的依据。

在项目管理过程中，首先要严格控制项目的进度，保证项目在规定的时间内完成；其次要合理利用资源，并将项目的费用尽量控制在计划预算之内；同时，要跟踪项目执行的情况，保证项目按照规定的质量标准执行。因此，在项目管理的 9 大知识体系中，核心领域是范围管理、时间管理、成本管理和质量管理。

本章小结

本章就项目和工程项目管理进行了概述。在介绍项目时，主要是讲解了项目定义、项目起源、项目的特征、分类，项目和日常工作的区别，工程项目取得成功的关键因素等；在介绍项目管理时，主要讲解了项目管理的定义、项目管理的特点和精髓，工程项目管理的 6 要素、美国项目管理协会 PMBOK 的项目管理知识体系。这些内容使得同学们对项目和项目管理有一个基本的较为全面的认识。

思考题

1. 项目与日常运作有何区别？
2. 什么是项目？你做过项目吗？请举出一个例子。
3. 什么是项目管理？你认为应该如何管理项目？
4. 项目有哪些特征，项目是如何分类的？
5. 工程项目成功的关键因素有哪些？
6. 如何理解项目管理的 6 要素？
7. 工程项目管理的精髓你是如何理解的？
8. 项目管理知识体系包括的内容有哪些？怎样理解其核心领域？

第 2 章

工程项目的过程管理

教学目标 ▶▶

本章主要讲述工程项目的过程管理和相关知识,通过本章的学习,应达到以下目标:
(1) 熟悉工程项目生命期的 4 个阶段。
(2) 了解工程项目管理的 5 个过程。
(3) 掌握工程项目管理 4 个阶段与 5 个过程的关系。
(4) 掌握项目计划与控制的辩证关系。

学习要点 ▶▶

知识要点	能力要求	相关知识
工程项目过程管理	了解工程项目生命期概念	工程项目生命期 4 个阶段的划分
	了解工程项目的 5 个过程	工程项目 5 个过程的划分
	了解工程项目 4 个阶段与 5 个过程的关系	

基本概念 ▶▶

工程项目生命期、项目过程、项目计划、项目控制。

2.1 工程项目生命期及其 4 个阶段

2.1.1 工程项目生命期

当业主明确提出需求时,项目就产生了。项目是一次性的任务,所以项目是有起点和终点的。任何工程项目都会经历启动阶段、计划阶段、实施阶段、收尾阶段，通常将其先后连接的各个阶段的集合称为项目的"生命期"。如图 2-1 所示。

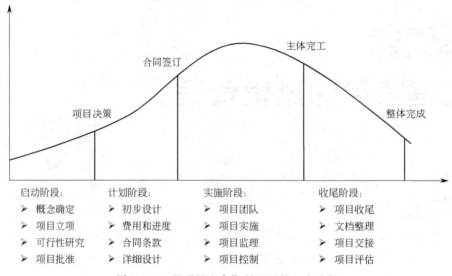

图 2-1　工程项目生命期所经历的 4 个阶段

2.1.2　工程项目生命期的 4 个阶段

(1) 启动阶段

工程项目启动阶段包括如何分析机会、对需求问题的识别等工作，业主向个人、项目团队征询需求建议书，提出满足需求或解决问题的要求，项目团队根据业主需求提出需求建议书，包括项目立项、可行性分析、项目评估等。

(2) 项目计划阶段

该阶段是建立解决需求或问题的方案，导致一个或多个个体或组织向业主提交申请书。包括工程项目背景描述、目标确定、范围定义、工作分解及排序、进度安排、资源计划、费用估计与预算、工程质量保证体系等。

(3) 项目实施阶段

工程项目实施阶段是具体实施项目方案，使整个工作范围高质量地按时在预算内完成，达到各方面满意，最终实现项目的目标。包括采购计划、招标采购、合同管理、履行与收尾、实施计划、安全计划、进度控制、费用控制、质量控制、范围变更控制、现场管理、环境管理等。

(4) 项目收尾阶段

工程项目收尾阶段包括范围确认、质量验收、费用决算与审计、项目资料与验收、项目交接与清算、项目审计、项目评估等。

工程项目管理包括首先建立一个计划，然后实施计划，以便实现项目目标。花费一定时间来建立一个考虑周全的计划，这样对任何一个项目的成功完成都是十分重要的。一旦工程项目开始实施，工程项目管理过程就将涉及监控整个项目进度，确保一切相关活动按计划进行。有效的项目控制，关键在于测量实际数据，与计划数据定期地进行比较，如有偏差，应立即采取纠偏措施。

2.2 工程项目管理的 5 个过程

2.2.1 工程项目过程

工程项目管理是由很多过程组成的，过程是指产生某种结果的行动集合。对于组成工程项目的每个阶段的管理过程，如果把这些过程分组，有 5 个基本的管理过程，包括启动过程、计划过程、执行过程、控制过程和收尾过程，如图 2-2 所示。

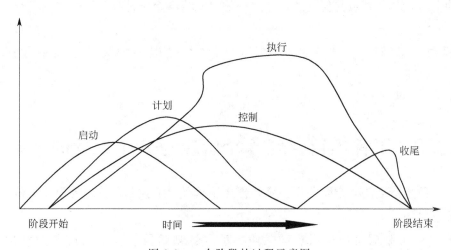

图 2-2 一个阶段的过程示意图

2.2.2 工程项目管理的 5 个过程

每一个阶段可能有多个管理过程。

① 启动过程：批准一个项目或阶段。

② 计划过程：界定并改进项目目标，从各种备选方案中选择最好的方案。

③ 执行过程：协调项目组成员和其他资源执行计划。

④ 控制过程：通过定期监控和测量进展，确定实际状况与计划存在的偏差，以便在必要时采取纠偏措施，从而确保项目目标的实现。

⑤ 收尾过程：对项目或项目阶段的正式接收，最终使项目达到有序收尾。

工程项目的每一个阶段都包括一个或几个"启动—计划—执行—控制—收尾"。在工程项目实践中，过程组相互作用并跨越阶段。一个阶段的收尾为下阶段的启动提供了条件。

管理过程不是独立的一次性事件，而是贯穿项目的各个阶段，按照一定的顺序发生，工作程度有些变化，并相互重叠。

工程项目生命期的各个阶段也可以看作是大的管理过程。启动过程接受上一个阶段的交付成果，经研究确认下阶段可以开始，并提出对下阶段要求的说明，计划过程根据启动提出的要求，制订计划作为执行过程的依据，执行过程要定期编制执行进展报告，并指出执行结果与计划的偏差，控制过程根据执行报告制订控制措施，为重新计划过程提供依据。所以"计划—执行—控制"这3个过程常常要循环多次，直到实现该阶段发起过程提出的要求，使收尾过程顺利完成，为下阶段准备好可交付的成果。这样的机制将各个子过程和工程项目各个阶段结合为整体。

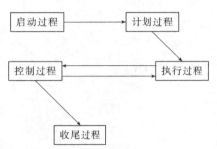

图 2-3 项目生命期阶段各个过程间的关系

工程项目管理生命期的每个阶段中的各个过程间的关系还可以用图 2-3 来表达。

2.3 工程项目管理 4 个阶段与 5 个过程的关系

工程项目生命期的 4 个阶段中并不包含控制阶段，但控制是管理的重要手段，是项目管理的核心之一。

工程项目生命期是由项目启动阶段、项目计划阶段、项目实施阶段和项目收尾阶段等 4 个阶段组成。控制阶段不是项目生命期的阶段之一，但项目管理中控制却是无处不在，项目管理的控制贯穿于项目的整个生命期，使得项目生命期的各个阶段能按预定的计划进行。由于阶段应体现为时间上的前后顺序，因此一般不将控制阶段放入项目生命期的阶段中。

工程项目生命期中的任何一个阶段，也都是由启动过程、计划编制过程、实施过程、控制过程和收尾过程构成，从而使得项目管理的任何一个阶段不再单独进行组织管理，而是由以上 5 个过程组成了有机整体，从而能将项目管理的每一个阶段都能合理地融合在一起。由 5 个过程组成的各个阶段，前后有机地融合，就组成了一个项目生命期的全过程。而项目生命期的每一个阶段，又可细分为 5 个过程。

项目生命期的 4 个阶段与每个阶段的 5 个过程是按上述逻辑融合，从而使得项目管理更加合理，也更易于管理。工程项目管理的 4 个阶段与 5 个过程的关系如图 2-4 所示。

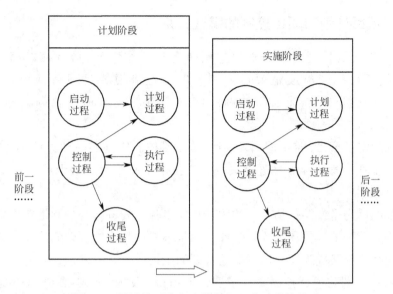

图 2-4　项目管理的 4 个阶段与 5 个过程的关系

2.4　工程项目计划与工程项目控制之间的关系

2.4.1　工程项目计划和控制系统

因为项目本身的缘故,差不多所有的项目都需要制订详细的计划。在一个项目中,制订计划工作可以说成在一个预备了的环境内确定一个预定的活动的过程。制订计划是项目管理的重要内容,是一个综合处理各方面相互作用的复杂问题。

制订项目计划的目的之一是完整而详细地说明全部需要的工作,以便使得每个参与者都能认识清楚,这在任何项目中都是必要的。项目计划和控制系统方块图(图 2-5)详细说明项目计划的类型,要求建立一种有效的监控系统。该图上部的目的或目标、工作说明、项目网络进度、主要的或详细的进度、预算等方块图代表项目计划工作的行为,该图下部的时间或成本跟踪、系统报告、单位制订决议等方块说明项目系统控制,也是对于计划工作活动的监督。

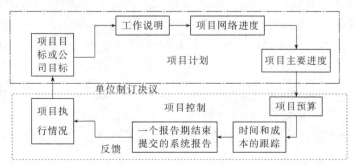

图 2-5　项目计划与控制系统

2.4.2 项目计划和项目控制的辩证关系

项目计划和项目控制是项目管理的两个重要工作环节，它们密切联系而又相互区别。有人把项目计划当成是项目控制，项目控制说成是项目计划，这虽然不准确，但从一个侧面反映了计划和控制的密切程度。没有项目计划，则谈不上项目控制。

项目计划规定了项目控制的基本范围，是项目控制实施的基础和控制依据。比如说，在实施进度控制时，怎么样才是进度失控？失控范围有多大？对于项目进度的影响程度如何？

项目控制的目的是使得一切工作按照计划的步骤稳妥进行并顺利地实现项目目标，然而，控制又不是消极地维护计划的完整性，而是不断产生对原计划的反馈。通过控制对计划的反馈，使得项目又成为调整后续活动计划的依据。

虽然，项目计划与项目控制联系密切，但项目计划和项目控制毕竟不是一回事，它们在项目管理中分别起着不同的职能和作用。项目计划面向未来、计划未来，通过科学的逻辑确定项目建设的目标。项目控制则针对现实、反映现实，通过对正在发生事情的跟踪、监督、对比和评判，把获得的信息经过处理、加工，成为项目经理科学决策的依据。

观察项目建设的全过程，可以发现项目计划工作集中在项目的前期，而项目的控制工作则主要集中于计划付诸实施后，但在工程事件中，在制定计划阶段也存在控制问题。项目计划实施后，还要经常调整和变更计划，形成后续活动的中间计划，对于项目比较基准也是在不断地变化，直到整个项目结束。因此，可以说项目计划和控制交织在一起，贯穿于项目建设的全过程，构成项目管理工作的主流。

2.5 里程碑和可交付成果

里程碑（Milestone）——工程项目的重大事件，一般是指一个主要可交付成果的完成，是工程项目实施过程中的一些重要标记，是在工程项目计划阶段应该重点考虑的关键点，或者说是关键路径上某个关键活动的结束时间点，里程碑既不占用时间也不消耗资源。在 Project 软件中，一般是用一个菱形表示里程碑事件，如图 2-6 所示。

可交付成果（Deliverable）是指为了完成工程项目或者其中一部分，而必须完成的可度量的、有形的及可以核实的任何工作成果，一般来说，工程项目有中期可交付成果和最终可交付成果。如工程项目启动阶段结束时，批准工程项目可行性研究报告是一个里程碑，其可交付成果就是工程项目可行性研究报告；工程项目计划阶段结束时，批准工程项目计划也是一个里程碑事件，其可交付成果就是工程项目计划文件；工程项目实施阶段，

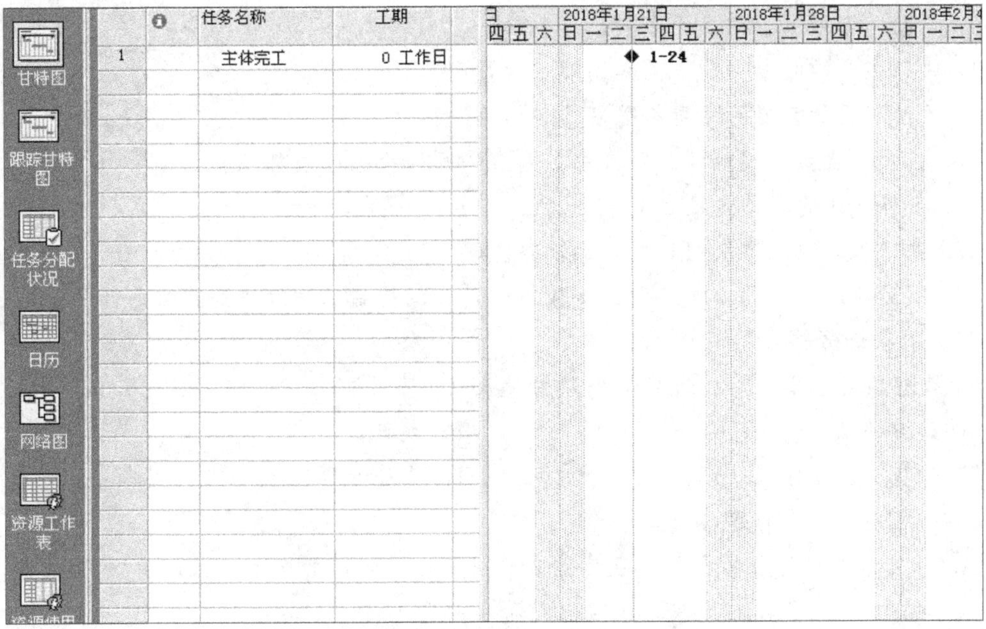

图 2-6　里程碑事件在 Project 中的表达方式

工程项目完工又是一个里程碑事件，可交付成果就是有待交付的完工产品；工程项目收尾阶段结束，工程项目交接则是最后一个里程碑事件，可交付成果就是完工产品和项目文件。

本章小结

通过本章的学习，同学们应能够掌握工程项目过程管理的思路，为 Microsoft Project 的应用打下基础。本章主要介绍了工程项目生命期概念、工程项目的 4 个阶段、工程项目的 5 个过程、工程项目 4 个阶段与 5 个过程的关系、项目计划与项目控制的关系以及里程碑事件和可交付成果。

思考题

一、判断题

1. 项目是为完成某一独特的产品、服务或任务所做的一次性努力。（　　）
2. 日常运作总是在很短的事件内完成，而项目则必须要跨越数年或数十年。（　　）
3. 每个项目阶段的结束必须以某种可交付成果为标记。（　　）
4. 项目的生命周期可归纳为四个阶段，这种划分通常是固定不变的。（　　）
5. 里程碑事件即是指一个可交付成果。（　　）
6. 可交付成果必须是可以测量的、可验证的事项或结果，它可以是有形的，也可以

是无形的。（　　）

7. 公民个人可以是项目干系人。（　　）

8. 项目在开始时，它的风险和不确定性最高。（　　）

9. 项目变更所需要的花费将随着项目的推进而增加。（　　）

10. 在项目启动和收尾两个阶段中，人力资源的投入一般都比较少。（　　）

11. 项目管理的客体是项目管理者。（　　）

12. 项目管理的主体是项目的全部任务。（　　）

13. 项目管理中计划工作过程、实施工作过程、控制工作过程是截然分开的。（　　）

二、单项选择题

1. 随着项目生命周期的进展，资源的投入（　　）
   A. 逐步变大　　　　　　　　　　B. 逐步变小
   C. 先变大再变小　　　　　　　　D. 先变小再变大

2. 下列表述正确的是（　　）
   A. 与其他项目阶段相比较，项目结束阶段与启动阶段的费用投入较少
   B. 与其他项目阶段相比较，项目启动阶段的费用投入是较多的
   C. 项目从开始到结束，其风险是不变的
   D. 项目开始时，风险最低，随着任务的一项项完成，风险逐步增多

3. 确定项目是否可行是在哪个工作过程完成的？（　　）
   A. 项目启动　　　　　　　　　　B. 项目计划
   C. 项目执行　　　　　　　　　　D. 项目收尾

4. 下列表述正确的（　　）
   A. 项目的生命周期是指项目的开始时间和项目的结束时间这一段时间的累计
   B. 不管项目阶段如何划分，一般均可归纳为启动阶段、执行阶段、收尾阶段
   C. 失败的项目也存在收尾阶段
   D. 项目生命周期是循环往复的一段时间

5. 项目的"一次性"的含义是指（　　）
   A. 项目持续时间很短
   B. 项目有确定的开始时间和结束时间
   C. 项目将在未来一个不确定的时间结束
   D. 项目可以在任何时候取消

6. 应对项目可交付成果负责人是（　　）
   A. 质量经理　　　　　　　　　　B. 项目经理
   C. 高级管理层　　　　　　　　　D. 项目团队成员中的某个人

三、多项选择题

1. 下列属于项目的实例是（　　）
   A. 举办一场婚礼　　　　　　　　B. 开发一种新的计算机软件系统

C. 提供金融服务 D. 管理一家公司

2. 项目的共同点有（　　）

A. 明确的起止时间 B. 预定目标

C. 受到资源的限制 D. 消耗资源

3. 日常运作与项目的区别在于（　　）

A. 管理方法 B. 责任人

C. 组织机构 D. 管理过程

4. 项目管理的特点（　　）

A. 复杂性 B. 创造性

C. 自发性 D. 预测性

5. 下列属于项目特征的是（　　）

A. 目的性 B. 一次性

C. 生产性 D. 独特性

6. 项目生命期可以由（　　）阶段组成

A. 计划 B. 启动

C. 可行性研究 D. 收尾

7. 项目管理过程可以由（　　）组成

A. 启动过程 B. 计划过程

C. 执行和控制过程 D. 收尾过程

四、简答题

1. 工程项目生命期各个阶段是如何划分的？
2. 工程项目管理包括哪 5 个过程？
3. 工程项目生命期 4 个阶段与项目管理的 5 个过程存在什么样的关系？
4. 怎样理解项目计划与项目控制之间的关系？

第 3 章

Project 介绍

教学目标 ▶▶

Microsoft Project（或 MSP）是美国 Microsoft 公司推出的项目规划与管理软件，是 Microsoft Office 系统的组件之一，以其强大的功能、优美的界面吸引了众多的用户，成为目前最受用户欢迎的项目管理软件之一。用户只有充分了解和掌握 Microsoft Project 的功能、工作界面、常用视图和选择数据域等基本知识，才能更好地学习 Project 的应用。通过本章的学习，应达到以下目标：

(1) 了解 Project 的功能和组成；
(2) 熟悉 Project 的工作界面和常用视图；
(3) 掌握在 Project 中选择数据域。

学习要点 ▶▶

知识要点	能力要求	相关知识
Microsoft Project 的功能	了解 Microsoft Project 的功能	新增数据功能、新增跟踪功能
Microsoft Project 的组成	了解 Microsoft Project 的组成	Microsoft Project Standard 标准版、Microsoft Project Professional 专业版、Microsoft Project Server 服务器版
Project 的工作界面和常用视图	熟悉 Project 的工作界面和常用视图	(1) Project 的工作界面 (2) Project 的常用视图
Project 中选择数据域	掌握在 Project 中选择数据域	Project 的数据域

基本概念 ▶▶

Project 功能、Project 组成、工作界面、视图、数据域。

3.1　Project 的基本情况

　　Project 是由微软开发销售的项目管理软件程序。软件设计的目的在于协助项目经理发展计划、为任务分配资源、跟踪进度、管理预算和分析工作量，帮助项目管理者实现时间、资源、成本的计划、控制。

　　Project 是国际上最为盛行与通用的项目管理软件，适用于新产品研发、IT、房地产、工程、大型活动等多种项目类型。经过微软多年研发，Project 包含了经典的项目管理思想和技术以及全球众多企业的项目管理实践。在企业内部使用和推广 Project，能够在提升项目管理人员能力的同时也实现了项目管理专业化与规范化的过程。

3.1.1　Project 的发展进程

　　Project 不仅可以快速、准确地创建项目计划，而且可以帮助项目经理实现项目进度、成本的控制、分析和预测，使项目工期大大缩短，资源得到有效利用，提高经济效益。

　　第 1 个版本的 Project 于 1984 由一家与微软合作的公司开发给 DOS 使用。微软于 1985 年购买了这个软件并发布第 2 版本的 Project。第 3 版本的 Project 于 1986 年发布。第 4 版本的 Project 也于 1986 年发布，这是最后一个 DOS 版本的 Project。

　　MAC 版的 Project 于 1991 年发布，1993 年发布了 Project4.0 for Mac，1994 年微软停止开发 Project for Mac。

　　1990 年，微软推出了世界上第一个基于 WINDOWS 环境下的 Project 1.0 for Windows 版本，开创了一个新篇章。此后，大约每两年就有一个新版本，功能逐版增强，操作越来越简化容易。

　　1992 年 4 月，Project 3.0 for Windows 问世，当年在美国 PC Magazine 杂志组织的评比内容多达 280 余项的 8 个项目管理软件评比中，被编辑部推荐为最佳软件。

　　1994 年 4 月，微软推出 Project 4.0 for Windows，世界上很多大公司（如波音公司）争先选用它做项目管理。这个版本当时没有中文版。为在我国广泛应用，中国科学院计算所开发了"中文伴侣"，使这个版本中文化，因此在建筑、航空、航天等领域有数百家单位应用，收到了很显著的效果。

　　在 Windows 95 问世后，适应这个操作系统的 Project 4.1 于 1995 年 7 月进入项目管理领域，该版本增强了在计算机网络通讯方面的功能，为大型工程的现代化管理奠定了基础。

　　1997 年 10 月，微软推出了 Project 98 英文版，当年 12 月又推出了中文版。这个最新的版本为适应市场经济发展的形势，采用了许多新的项目管理思想，在机制上有重大的改进，特别增加了在 Internet 上交流的功能，使项目管理的水平能够提高到一个新的台阶。

　　2000 年 4 月 3 日，微软公司宣布，Project 2000 及其配套软件——基于 WEB 的 Project Central 的零售开始。2000 年 7 月 19 日，微软（中国）有限公司正式发布了面向项目管理的软件 Project 2000 中文版。它为知识性工作者提供更有弹性的协同计划与项目追踪的能力，并将项目的任何资讯自动、有效地传递给与项目有关的人员。Project 2000 中的新功能——Project Central 是一个基于 Web 的协同作业工具，它让每个与项目有关的使用者都可以进行多向沟通并存取项目资料，使得项目管理的环境更适合企业进行大型项目管理，满足多人环境下的使用。

2002 年 9 月 6 日，Project 2002 中文版正式上市。Project 2002 包括了 Microsoft Project Standard 2002、Microsoft Project Professional 2002 以及 Microsoft Project Server 2002 等 3 个版本。标准版和专业版适合所有的项目管理人员和项目成员使用，能协助企业经理人动态管理日程与资源、沟通项目状态，以及分析项目信息。服务器版特别为企业集中管理和分享项目的信息而设计，是第一次推出。可将企业内部标准化的项目与资源信息集中储存，以达到有效率的项目信息分享、分析与管理能力。

2003 年 10 月 21 日，微软公司宣布 Microsoft Office System 大规模投放市场。简体中文版于 2003 年 11 月 13 日在北京正式发布。Project 2003 作为 Microsoft Office System 的集成组件出现，它包括面向单个管理人员的项目程序 Project Standard 2003 和 Project Professional 2003 以及 Microsoft Office 企业项目管理（EPM）解决方案。

2006 年 11 月 30 日，微软公司发布 Office 2007 RTM 版。2007 年 1 月 30 日，Office 2007 正式版的零售发布。Office Project 2007 家族包括 Office Project Standard 2007 以及 Enterprise Project Management（EPM）Solution，后者包括以下组件：Office Project Professional 2007、Office Project Server 2007、Office Project Web Access、Office Project Portfolio Server 2007 和 Office Project Portfolio Web Access。

2010 年 5 月 24 日，微软公司发布 Office 2010 RTM 版。Project 2010 家族包括 Project Standard 2010 以及 Enterprise Project Management（EPM）Solution 所必需的以下产品：Project Professional 2010、Office Project Server 2010、Project Web App，其中 Project Portfolio Server 2007 已经被合并到 Project Server 2010 中。

2012 年 10 月 11 日，Project 2013 正式发布，新版本包括标准版、专业版和 Server 版以及 Project Pro for Office 365。

伴随着 Win 10 系统的广泛使用和 Office 2016 办公软件的全面推出，最新版本的 Project 2016 也已经面世，相比现有 Office 2013 的变化也不是很大，界面和功能都只是微调。2015 年 9 月，微软公司正式推出了 Office Project 2016，根据使用者和项目计划方案，可被划分为项目经理、小组成员与 PMO 和高管人员 3 种类型 6 种版本。

3.1.2　Project 的功能演进

我们从 Project 管理项目应用较广泛开始的 Project 2003 来介绍 Project 的功能演进。

Project2003 是国际上最盛行的基于网络的项目管理软件，广泛用于各类 IT 集成项目、采用 EPC 模式的建设工程项目及企业的研发和多项目管理。Project2003 的基本功能表现在可协同管理多个项目组，将异地的项目成员变成网络上紧密沟通的合作团队，共同设定项目的合作框架、范围、项目计划、资源分配、进度控制，并可以使项目组成员实时了解项目进展的信息，进行同步的任务和项目计划及进度管理，增进项目沟通，可见性和可跟踪性。帮助企业在项目之间和项目经理之间进行充分的协调和严格的标准化、集中管理资源或对项目和资源情况进行客观的报告，降低项目实施成本。Project 2003 还提供了以下扩展功能。

① 将图片复制到 Office 向导。Microsoft Office Project Standard 2003 和 Microsoft Office Project Professional 2003 都提供了"将图片复制到 Office 向导"功能，使得将项目数据显示为 Microsoft Office System 中的其他应用程序中的静态图片变得非常简单。可以在"分析"工具栏上找到"将图片复制到 Office 向导"。

② 将视图打印为报表。在 Project Standard 2003 和 Project Professional 2003 中，可以按照所需的方式打印视图。在"项目向导"的"报表"任务窗格中，可以找到将视图打印为报表的向导。

③ 资源预订类型。为了将资源分配指定为建议的（例如，对于仍处于建议阶段的项目）或已提交的，可以在 Project Professional 2003 中为资源指定预订类型。新的资源域包含可应用于项目中所有资源工作分配的预订类型（已提交或建议的）。在 Project Web Access 2003 中也可以使用预订类型，这样便于资源经理使用预订类型在新增的"建立工作组"功能中为项目安排人员。

④ 资源的多种资源技能。Project Professional 2003 提供了"企业资源多值"（ERMV）域，其中包含附加资源技能集。可以使用 ERMV 域在资源视图中维护企业资源的技能清单，在"建立工作组"功能中使用这些域搜索具有多种技能的资源，也可以在"资源置换向导"或"公文包建模器"中使用这些域来考虑资源的多种技能。

⑤ 锁定比较基准信息。在 Project Professional 2003 中，可以防止其他人改写比较基准信息。在 Project Web Access 2003 的"管理"页上，服务器管理员可以指定哪些用户可以（或不可以）在 Project Professional 2003 中保存比较基准。

Office Project 2007 系列产品提供许多软件工具可因应处理各种工作管理、流程成熟度及业务目标的方法。一方面，Microsoft Office Project Standard 2007 为负责项目管理的小组或个人（不一定是项目经理），提供增强型桌面工具。这些个人或公司并非想要建立 Office Enterprise Project Management（EPM）能力，或者根本没有这方面的业务需要，但是他们仍需要使用工具来管理工作。他们管理的项目并不复杂，最有效的方法就是使用特定的排程及追踪流程。Office Project Standard 2007 为此提供了简单的直觉式工具，能够以最少成本来管理项目。另一方面，Office Project 2007 也提供了建立 EPM 能力的工具，让软件工具及技术能与人员、流程，以及组织政策和管理相整合。当拟定这些元素以符合业务目标之后，就可以用来管理工作、时间、资源及预算。对于那些想要实现高效运作的高阶主管而言，这种项目管理形式尤为重要。Project 可以让您利用现有的软件系统，深入了解项目并加以管控，从而让策略与实际运作相结合。Project 2007 的主要功能如下。

① 桌面功能。Office Project 2007 包含许多管理项目计划及排程方面的全新及增强客

户端功能。Office Project Standard 2007 是专为个别参与者（不一定是项目经理）设计的独立工具。Office Project Standard 2007 简化了单一项目计划的建立及维护作业，并且提供增强型桌面报告功能，让参与者能更有效地传达项目信息。

② 共享项目信息。Project 向需要了解项目信息的人员提供了传递项目信息的多种方法，如打印视图和报表、在 Internet 上传递项目信息等。

③ 编制和组织信息。用户将项目所需的各种参数、信息和条件输入 Project 的工作表后，Project 可以将这些信息按照一定的规则进一步地条理化和组织化，使用户更加方便地查看项目的详细信息和全局状态。

④ 跟踪项目。在项目执行过程中，用户可将已得到的实际数据提供给 Project，Project 会根据这些数据计算出其他信息，然后将这些变动对项目的其他任务及整个项目产生的影响反馈给用户。

⑤ 方案的优化度分析。Project 可将用户提供的不同项目计划方案进行比较，选出最优计划方案提供给用户。

⑥ 信息计算。Project 使用用户提供的各种信息，为项目计算和规划日程，为每个任务的执行设置一个可行的时间框架，并设置何时将特定的资源指派给特定的任务。

⑦ 检测和维护。Project 能够随时对计划进行检测，并针对所检查到的问题给出解决方案，如资源过度分配、成本超出预算等。

Project 2010 有一个崭新的界面，但不是所有。在新的外观之下，它还包含功能强大的新的日程排定、任务管理和视图改进，这样就能够更好地控制如何管理和呈现项目。Project 2010 新增了以下功能。

① 改进的界面。Project 2010 引入了许多功能可显著提高查看和处理项目的方式。如菜单和工具栏有替换功能区，可帮助快速找到完成任务所需的命令等。

② 新的查看选项。Project2010 专业版用户有工作组规划器，资源日程安排视图，可帮助项目团队查看整体情况。

③ 更简单的视图自定义。Project 2010 大大简化向项目添加新列，只需单击添加新列标题右端的工作表部分的视图，并键入或选择列的名称。还可以在快速缩放的状态栏中使用缩放滑块等。

④ 用户控制的日程排定。Project 2010 有一些日程安排的增强功能，以提高控制日程安排。可以在 Microsoft Excel 或 Word 中创建初始任务列表，并将其粘贴到项目，而无须重新设置其格式。

⑤ 更轻松的协作。如通过 SharePoint 列表同步协作的改进，可以将项目文件导出为 SharePoint 列表，所提供的项目经理共享状态或创建报表，可快速而简单地查看整个项目组织内的状态。

⑥ 向后兼容性。Project 2010 与 Project 的早期版本兼容。可以在 Project 2007 或早期版本中创建文件，然后在 Project 2010 缩减功能模式中打开和编辑它们。此外，还可以在 Project 2010 中创建文件，然后将它们转换为 Project 2007 或 Project 2000-2003 年的文件格式。

Project 2013 将可用性、功能和灵活性完美地融合在一起，能够帮助项目管理者实现时间、资源、成本的计划、控制。利用 Project 2013 用户可以制作出各种实用的计划项目，其中包括活动计划、合并或收购评估、新产品上市、年度报表准备、营销活动计划、创建预算、挣值、客户服务等。Project 2013 采用 Metro 风格界面，功能更加强大，性能更加稳定，并内置了多种实用工具，其中包括任务工作表、任务窗体、任务分配状况、日历、日程表、甘特图、网络图、资源图表、资源使用状况、资源工作表、跟踪甘特图等。Project 2013 的功能特色如下。

① 简洁的图形报表。使用 Project 2013，可以创建简洁、色彩丰富的专业化报表，而无须将数据导出到其他程序。可以添加图片、图表、动画、链接和其他所有要与利益干系人和工作组成员明确有效地共享项目状态信息时所需的任何要素。

② 全新的报表集。全新的预安装报表集充分利用了新的图形和格式设置功能，数据背景墙已被鲜明的图表和图像所取代，可以更直观地描述项目的信息，可以根据需要在这些报表中添加或删除任何元素，甚至可以更改颜色。

③ 进度报表。进度报表在图表上以线条形式显示计划工时、已完成工时和剩余工时。这些内容可让项目的利益干系人一目了然地把握项目状态，并能够知道项目是否落后于日程还是早于日程。同时，可以在 Project 中创建鲜明的进度报表，而无须导出数据。

④ 与工作组沟通。Project 2013 可帮助建立项目工作组成员间保持联系。不必退出 Project，就可以获取进度最新情况，提几个简短的问题，甚至还可以展开长期的战略讨论。只需将鼠标悬停在某个姓名上，即可开始 IM 会话、视频聊天、发送电子邮件甚至拨打电话。

⑤ 跟踪任务路径。对于复杂的项目，其甘特图可能看起来像由无数的条形和链接线条纠缠在一起的网结。Project 2013 可帮助进行清理，可以突出显示任一任务的链接链（即任务路径）。当单击某个任务时，它的所有前置任务将以一种颜色显示，所有后置任务将以另一种颜色显示。

⑥ 共享会议。如果要将 Project 报表、日程表或数据导出到其他 Office 程序，可以利用此新的共享功能。即使未安装 Office，也可以通过任何受支持的设备加入联机会议并共享 PowerPoint 幻灯片、Word 文档、Excel 电子表格和 OneNote 笔记等。

⑦ 在云中保存和共享文件。云就相当于天上的文件存储，每当联机时，就可以访问云。可以轻松地将 Office 文件保存到自己的 SkyDrive 或项目组织的网站中。在这些位置，可以访问和共享 Project 日程、Excel 电子表格和其他 Office 文件。

⑧ 几乎可在任意位置工作。如果安装了 Project Online，则几乎可从任何位置访问完整版本的 Project，即使在未安装 Project 2013 的 PC 上，也能如此，此时只需要建立 Internet 连接，并有一台运行 Windows 7（或更高版本）的 PC，就始终可以获得最新版本。

相比现有 Office 2013，Office 2016 的变化不是特别大，界面和功能都只是微调，因此属于一次进化版本。新功能方面，Word 引入实时协作，Excel 可直接识别手写方程式等，都能大大提高办公效率。Office Project 2016 是 Office2016 办公组件中的一员，拥有全新时间轴视图，用户可以点击"时间轴"并前往"格式"选项卡，在看到新的"时间范围（Date Range）"后插入时间栏命令对时间轴范围进行修改,从而大大地提高了操作的自由度。

3.2 Project 的基础功能和组成

3.2.1 Project 的基础功能

由上节可见,Project 往往伴随着 Microsoft Office 软件的更新而更新,但无论哪个版本的 Project,基于其强大的 Office 软件的功能支撑,均可以灵活地满足管理工作和人员的需要,不论是独立管理的项目,还是在小组、部门或组织中以项目组合的方式管理项目。现以 Project 2013 为例,再详细介绍 Project 及其后续版本的基础功能。

(1) 快速入门

启动 Project 2013 不像启动 Project 其他版本一样直接打开一个空白项目文档,而是为用户提供了许多种方式来使用模板、主题、最近的项目文档或空白项目文档来启动项目文档。如图 3-1 所示。

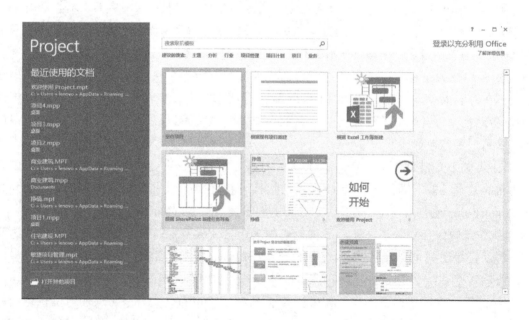

图 3-1 Project 2013 快速入门界面

(2) 展示项目数据功能

Project 2013 的图形报表,可以用来形象地展示项目数据。这一功能,可以在无需将数据导出的情况下创建简洁且色彩丰富的专业化报表。另外,该功能还可以通过添加图片、形状、图表、动画、链接和其他元素,增加图形报表的可视性内容。如图 3-2 所示。

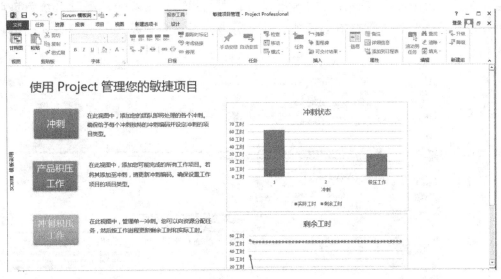

图 3-2　图形报表

（3）全新的报表集

Project 2013 具有一些全新的预安装报表集，它们利用了新的图形和格式设置功能。报表集中的各类报表，不仅数据背景墙被色彩丰富的图表和图像所取代，而且还可以通过更改图表颜色，来达到美化图表的目的。通过预安装的报表集，可以通过添加或删除几何元素的方法，让项目干系人（Stakeholder）一目了然地把握项目状态，并详细了解项目的落后和提前情况。如图 3-3 所示。

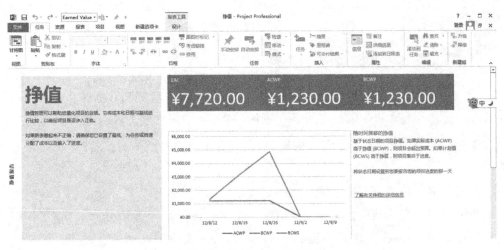

图 3-3　Project 2013 报表

（4）跟踪任务路径功能

对于复杂的项目，通常情况下项目中的甘特图是由无数的条形和连接线组合在一起的网结，无法突出某个所需查看的任务。此时，用户可以使用 Project 2013 中的跟踪任务路径功能，突出显示某一任务的连接状态，即当用户单击某个任务时系统会自动以某种颜色显示该任务的所有前置任务，并以另外一种颜色显示该任务的后置任务。如图 3-4 所示。

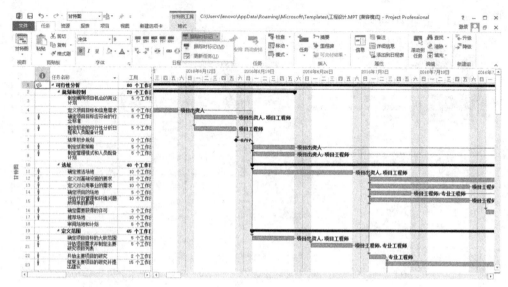

图 3-4 跟踪任务

(5) 与工作组的沟通功能

Project 2013 的与工作组沟通功能，可以帮助用户在不必退出 Project 组件的同时与工作组成员保存联系，以获取项目进度的最新情况。用户只需将鼠标悬停在某个资源名称上，系统就会显示需要进行联系的方式。如图 3-5 所示。

图 3-5 工作组间的沟通

(6) 共享会议功能

Project 2013 的共享会议功能，可以将 Project 报表、日程表和数据导出到 Office 程序中。即使用户未安装 Office 组件，也可以通过任何受支持的设备加入连接会议并共享 PowerPoint 幻灯片、Word 文档、Excel 电子表格等。

(7) 云中保存和共享文件功能

云为网络中的文件储存，当用户联机时，便可以访问云。在 Project 2013 组件中，用户可以轻松地将 Project 文件保存到自己的 SKYdrive 或组织网站中。另外，用户还可以在云中访问和共享 Project 日程、Excel 电子表格和其他 Office 文件。

3.2.2 Project 的组成

以 Project 2013 为例，其版本数由 Project 2010 的 4 个版本精简为 3 个版本。

(1) Microsoft Project Standard 2013 标准版

Microsoft Project Standard 2013 是基于 Windows 的一个客户端程序，此版本只能进行单一的项目管理，无法与 EPM Project 相互交互。

(2) Microsoft Project Professional 2013 专业版

Microsoft Project Professional 2013 是基于 Windows 的一个客户端程序，此版本包括 Standard 的完整特性集，可以与 EPM 进行交互。

(3) Microsoft Project Server 2013 服务器版

Microsoft Project Server 2013 是基于内联网解决方案的一个服务器程序，用户通过该服务器进行工作分配、日程、成本等项目信息的交流。另外，Microsoft Project Server 2013 中的相关项目组合功能已经合并到 Microsoft Project Server 2013 中。

3.3 Project 的认证培训大纲

MS Project 将先进的项目管理思想与信息技术完美结合，帮助企业规范项目管理的流程和增强执行效果，目前已在各类 IT 集成及软件开发项目、新产品研发、房地产开发项目、设计项目、工程建设项目、投资项目、企业中许多项目管理中发挥着巨大的作用。但仅仅学习 MS Project 的操作功能，对项目经理而言，并不能在项目管理中发挥到最大的效用，唯有有效地结合 PMBOK 的理论基础，与 MS Project 的软件功能才能将 PMP 项目管理的效能发挥到极致。为帮助企业提高项目经理和管理人员的实战能力，有效地监控项目健康度并管理各类运营指标，更有效地进行团队的协作管理，优化工作流程，以完成项目目标和提升企业竞争力，Microsoft 公司开展了 MS Project 的课程认证培训，其培训大纲有助于项目管理人员更好地了解 MS Project 的内容。

(1) 项目管理基本知识

1) 国际上流行的项目管理知识体系介绍（欧洲 IPMA 美国 PMI）；
2) 项目管理基础知识介绍（9 大知识领域、4 个阶段、5 个过程、3 个要素）；
3) 项目经理的职责要求（领导力、影响力、决策力）；
4) 项目关系人关系处理（项目发起人、客户、用户、供应商、团队、管理层）。

(2) Project 基本设置

1) 出现项目摘要任务；
2) 出现大纲数字；
3) 任务模式介绍。

(3) 项目案例介绍

1) 项目名称、项目开始时间、项目结束时间；
2) 项目主要节点要求。

(4) 开始编制计划（进度计划、资源计划、成本计划等）

(5) 项目进度计划编制

1) 日历设置（工作日、非工作日、项目日历、任务日历、资源日历）；
2) WBS 分解（分级的层次结构建议，任务备注如何使用，80 小时法则）；
3) 工期设置（分钟、小时、天、周、月，弹性工期，摘要任务工期计算、估计工期用法）；
4) 关联性设定（四种关联性、网络图解释、关联设置方法与技巧）；
5) 关键路径（概念，作用，实践的用法）；
6) 项目进度压缩方法（赶工、快速跟进、并行工程、修改日历）；
7) 检查进度计划是否满足要求，如果不满足如何调整；
8) 进度计划的输出（打印技巧，时间段任务筛选，照相机使用）。

(6) 项目资源计划编制

1) 资源规划（项目中所需各种资源的情况介绍）；
2) 资源表建立（人力资源，设备资源，材料资源，成本资源）；
3) 资源分配（资源分配方法）；
4) 资源分配状况查看（资源冲突的原理，资源冲突后如何处理）；
5) 资源调配（资源冲突、工作量如何调配）；
6) 资源计划输出（按资源筛选任务、按资源进行分组任务、按时间筛选资源的任务）；
7) 资源计划与进度计划的协调（资源计划会反过来影响进度计划，需要协调哪一个更优先）。

(7) 项目费用计划编制

1) 项目费用如何估算；
2) 项目费用科目如何划分；
3) 项目费用与资源的关系；
4) 项目费用的分配；
5) 项目费用的执行；
6) 项目费用超支后如何处理；
7) 项目费用计划与资源计划与进度计划的互相影响；
8) 项目费用的统计分析。

(8) 其他计划的补充

1) 沟通计划补充到计划中；
2) 质量保证计划补充到计划中；
3) 采购计划补充到计划中；
4) 风险管理计划补充到计划中。

(9) 整体计划的优化与协调

1) 整体计划优化，检查是否满足要求；

2）整体计划如何输出打印技巧；

3）整体计划如何审批。

(10) 开始执行项目

(11) 项目执行

1）完成百分比如何使用；

2）实际开始时间，实际完成时间的使用；

3）任务更新方法；

4）项目更新方法。

(12) 项目跟踪

1）项目比较基准保存；

2）项目比较基准的解释与理解；

3）项目比较基准的应用；

4）多基准的应用技巧；

5）新增的任务如何保存基准；

6）跟踪甘特图如何使用；

7）如何发现项目执行偏差；

8）项目偏差后如何纠偏；

9）进度线的使用方法；

10）项目版本比较的使用方法；

11）红绿灯的制作；

12）工期差异预警；

13）完成时间差异预警；

14）项目交付物如何与任务关联。

(13) 项目如何关闭

1）项目关闭的标准是什么；

2）资源如何释放。

(14) 多项目管理方法（项目群）

1）资源库的使用方法；

2）跨项目的关联；

3）主项目与子项目的概念；

4）主项目与子项目的使用；

5）项目执行结果如何检查与统计。

(15) Project Server 介绍

1）Project Server 功能介绍；

2）Project Server 企业应用案例介绍。

(16) 测试与交流

1) 笔试，出 20 道与 Project 相关的试题，每题 5 分，20 分钟；

2) 机试，出一个项目案例，要求做计划，40 分钟；

3) 交流分享，介绍业界使用 Project 最佳实践。

3.4　Project 工作界面

启动 Project Professional 后，可以看到，它的工作界面与其他 Office 软件的界面极其相似，主要由标题栏、菜单栏、工具栏、数据编辑栏、任务窗格、视图栏和工作区等组成，如图 3-6 所示。

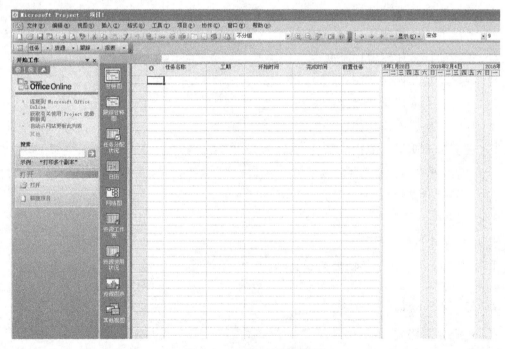

图 3-6　Project 的工作界面

3.4.1　标题栏

标题栏位于窗口的顶端，用于显示当前正在运行的程序名及文件名等信息，如图 3-7 所示。标题栏最右端由 3 个按钮，分别用于控制窗口的最小化、最大化和关闭应用程序。

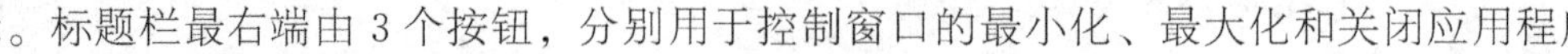

图 3-7　Project 的标题栏

① 单击："程序图标"按钮，将弹出一个控制菜单，通过该菜单可以进行还原、移

动和调整窗口大小等操作。

② 单击"最小化"按钮，可以将窗口最小化为任务栏中的一个图标按钮。

③ 单击"最大化"按钮，可以将窗口显示大小布满整个屏幕。

④ 单击"还原"按钮，可以使窗口恢复到用户自定义的大小。

3.4.2 菜单栏

菜单栏位于标题栏的下方，包括"文件"、"编辑"、"视图"及"工具"等 10 个菜单项，用户可以通过单击菜单来执行各种命令，如图 3-8 所示。

图 3-8 Project 的菜单栏

单击菜单栏中的某个菜单项，都将弹出一个下拉菜单。

① 命令名称右侧带有三角符号表示该命令下面还包括子命令。

② 命令名称右侧带有省略号表示执行该命令，将打开一个对话框，在其中可以设置多项参数。

③ 命令名称显示为灰色表示命令不可用。

④ 命令名称右侧带有字母则该字母即为该命令的快捷键。

⑤ 命令右侧带有图标表示该命令已经设置为工具按钮。

3.4.3 工具栏

在 Project 中，将常用命令以工具按钮的形式表示出来。通过工具按钮，可以快速执行使用频率较高的菜单命令，从而提高工作效率。

(1) 显示或隐蔽工具栏

默认情况下，Project 的工界面中显示了"常用"、"格式"和"项目向导"工具栏，还可以根据需要显示或隐藏某个工具栏。

① 通过菜单命令来实现。选择"视图"/"工具栏"命令下的相应子命令就可以显示隐藏相应的工具栏。

② 通过右键菜单实现。在任意工具栏上右击，在弹出的快捷菜单中选择相应的命令即可以显示或隐藏相应的工具栏。

③ 通过对话框实现。选择"工具"/"自定义"/"工具栏"命令，打开"自定义"对话框，选择"工具栏"选项卡，在"工具栏"列表框中选中或取消选中工具栏前面的名称复选框，就可以显示或隐藏相应的工具栏，如图 3-9 所示。

【练习 3-1】 启动 Project，通过菜单命令显示"绘图"工具栏，再通过右键菜单将其隐藏，然后通过"自定义"对话框显示"分析"工具栏。

① 启动 Project，选择"视图"/"工具栏"/"绘图"命令，如图 3-10 所示，在窗口

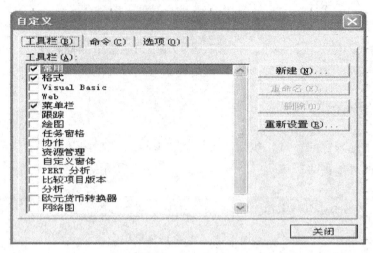

图 3-9 "工具栏"选项卡

中就会出现"绘图"工具栏。

图 3-10 Project 绘图命令执行结果图

② 选择"工具"/"自定义"/"工具栏"命令,打开"自定义"对话框,选择"工具栏"选项卡,在"工具栏"列表框中选择"分析"复选框,如图 3-11 所示。

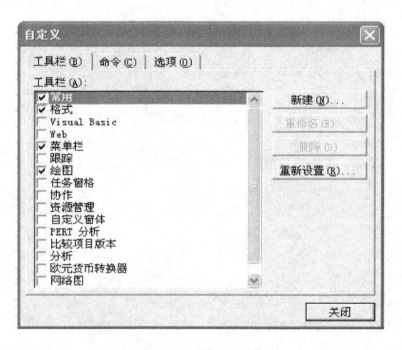

图 3-11 "自定义"对话框

③ 单击"关闭"按钮,"分析"工具栏将出现在窗口中,如图 3-12 所示。

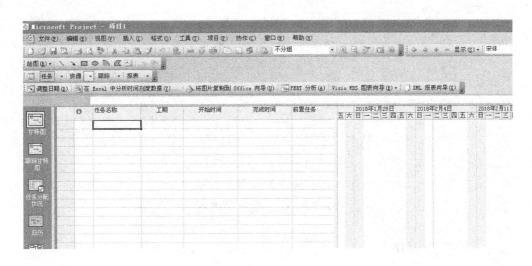

图 3-12 显示"分析"工具栏

(2) 自定义工具栏

如果对工具栏和菜单命令的显示有特殊的喜好,还可以自定义工具栏。

【练习 3-2】 使用"自定义"对话框将"常用"和"格式"工具栏分两行显示。

① 启动 Project,选择"工具"/"自定义"/"工具栏"命令,打开"自定义"对话框。

② 单击"选项"选项卡,选中"分两排显示常用工具栏和格式工具栏"复选框,如图 3-13 所示。

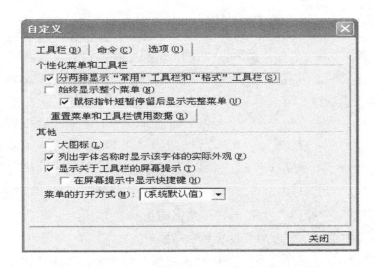

图 3-13 "选项"选项卡

③ 单击"关闭"按钮，此时工具栏将分两行显示，见图3-14。

图 3-14　自定义工具栏

3.4.4　数据编辑栏

在项目文件要编辑某些数据信息时，可以使用数据编辑栏。这与Excel中的录入窗口很相似。在数据编辑中有两个工具按钮，其作用分别如下。

① "确认"按钮　单击该按钮将确认当前编辑的数据。
② "取消"按钮　单击该按钮将取消当前编辑的数据。

3.4.5　任务窗格

任务窗格位于工作界面左侧的分栏窗口中，它会根据操作要求自动弹出，使用户能够及时获得所需的工具，从而有效地控制Project的工作方式。

单击任务窗格右侧的下拉箭头，在弹出的快捷菜单中可以选择其他任务窗格。

3.4.6　视图栏

单个视图难以显示出项目的全部信息，Project提供了多种视图来全面地展现项目信息，在视图栏中共有9个视图图标。单击相应的按钮，即可在不同的视图之间进行快速切换，关于各个视图的含义，我们将在后面章节中介绍。

3.4.7　设置Project的工作环境

在Project中，重新定义一个菜单项"我的菜单"，其中包括"新建"、"复制"、"粘贴"和"字体"等命令，并且在Project的工作界面中不显示状态栏，以增大工作区。现以Project 2003为例进行说明。

① 启动Project 2003，程序将自动新建一个名为"项目1"的空白文档，见图3-15。
② 选择"工具"/"自定义"/"工具栏"命令，打开"自定义"对话框，单击"命令"选项卡，在"类别"选项区域中，选择"新菜单"命令，见图3-16。
③ 在"命令"类别总选中"新菜单"选项，将其拖动到菜单栏中，如图3-17所示。
④ 在菜单栏的"新菜单"上右击，从弹出的快捷菜单中的"命名"文本框中输入"我的菜单"，然后按Enter键，就可以重新命名菜单。
⑤ 选择"工具"/"选项"命令，打开"选项"对话框，选择"视图"选项卡，在"显示"选项区域中，取消选择"状态栏"复选框，即在主窗口中不显示状态栏，增大编辑区的显示范围，见图3-18。

图 3-15　启动 Project 2003

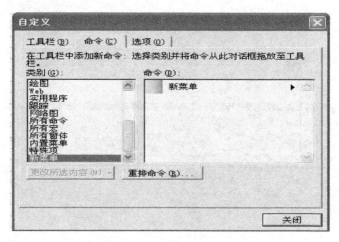

图 3-16　"自定义"对话框

图 3-17　拖动"新菜单"到菜单栏

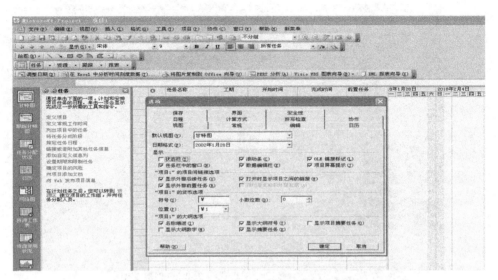

图 3-18 "选项"对话框

⑥ 单击"确定"按钮,完成设置,此时工作环境效果见图 3-19。

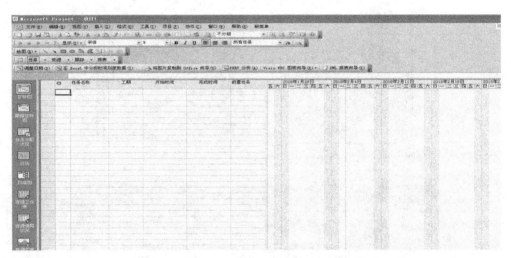

图 3-19 设置工作环境

3.5 Project 的常用视图

视图以特定的格式显示 Project 中输入信息的子集,该信息子集存储于 Project 中,并且能够在任何调用该信息子集的视图中显示。通过视图可以展现项目信息的各个维度。视图主要分为任务类视图和资源类视图,常用的任务类视图有"甘特图"视图、"网络图"视图、"日历"视图和"任务分配状况"视图等;常用的资源视图有"资源工作表"视图、"资源图表"视图、"资源使用状况"视图。现以基础的 Project 2003 为例对这些视图进行说明。

3.5.1 "甘特图"视图

"甘特图"视图是 Project2003 的默认视图,用于显示项目的任务信息,视图的左侧用工作表显示任务的详细数据,例如任务的工期、任务的开始时间和结束时间,以及分配任务的资源等。视图的右侧用条形图显示任务的信息,各条形图之间的位置则表明任务是一个接一个顺序进行的,还是相互重叠的,图 3-20 就是一个典型的"甘特图"视图。

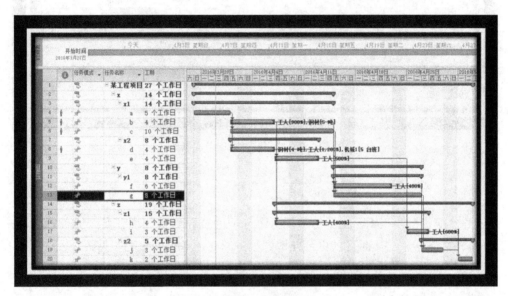

图 3-20 "甘特图"视图

使用"甘特图"视图可以完成以下工作。

① 通过输入任务和完成每项任务所用的时间来创造一个项目。

② 通过链接任务,在任务之间建立顺序的相关性。在链接任务时,可以看到任务工期的更改是如何影响其他任务的开始日期和完成日期,以及整个项目的完整周期的。

③ 将人员和其他资源分配给任务。

④ 查看任务的进度,可以对计划的和实际的开始时间日期、完成日期进行比较,以及检查每项任务完成的百分比,从而跟踪任务的进度。

⑤ 在图形化任务的同时仍然可以访问任务的详细信息。

⑥ 拆分任务以及中断任务,以后再恢复该任务拆分。

3.5.2 "跟踪甘特图"视图

对于每项任务、"跟踪甘特图"视图显示了两种任务条形图,一个条形图在另一个条形图的上方。下方的条形图显示任务的比较基准,另一个条形图形显示任务的当前计划。当计划发生变化时,就可以通过比较基准任务于实际任务来分析项目偏移原始计划的程度,如图 3-21 所示。

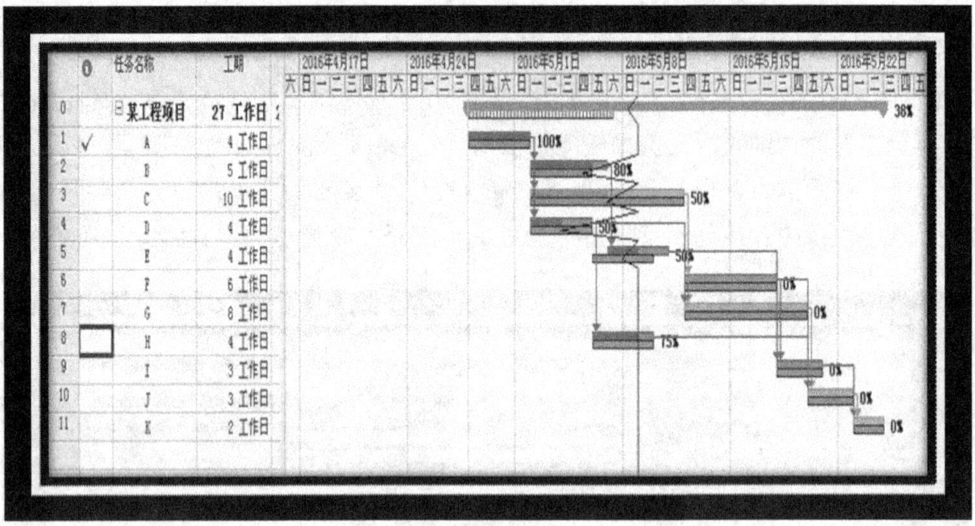

图 3-21 "跟踪甘特图"视图

3.5.3 "任务分配状况"视图

"任务分配状况"视图给出了每项任务所分配的资源以及每项在各个时间段内所需要的工时和成本等信息,从而可以更合理地调整资源在任务上的分配。见图 3-22。

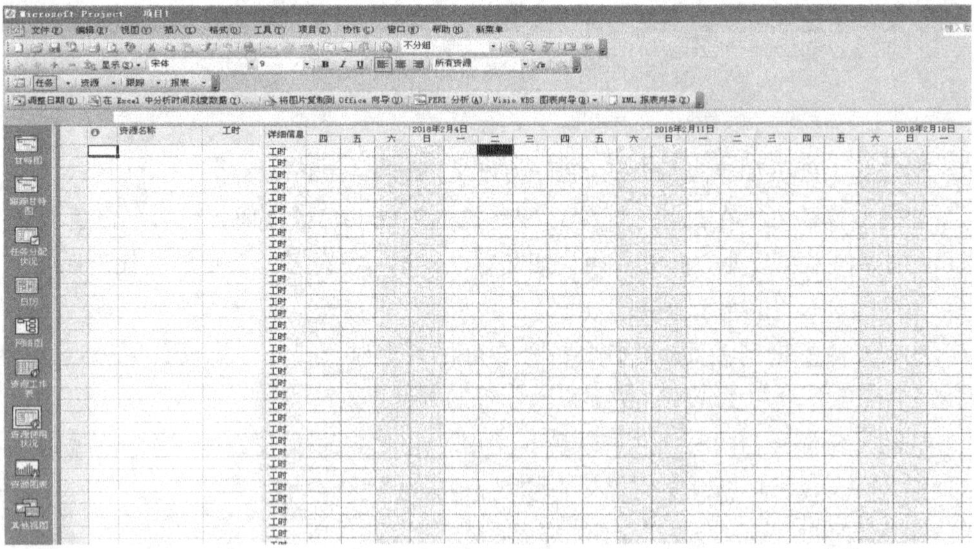

图 3-22 "任务分配状况"视图

使用"任务分配状况"视图可以完成以下工作。

① 根据任务组织资源。

② 估算每项任务的工作量。

③ 估算每项任务的成本。
④ 对计划的时间和实际的工时进行比较。
⑤ 计划的成本和实际的成本进行比较。

3.5.4 "网络图"视图

"网络图"视图以流程图的方式来显示任务及其相关性。一个框代表一个任务,框与框之间的连线代表任务之间的相关性。默认情况下,进行中的任务显示为一条斜线,已经完成的任务框中则显示为两条交叉斜线,如图 3-23 所示。

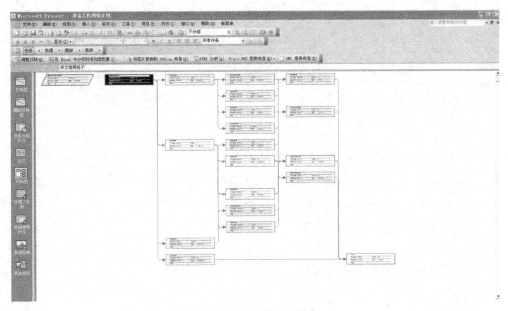

图 3-23 "网络图"视图

使用"网络图"视图可以完成以下工作。
① 创建及调整日程。
② 链接任务以指定任务的执行顺序,并确定任务的开始时间和完成时间。
③ 以图形化的方式显示已经完成任务、进行中的任务以及没开始的任务。
④ 给指定任务分配人员或其他资源。

3.5.5 "日历"视图

"日历"视图是以月为时间刻度单位来按日历格式显示项目信息。任务条形图将跨越任务日程排定的天或者星期。使用这种视图格式,可以快速地查看在特定的时间内安排了哪些任务,见图 3-24。

使用"日历"视图可以完成以下工作。
① 显示其日程排定在某个或者某几个星期中的任务。

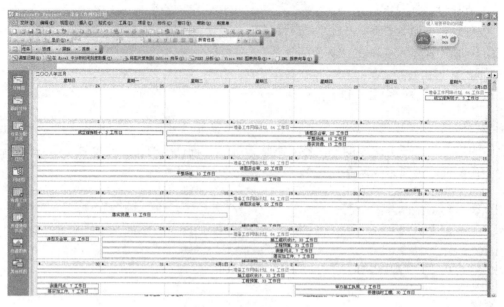

图 3-24 "日历"视图

② 检查其日程排定在特定的某天、某星期或某月的任务。
③ 通过输入任务和完成每项任务所用的时间来创建一个项目。
④ 通过链接任务,在任务之间建立顺序的相关性。
⑤ 将人员和其他资源分配给任务。

3.5.6 "资源工作表"视图

"资源工作表"视图以电子表格的形式显示每种资源的相关信息,比如支付工作表、分配工作小时数、比较基准和实际成本等。如图 3-25 所示。

图 3-25 "资源工作表"视图

使用"资源工作表"视图可以完成以下工作。
① 输入和编辑资源信息。
② 审查每种资源的分配工作小时数。
③ 审查资源成本。

3.5.7 "资源使用状态"视图

"资源使用状态"视图用于显示项目资源的使用情况，分配给这些资源的任务组合在资源的下方，如图 3-26 所示。

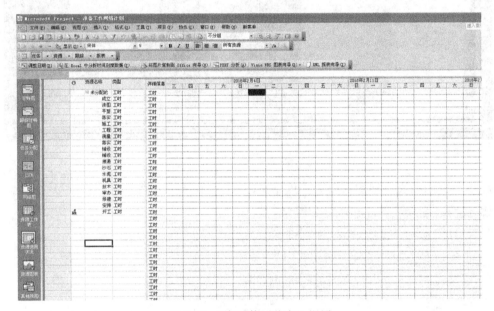

图 3-26 "资源使用状态"视图

使用"资源使用状态"视图可以完成以下工作。
① 输入和编辑资源的任务分配，如成本、工时分配和工时可用性。
② 查看过度分配资源及过度分配量。
③ 计算出每种资源的预算工作小时数。
④ 查看每种资源的预算工时容量百分比。
⑤ 确定每种资源可用于附加工作分配的时间。
⑥ 计算出每种资源在特定任务上的预算工作小时数。
⑦ 审查特定任务的资源成本。
⑧ 通过设置工作分布，改变资源投入到某项任务上的工时量。

3.5.8 "资源图表"视图

"资源图表"视图以图表的方式按时间显示分解、工时或资源成本的有关信息。每次可以审阅一个资源的有关信息，或选定资源的有关信息，也可以同时审阅单个资源和选定资源的有关信息。如果同时显示则会出现两幅图表：一幅显示单个资源，另一幅显示选定资源，以便对二者进行比较。见图3-27。

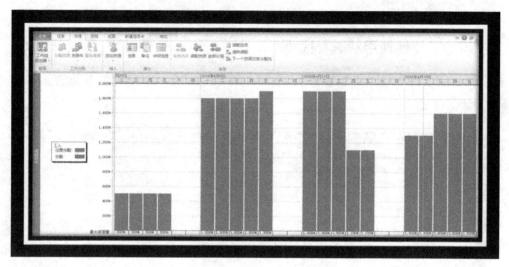

图 3-27　"资源图表"视图

使用"资源图表"视图可以完成以下工作。
① 查看过度分配资源和过度分配量。
② 计算出每种资源的预算工作小时数。
③ 查看每种资源的预算工时量百分比。
④ 确定每种资源可用于附加工作的时间。
⑤ 审阅资源成本。

3.6　在 Project 中选择数据域

在 Project 中进行操作之前，都必须选取编辑对象。仍以基础的 project 2003 进行说明。

3.6.1　选中表中的元素

（1）选取单元格

选取单元格的方法可以分为 3 种：选取一个单元格、选取多个连续的单元格和选取多个不连续的单元格。

1）选取一个单元格：单元格是表中的最小单元，要选中单元格，通常是把光标置于单元格内，单击鼠标，单元格被一个黑框所包围时即被选中，见图3-28。

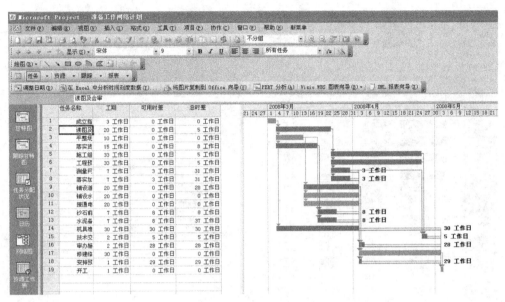

图 3-28 选取一个单元格

2）选取多个连续的单元格：在需要选取的第 1 个单元格内按下鼠标左键不放，拖动鼠标到最后一个单元格，见图 3-29。

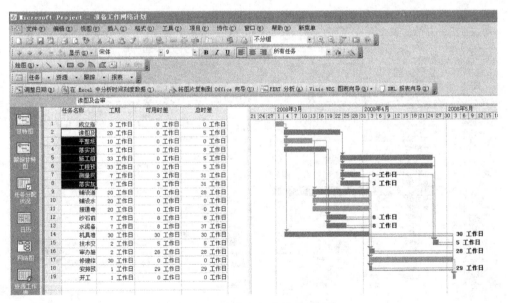

图 3-29 选取多个连续的单元格

3）选取多个不连续的单元格：选取第 1 个单元格后，按住 Ctrl 键不放，再依次选取其他单元格，见图 3-30。

（2）选取整行

有时需要对一整行单元格进行操作，例如，需要复制一个任务的信息到其他位置，就

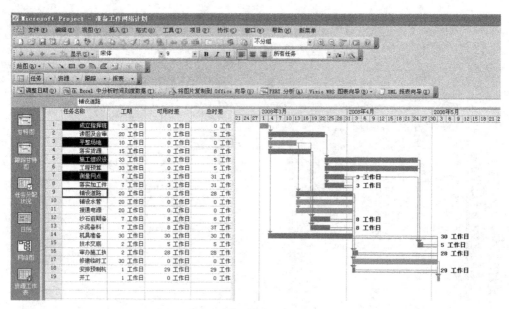

图 3-30 选取多个不连续的单元格

可以先选中整行单元格，再进行复制操作。选中整行单元格的方法是在标识号单元格中单击。见图 3-31。

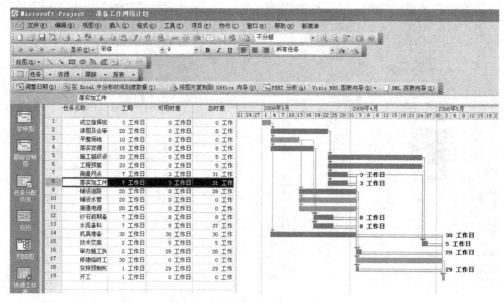

图 3-31 选取整行

（3）选取整列

有时需要对一整列单元格进行操作，例如，需要改变某列的排序方式等，这时，就需要先选中整列单元格再进行操作，选中整列单元格的方法是单击列标题，见图 3-32。

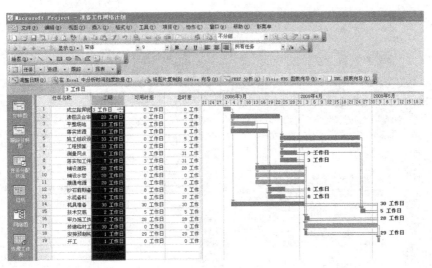

图 3-32 选取整列

（4）选取全部

有时需要对全部任务或资源进行操作，例如，需要计算所用任务的成本，只要选中全部任务，然后右击，从弹出的快捷菜单中选中"成本"命令，就可以显示全部任务的成本。选中全部单元格的方法是单击列标题行和标识号的交点处，见图 3-33。

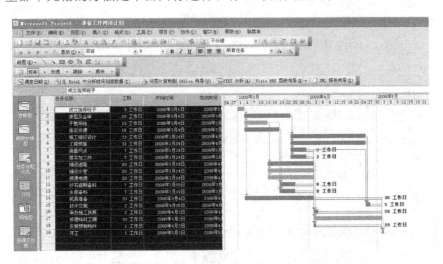

图 3-33 选取全部

3.6.2 选中图中的元素

选择图中的元素不像在表中操作那么明显，在视图中操作时鼠标指针的指向就是要进行操作的部分。例如，在"甘特图"中，光标指向不同的位置将显示不同的选项。

（1）光标指向任务信息

当光标指向任务信息的条形图上时，可进行针对该任务于当前类别有关的操作。双击鼠标，打开"设置条形图格式"对话框，通过该对话框可以修改任务条形图的形状、图案、颜色以及条形图文本的相关信息，见图 3-34。

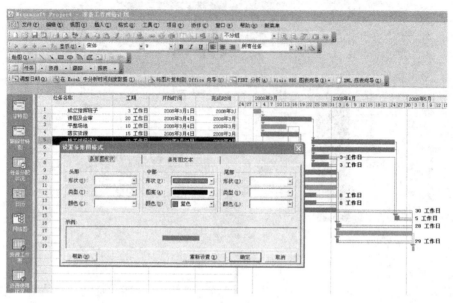

图 3-34 "设置条形图格式"对话框

（2）光标指向任务链接

当光标指向任务链接线条时，可进行与此链接相关的操作。双击鼠标，将打开"任务相关性"对话框，通过该对话框可以对任务的相关类型和延隔时间进行修改，见图 3-35。

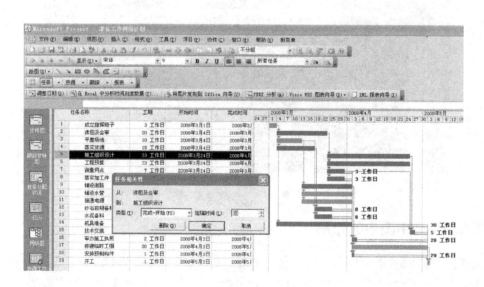

图 3-35 "任务相关性"对话框

（3）光标指向空白区域

双击"甘特图"视图的空白区域，打开"条形图样式"对话框，通过该对话框可以修改各类任务的条形图外观、种类等,见图 3-36。

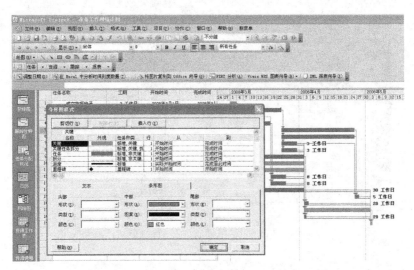

图 3-36 "条形图样式"对话框

3.7 上机实验

本节上机实验主要通过为项目文档设置属性和将当前项目保存为模板,来练习属性设置、保存为模板等操作。

3.7.1 设置项目文档属性

在 Project 中,可以给项目文档设置密码,防止其他用户查看或更改,并且可以设置自动保存,以防止突然停电或死机等带来的损失。

① 如启动 Project 2003,打开要设置密码的文档,然后选择"文件"/"另存为"命令,打开"另存为"对话框。

② 选择"工具"/"常规选项"对话框。

③ 在"保护密码"文本框中输入密码,在"修改权密码"文本框中也输入密码,见图 3-37。此后其他用户要想打开或修改该项目文档时就需要输入密码,从而提高了文件的安全性。

④ 单击"确定"按钮,打开"确认密码"对话框,再次输入保护密码,见图 3-38。

⑤ 单击"确认"按钮,打开"确认密码"对话框,再次输入修改权密码,见图 3-39。

⑥ 选择"工具"/"选项"命令,打开"选项"对话框,选择"保存"选项卡,在"自动保存"选项区域中,选中"每隔"复选框,并在其后的微调框中输入 6,见图 3-40。

⑦ 单击"确定"按钮,完成设置,此时文档就可以每隔 6 分钟自动保存一次了。

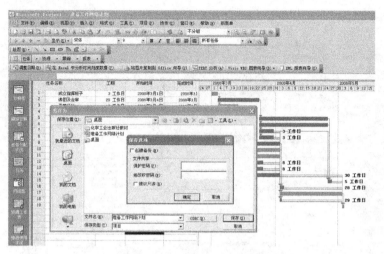

图 3-37 "保存选项"对话框

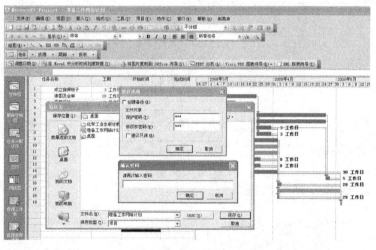

图 3-38 输入密码

图 3-39 输入修改权密码

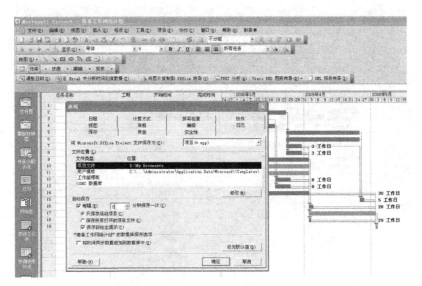

图 3-40　设置自动保存

3.7.2　将当前项目保存为模板

在 Project 中，可以将用户自己设置的项目文档保存为模板，以方便日后使用。

① 如启动 Project 2003，打开要保存为模板的文档，然后选择"文件"/"另存为"命令，打开"另存为"对话框，在"保存类型"下拉列表中选择"模板"选项，见图 3-41。

图 3-41　另存为模板

② 单击"保存"按钮，打开"另存为模板"对话框，选择不希望保存在模板中的数据类型，见图 3-42。

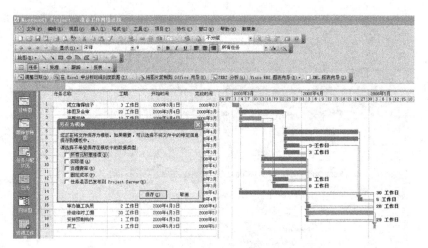

图 3-42 "另存为模板"对话框

本章小结

本章主要介绍了 Project 的基本情况和基础功能,包括 Project 发展进程和各版本的功能演进及基础功能和组成,同时还简单介绍了 Project 认证培训大纲的内容,以便更好地掌握其基本架构。介绍了 Project 的工作界面和常用视图以及在 Project 中选择数据域,并通过上机实验进行强化操作,从而为后续 Project 的应用打下基础。

思考题

一、填空题

1. 在你打开文档时,如果要一次打开多个连续的文档,可以按住_____键进行选择;如果要一次打开多个不连续的文档,可以按住_____键进行选择。

2. 以_____方式打开的文档,对文档的编辑修改将无法直接保存到原文档上,而需要将编辑修改后的文档另存为一个新的文档;以_____方式打开的文档,将打开一个文档的副本,而不打开原文档。

3. _____以特定的格式显示 Project 中输入信息的子集,该信息子集存储在 Project 中,并且能够在任何调用该信息子集的视图中显示,通过视图可以展现项目信息的各个维度,视图主要分为_____类视图和_____类视图。

4. _____是表中的最小单位,要选中单元格,通常是把光标置于单元格内,_____鼠标,单元格被一个黑框所包围即被选中。

二、选择题

1. Project 工作环境的扩展名为(   )。
   A. mpp   B. mpw
   C. doc   D. mpt

2. 下列选项中,关于"甘特图"视图的说法错误的是(   )。

A. 视图的左侧用工作表显示任务的详细数据
B. 可以通过链接任务在任务之间建立顺序的相关性
C. 可以估算每项任务的成本
D. 查看任务的进度

3. 下列选项中,关于"日历"视图的说法正确的是(   )。

A. 以年为时间刻度单位来按日历格式显示项目信息
B. 可以显示其日程排定在某个或某几个月中的任务
C. 以图形化的方式显示已经完成的任务、进行中的任务以及没开始的任务
D. 通过输入任务和完成每项任务所用的时间来创建一个项目

三、简答题

1. Project 有哪些功能?
2. Project 由哪几部分组成?其认证培训的架构对你学习本课程有何启示?

第 2 篇
工程项目计划

第4章 工程项目范围管理

教学目标

本章主要讲述工程项目和项目管理的基本概念和相关知识。通过本章的学习,应达到以下目标:

(1) 理解项目范围和项目范围管理的定义;

(2) 了解项目范围管理包括的工作过程;

(3) 了解项目启动、项目范围计划、项目范围定义、项目范围确认和项目范围变更控制 5 个工作过程的数据和结果;

(4) 掌握各个工作过程使用的工具和方法。

学习要点

知识要点	能力要求	相关知识
项目范围	掌握项目范围概念	项目工作分解结构(WBS)
项目范围管理的 5 个工作过程	掌握项目范围管理的 5 个工作过程	项目范围计划、项目范围变更控制

基本概念

工程项目、项目管理、项目生命周期、项目管理知识体系。

项目范围、项目范围管理、项目启动、项目范围计划、项目范围确认、项目范围变更控制

4.1 概 述

项目组织要想成功地完成某个项目,在明确了项目的预定目标后,必须开展一系列的

工作或活动，这些必须开展的工作构成了项目的工作范围。项目管理的首要工作就是进行项目范围管理。

4.1.1 项目范围和项目范围管理

项目范围是指为了成功地实现项目目标所必须完成的全部且最少的工作。在这个定义中有如下两层含义。

① 全部的——是指实现该项目目标所进行的"所有工作"，任何工作都不能遗漏，否则将会导致项目范围"萎缩"。

② 最少的——是指完成该项目目标所规定的"必需的、最少量"的工作，不进行此项工作就无法最终完成项目，工作范围不包括那些超出项目可交付成果需求的多余工作，否则将导致项目范围"蔓延"。

例如，某项目的目标是"用 600 万元在 6 个月内修建一栋 2 层豪华别墅"，这个目标是一个较为笼统的概念，项目组织还需要根据该项目目标来确定项目的具体工作，即界定项目的范围。该项目的范围可能包括以下内容。

① 建筑面积为 $600m^2$，别墅共有 6 间卧室、2 个客厅、2 个厨房、4 个卫生间、一个健身房和一个地下室。

② 庭院面积为 $800m^2$，包括一个 $200m^2$ 的露天游泳池，一个 $300m^2$ 的花园、一个 $50m^2$ 的车库。

通过对项目范围的界定，项目组织就能明确项目所要完成的各项工作了。

在此还要注意区分产品范围和项目范围的概念。产品范围是指客户对项目最终产品或服务所期望包含的特征和功能的总和；项目范围是为了交付满足产品范围要求的产品或服务所必须完成的全部工作的总和。项目范围最终是以产品范围为基础而确定的，产品范围对产品要求的深度和广度决定了项目工作范围的深度和广度。产品范围的完成情况是参照客户的要求来衡量的，而项目范围的完成情况则是参照计划来衡量的。

项目范围管理实质上是一种功能管理，它是对项目所要完成的工作范围进行管理和控制的过程，如启动一个新项目、编制项目范围计划、界定项目范围、由项目干系人确认项目范围、对项目范围变更进行控制，即项目范围管理的内容构成。

项目范围管理主要是通过如下步骤完成的。

① 把客户的需求转变为对项目产品的定义；

② 根据项目目标与产品分解结构，把项目产品的定义转化为对项目工作范围的说明；

③ 通过工作分解结构，定义项目工作范围；

④ 项目干系人认可并接受项目范围；

⑤ 授权与执行项目工作，并对项目进展进行控制。

图 4-1 说明了项目范围管理的工作过程。尽管图 4-1 对每个独立的工作过程作了明确的界定，但是在实践中它们是以各

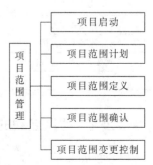

图 4-1 项目范围管理的过程

种形式重叠并相互影响的。

4.1.2 项目范围管理的作用

项目范围管理在项目管理中具有十分重要的作用。

① 为项目实施提供工作范围框架。项目范围管理最重要的作用就是为项目实施提供了项目工作范围的边界和框架,并通过该边界和框架去规范项目组织的行动,在澄清了项目工作范围和条件之后,就可以让人们放弃不必要的工作和各种不切实际的想法。

② 提高资金、时间、人力和其他资源估算的准确性。项目的具体工作明确后,项目组织就可以根据具体工作来规划其所需的资金、时间、人力和其他资源,这样对整体和各项工作的需求估计就准确多了。

③ 确定进度测量和控制的基准,便于对项目的实施进行有效的控制。项目范围是项目计划的基础,项目范围确定了,就为项目进度计划的执行和控制确定了基准,从而可以采取相应的纠偏行动。

④ 有助于清楚地分派责任。一旦项目范围界定了,也就确定了项目的具体工作任务,为进一步分派任务奠定了基础。

4.2 项目启动

项目范围管理中的启动具有两层含义:一是正式启动一个新项目;二是确定一个既存项目是否可以进入下一个项目阶段。项目的启动可以是正式的,也可以是非正式的。正式的项目启动要进行一系列正规的可行性研究;非正式的项目启动工作相对简单,在项目的构思初步形成之后,几乎不需要进行任何正式的可行性研究就可以直接进入项目的规划和设计阶段。非正式启动通常适合于一些小项目和开发性、科研性的项目。

项目启动的主要工作见表 4-1。

表 4-1 项目启动的主要工作

依据	工具和方法	结果
项目目的	项目方案选择的方法	项目章程
成果说明	专家判断法	项目说明书
企业战略目标		项目经理选派
项目选择的标准		项目制约因素的确定
历史资料		项目假设条件的确定

4.2.1 项目启动的依据

(1) 项目目的

项目目的是指项目的客户期望项目结束时所能实现的项目结果,明确项目的目的是项目成功的重要保证。项目团队应该根据自身条件以及资源的获取能力，对能否实现项目目的、满足客户需求做出客观、合理的判断。

（2）成果说明

成果说明是对项目所要完成的成果的特征和功能进行说明的文件。成果说明的主要内容包括：产品的特点，产品同项目目的之间的关系以及为什么要实施该项目、获得该产品等。成果说明并非一成不变，随着项目的进行，项目成果的轮廓以及各项功能的定位日趋明确，成果说明需要逐步细化，甚至会随项目环境和实施情况的变化而相应变更，但是这种变更要经过客户和项目团队的一致认可。启动阶段的成果说明对支持项目计划编制起重要作用，也是下一步工作的基础文件。

（3）企业战略目标

所有项目都要服从企业的整体战略目标，项目选择要以公司的战略目标作为决策标准。项目从事的一切活动都要以实现其战略目标为中心。

（4）项目选择的标准

项目的备选方案可能不止一个，这就需要建立一套评价体系作为选择方案的标准。项目选择的标准一般根据项目最终成果的性质和客户的要求来决定，同时还要考虑经济效益、社会效益以及项目环境等。

（5）历时资料

项目团队在启动一个项目时，应该充分借鉴以前项目选择和决策的历史资料，以及项目以前执行情况的资料，为其项目的选择和决策做参考。

4.2.2 项目启动的方法

项目启动的方法主要有以下两种。

① 项目方案选择的方法，如净现值法、内部收益率法、投资回收期法、效益分析法和要素加权分析法等。

② 专家判断法，如专家评分法和德尔菲法等。

4.2.3 项目启动的结果

（1）项目章程

项目章程就是正式承认项目存在的文件，它可以是一个专门的文件，也可以是企业需求说明书、成果说明书、签订的合同等替代文件。项目章程赋予了项目经理利用企业资源、从事其有关活动的权力。项目章程是由项目的客户或者项目团队所属的上级领导组织的决策者签发。

（2）项目说明书

项目说明书是说明项目总体情况的文件，主要包括项目的实施动机、项目目的、项目总体情况的相关描述、项目经理的责任和权利等。

(3) 项目经理选派

项目应该尽早选定项目经理并且在计划开始前指派到位。优秀的项目经理是项目成功的关键因素。项目经理既可以来自企业内部，也可以来自职业项目经理人市场，还可以由咨询公司推荐。在选派项目经理的同时，还要明确项目经理的责、权、利，并建立适当的激励和约束机制。

(4) 项目制约因素的确定

制约因素就是限制项目团队行动的因素，例如项目的预算将会限制项目团队的人员配备和进度安排等。

(5) 项目假设条件的确定

制定项目计划时一般会假设某些因素是真实和符合现实的，这些因素就是假设条件。做项目计划时，一般假定项目所需的资源都会及时到位，但是现实情况可能不会这么理想，因此，假设条件通常包含着一定的风险。

4.3 项目范围计划

一般认为，项目范围计划就是以项目的实施动机为基础，确定项目范围并编制项目范围说明书的过程。项目范围说明书说明了进行该项目的目的、项目的基本内容和结构，规定了项目文件的标准格式、其形成的项目结果核对清单既可作为评价项目各阶段成果的依据，也可以作为项目计划的基础。项目范围说明书是项目团队和项目客户之间对项目的工作内容达成共识的结果。

项目范围计划的主要工作如表 4-2 所示。

表 4-2 项目范围计划的主要工作

依据	工具和方法	结果
项目章程	成果分析	项目范围说明书
项目说明书	项目方案识别技术	项目范围管理计划
项目经理选择	专家判断法	
项目制约因素的确定		
项目假设条件的确定		

4.3.1 项目范围计划的依据

项目范围计划的依据就是项目启动的结果，即项目章程、项目说明书和项目假设条件的确定等。

4.3.2 项目范围计划的工具和方法

(1) 成果分析

成果分析可以加深对项目成果的理解,由项目产品的功能和特性着手分析,反向推导项目的工作范围,目的是使项目团队开发出一个更好、更明确的项目产品。对项目成果进行分析时,可以综合运用不同的分析方法,例如系统工程、价值工程、功能分析等技术,达到指导项目范围计划制定的目的。

(2) 项目方案识别技术

项目方案识别技术一般指用于提出项目目标方案的所有技术,如头脑风暴法,目的针对项目的每个问题提出尽可能多的备选方案,在此注重的是方案的数量而不是方案的质量。将所有备选方案都记录下来后,再运用各种经济评价方法,找出最佳方案,从而根据该方案制定项目的范围计划。

(3) 专家判断法

专家判断法即利用各个领域的专家来帮助项目团队制定范围计划。专家可以是来自各个领域的具有专业知识和技能的人员,也可以来自咨询公司、行业协会等。

4.3.3 项目范围计划的结果

(1) 项目范围说明书

项目范围说明书是未来项目实施的基础,它有助于项目干系人之间达成共识。项目范围说明书一般包括以下内容。

1) 项目的合理性说明,即说明为什么要进行该项目;

2) 项目的可交付成果,形成项目产品清单;

3) 项目成果的定量标准,包括成本、进度、技术性能和质量标准;

4) 项目目标的实现程度,因为项目是一个创新性的活动,因此这个程度不是一成不变的,而是随项目的实施进度和外界环境的变化发生相应的变动。

5) 辅助说明,包括已经识别的假设条件和制约因素等。

(2) 项目范围管理计划

范围管理计划描述了对项目范围如何进行管理,项目范围怎样变更才能与项目要求相一致等问题。该文件包括以下内容。

1) 说明如何控制项目的范围以及项目范围的变更;

2) 说明如何控制项目范围变更并对其进行分类;

3) 对项目范围的稳定性进行评价,即项目范围变化的可能性、频率和幅度。

项目在策划时,项目团队和客户就应该对项目范围变更的显著性水平做出概念上的界定。例如项目团队和客户约定项目成本计划只允许有20%的偏差,那么如果实际成本已经超过计划的30%,并且没有任何挽救的可能,这时项目的计划就应该做出调整,项目的范围也就要随之变更。

4.4 项目范围定义

项目范围定义就是把项目的主要可交付成果划分为更小的、更加容易管理的组成部分。为了达到项目目标,首先要确定为此达到目标所要完成的具体任务。在项目范围计划中,对这些任务进行了概括的说明;而在项目范围定义中,则要将这些任务再逐步细化,直至落实到完成它的每一个人或每一个小组。项目范围定义不但要力求准确、细致,而且要有利于项目资源的合理调配和成本估算。

范围定义是通过任务分解实现的,任务分解就是把笼统的、不能具体操作的任务细化成较小的且易于执行和控制的、包括具体细节的可操作任务。任务分解有助于提高项目成本估算、进度和资源估算的准确性,有利于对项目的执行情况进行评价,便于明确项目团队成员的职责和进行资源分配。项目范围定义的主要工作如表 4-3 所示。

表 4-3 项目范围定义的主要工作

依据	工具和方法	结果
项目范围说明书	工作分解结构	项目工作分解结构图
项目范围管理计划		项目工作分解结构词典
历史资料		

4.4.1 项目范围定义的依据

项目范围定义的依据包括项目范围说明书、项目范围管理计划和可供参考的历史资料等,项目范围定义的依据也就是项目范围计划的结果。

4.4.2 项目范围定义的工具

工作分解结构(WBS)是一种为了便于管理和控制而将项目工作分解的技术,是项目范围定义中最有价值的工具。工作分解结构逐层把项目分解成子项目,子项目再分解成更小的、更易于管理的工作单元,直至具体的活动。工作分解结构可以把整个项目联系起来,把项目目标逐步细化为许多可行的并且是相对短期的任务。

4.4.3 项目范围定义的结果

(1)项目工作分解结构图

项目工作分解结构图是通过分解技术,将项目任务按照其内在性质和内在结构逐层细化而形成的示意图,呈现分级树形结构。该图涵盖项目的所有工作任务,即确定了项目的整个范围,直观地说明了每个独立的工作任务在项目中的地位。

(2)项目工作分解结构词典

项目工作分解结构词典是对项目工作分解结构进行说明的文件,它详细说明了工作分解结构中所有工作包的重要情况。一般来说,项目工作分解结构词典应该包括如下基本的工作信息:工作细节、前期工作投入、工作产出、人员联系、持续时间、需要的资源、紧前和紧后工作等。

4.5 项目范围确认

项目范围确认是指项目干系人最终认可和接受项目范围的过程。在范围确认工作中,要对范围定义的工作结果进行审查,确保项目范围包含了所有的工作任务。项目范围确认既可以针对一个项目的整体范围进行确认,也可以针对某个项目阶段的范围进行确认。项目范围确认要审核项目范围界定工作的结果,确保所有的、必需的工作都包括项目工作分解结构中,而一切与实现目标无关的工作均不包括在项目范围中,以保证项目范围的准确。

项目范围确认的主要工作如表4-4所示。

表 4-4　项目范围确认的主要工作

依据	工具和方法	结果
工作成果	项目范围的核检表	对项目范围定义工作的接受
成果说明	项目工作分解结构核检表	
项目范围说明书		
项目范围管理计划		
项目工作分解结构图		

4.5.1　项目范围确认的依据

项目范围确认依据主要有以下几点。

① 工作成果,即项目可交付成果的情况,反映了项目按计划执行的实际情况。
② 成果说明,即项目成果的全面描述,如项目规格书、项目技术文件或项目图纸等。
③ 项目范围说明书。
④ 项目范围管理计划。
⑤ 项目工作分解结构图。

4.5.2　项目范围确认的工具

项目范围确认的常见工具有如下两张核检表,即项目范围核检表和项目工作分解结构核检表，实践证明它们在项目范围管理中是十分有效的。

(1) 项目范围核检表的主要内容

1）项目目标是否完整和准确。
2）项目目标的衡量标准是否科学、合理和有效。
3）项目的约束条件、限制条件是否真实。
4）项目的假设前提是否合理，不确定性的程度是否较小。
5）项目的风险是否可以接受。
6）项目成功的把握是否很大。
7）项目的范围界定是否能够保证上述目标的实现。
8）项目范围所能产生的收益是否大于成本。
9）项目范围界定是否需要进一步开展辅助性研究。

(2) 项目工作分解结构核检表的主要内容

1）项目目标描述是否清楚明确。
2）项目产出物的各项成果描述是否清楚。
3）项目产出物的所有成果是否都是为实现项目目标服务的。
4）项目的各项成果是否以工作分解结构为基础。
5）项目工作分解结构中的工作包是否都是为形成项目某项成果服务的。
6）项目目标层次的描述是否清楚。
7）项目工作分解结构的层次划分是否与项目目标层次的划分和描述相统一。
8）项目工作、项目成果与项目目标和项目总目标之间的逻辑关系是否一致。
9）项目工作、项目成果、项目分目标和项目总目标之间的逻辑关系是否正确、合理。
10）项目目标的衡量标准是否有可度量的数量、质量或时间指标。
11）项目工作分解结构中的工作是否有合理的数量、质量和时间度量指标。
12）项目目标的指标值与项目工作绩效的度量标准是否匹配。
13）项目工作分解结构的层次分解得是否合理。
14）项目工作分解结构中各个工作包的工作内容是否合理。
15）项目工作分解结构中各个工作包的相互关系是否合理。
16）项目工作分解结构中各项工作所需的资源是否明确、合理。
17）项目工作分解结构的总体协调是否合理。

另外还有其他的确认项目或者各个阶段可交付成果的方法，如观察法、测量法等。

4.5.3　项目范围确认的结果

项目范围确认结果即对项目范围定义工作的接受，同时还要编制经过项目干系人确认并已经接受的项目范围定义和项目阶段性工作成果的正式文件。这些文件应该分发给有关的项目干系人。如果项目范围没有被项目干系人确认，则项目宣告终止。

4.6 项目范围变更控制

在项目执行时,进度、费用、质量以及客户需求等各种因素的变化都会导致项目范围的变化;同时,项目范围的变化又会要求上述各方面作出相应的变化。因此,必须进行整体的控制和管理。项目变更控制是对项目存在的或潜在的变化,采用相应的策略和方法予以处理。

项目范围变更控制是指项目范围发生变化时对其采取纠正措施的过程以及为使项目朝着目标方向发展而对某些因素进行调整所引起的项目范围变化的过程。

项目范围变更控制的主要工作如表 4-5 所示。

表 4-5 项目范围变更控制的主要工作

依据	工具和方法	结果
项目工作分解结构	项目范围变更控制系统	范围变更文件
项目执行情况报告	绩效测量	纠正措施文档
项目范围的变更申请	范围计划调整	经验教训文档
项目范围管理计划		调整后的基准计划

4.6.1 项目范围变更的原因

项目干系人常常由于各种原因要求对项目范围进行修正,造成范围变更的原因很多,主要如下。

① 项目的外部环境发生变化。
② 在项目范围计划或定义时出现错误或遗漏。
③ 项目团队提出了新的技术、手段或方案。
④ 项目实施的组织本身发生变化。
⑤ 客户对项目或者项目产品的要求发生变化。

4.6.2 项目范围变更控制的依据

(1) 项目工作分解结构

项目工作分解结构是确定项目范围的基准,它定义了完成项目所需的所有工作任务,如果实际工作超出或者没有达到工作分解结构的要求,就认为项目的范围发生了变化。这时,就要对工作分解结构进行修改和调整。

(2) 项目执行情况报告

项目执行情况报告包括两部分:一是项目的实际完成情况;二是有关项目范围、进度、成本和资源变化的情况。执行情况报告还能使项目团队注意到一些可能在未来会导致项目范围发生变化的因素。

(3) 项目范围的变更申请

项目范围的变更申请是指对可能扩大或缩小项目的范围所提出的要求。项目范围的变更申请可以采取很多形式，如口头的或者书面的、直接的或者间接的、从内容开始的或从外部开始的等。

(4) 项目范围管理计划

项目范围管理计划对如何控制范围的变化作出了规定。它可以是正式计划或非正式计划，也可以是详细性描述或是基于项目需要的一个大致的约定。

4.6.3 项目范围变更控制的工具和方法

(1) 项目范围变更控制系统

项目范围变更控制系统规定了项目范围变更的基本控制程序、控制方法和控制责任等，它包括范围文件系统、项目执行跟踪系统、偏差系统、项目范围变更申请和审批系统等。在项目执行过程中，要对项目的进展情况进行监控，对实际与计划之间的偏差进行分析，如果偏差不利于项目目标的完成，就要及时采取纠偏措施。项目范围的变更会引起成本、进度、质量等项目目标的变化，因此，范围变更控制系统应该与项目的其他变更控制系统相结合使用，从而对项目进行整体管理。

(2) 绩效测量

绩效测量技术可以帮助项目团队评估发生偏差的程度，分析导致偏差的原因，并且做出对应的处理，一般包括偏差分析、绩效审查、趋势分析等技术。

(3) 项目范围计划调整

很少有项目能按起初始计划运作，项目的范围随时都可能发生变化，因此就要根据范围的变动来随时调整、补充原有的工作分解结构图，并以此为基础，调整、确定新的项目计划，并根据新的项目计划的要求，对项目范围的变更进行控制。

4.6.4 范围变更控制的结果

(1) 范围变更文件

范围变更经常会涉及成本、进度、质量和其他项目目标的调整。项目范围变更一旦确定，就要对有关的项目文件进行更新，并将项目范围变更的信息和相应文件及时通知或发送给相关的项目干系人。

(2) 纠正措施文件

为了完成预定的项目目标，项目团队要对执行过程中的偏差采取有效的纠正措施，并形成文档。纠正措施有两种情况：一是根据项目的实际执行情况，采取措施消除偏差影响，使项目的进展情况与计划相一致；二是根据经过审批后的项目范围变更要求而采取一些纠正措施。

(3) 经验教训文档

项目范围变更后，项目团队要把各种变更的原因、选择纠正措施的理由以及从范围变更控制中得出的经验教训等用书面的形式记录下来，将其作为历史资料的一部分，并为项目团队继续执行该项目以及今后执行其他项目提供参考。

（4）调整后的基准计划

项目范围变更后，必须根据范围变更文件相应地修改项目的基准计划，从而反映已经批准的变更，并作为未来变更控制的新基准。

4.7 Project 在项目范围管理中的运用

我们结合具体案例来讲解 Project 在项目范围管理中的运用，某工程项目 WBS 结构如图 4-2 所示。

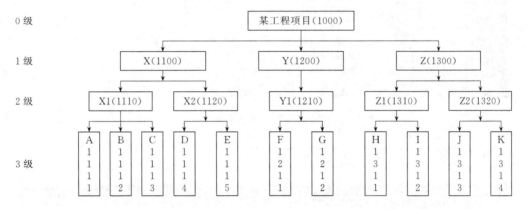

图 4-2 某工程项目 WBS 结构图

该项目范围管理的操作如下。

第 1 步 打开【文件】/【属性】，见图 4-3。

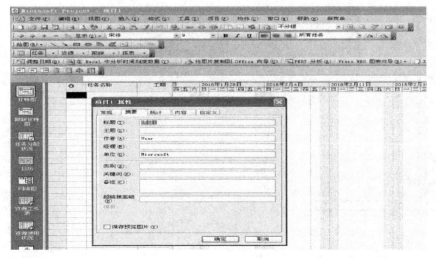

图 4-3 打开项目【属性】

第2步　在【属性】/【标题】中输入"某工程项目",见图4-4。

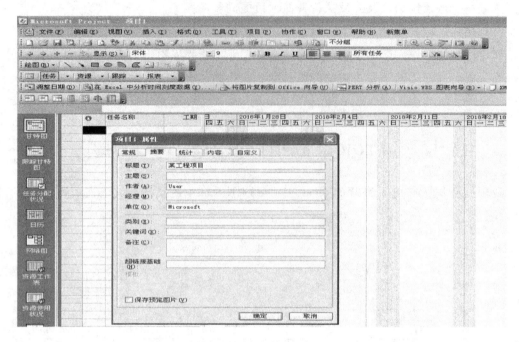

图4-4　在【属性】对话框中输入项目标题

第3步　在【甘特图】中输入任务名称,见图4-5。

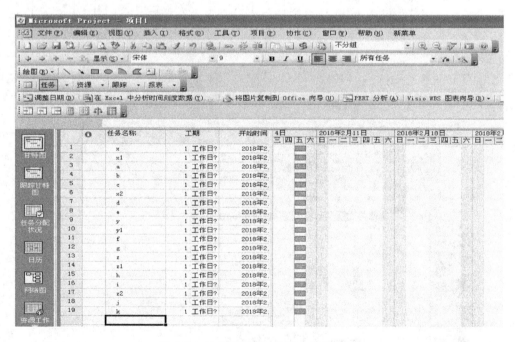

图4-5　在【甘特图】中输入任务名称

第 4 步 任务的【升级】或【降级】，见图 4-6。

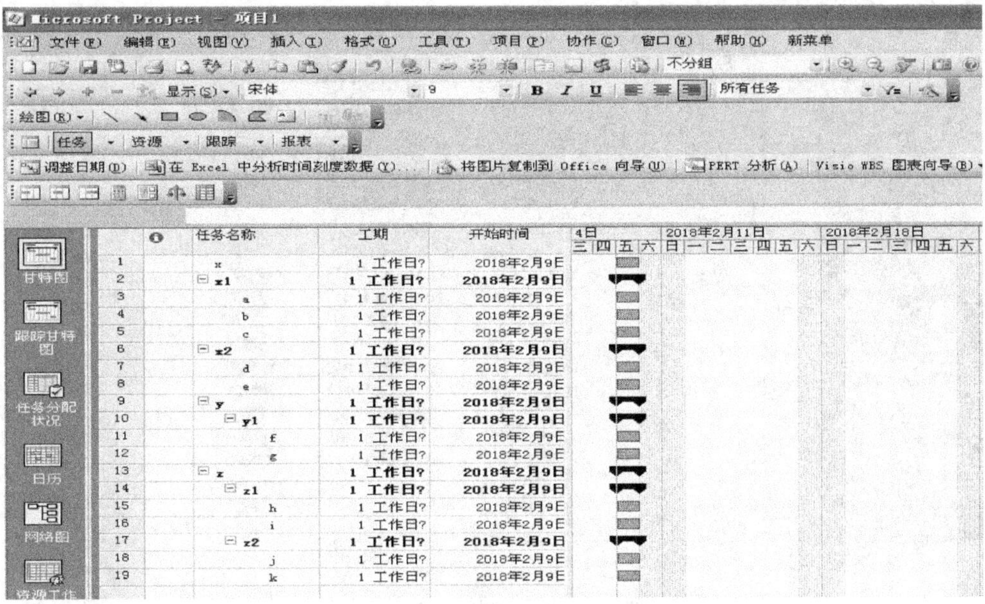

图 4-6 任务结构化

第 5 步 插入项目总摘要任务，打开【工具】/【选项】，选取【显示项目摘要任务】，见图 4-7 和图 4-8。

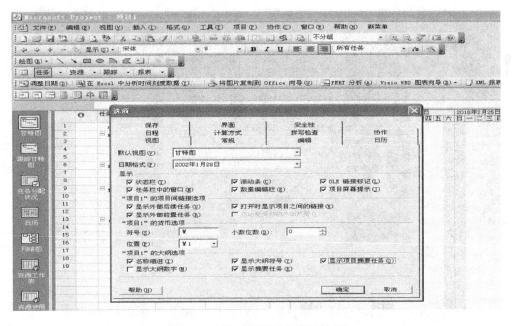

图 4-7 选取【显示项目摘要任务】

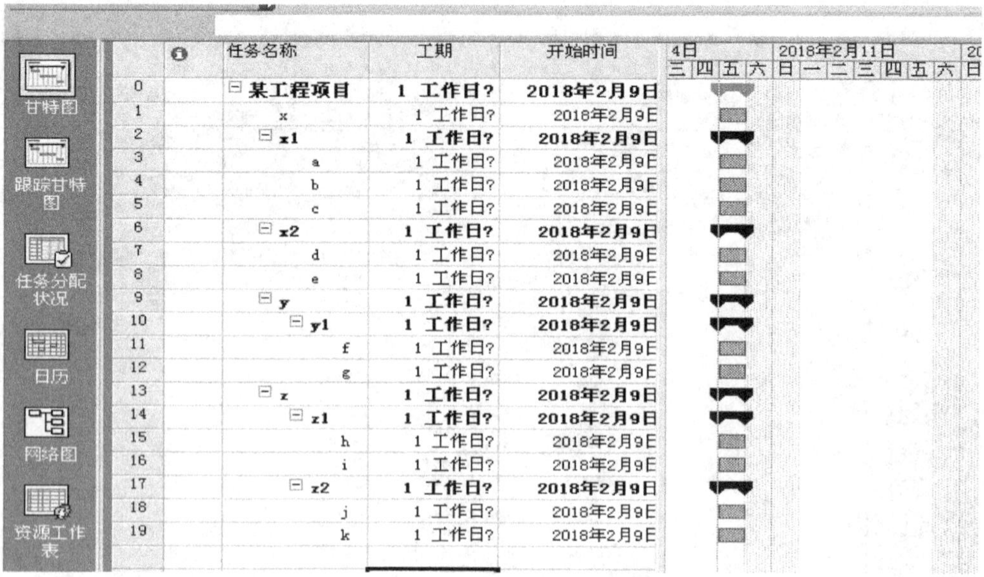

图 4-8 显示项目摘要任务图

第 6 步 显示项目任务 WBS 编码，见图 4-9。
右击鼠标选取【任务】整列，在弹出的列表中，选取【插入列】，见图 4-9。

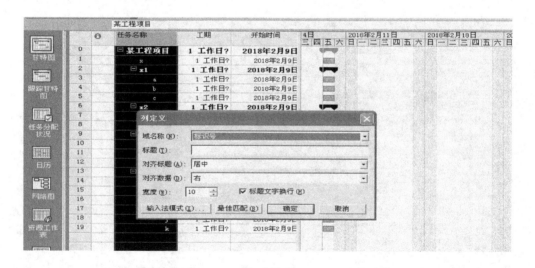

图 4-9 选取【插入列】

第 7 步 在【列定义】/【域名称】中，选取【WBS】。见图 4-10 和图 4-11。

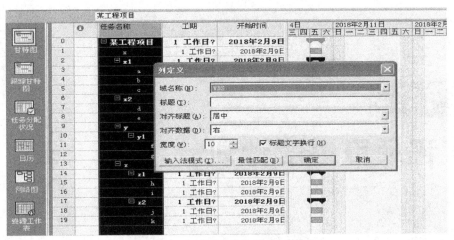

图 4-10 在【域名称】选取【WBS】

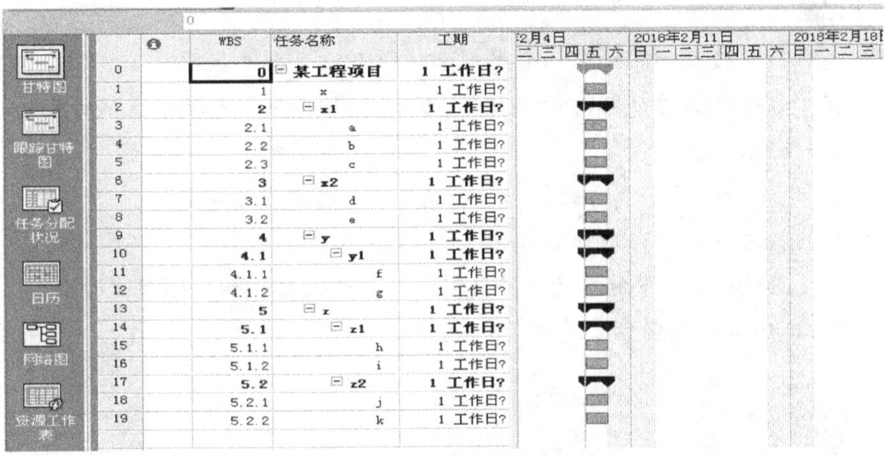

图 4-11 显示 WBS 编码图

至此，Project 在某工程项目范围管理中的运用经过上述 7 步操作完成。

本章小结

本章首先对项目的范围管理做了总体的阐述，主要有项目范围管理的定义、项目范围管理的作用和项目范围管理的过程等。然后，分别就项目范围管理的 5 个过程，如启动、范围计划、范围定义、范围确认和范围变更控制展开了讨论，比较详尽地介绍了各个过程的依据、可采用的工具和方法以及各自的结果，最后通过案例介绍了 Project 在项目范围管理中的应用。

思考题

1. 项目范围管理的作用有哪些？
2. 简述项目范围管理的过程。
3. 项目范围变更的结果有哪些？

第 5 章

工程项目进度计划

教学目标 ▶▶

本章是工程项目进度计划编制。通过本章的学习应主要掌握：

（1）掌握工程项目工作分解结构WBS编制。这是工程项目计划编制的基础，也是编制项目进度计划的基础。

（2）学会用Project编制工作分解结构（WBS），实现任务结构化。

（3）掌握用横道图编制进度计划。

（4）掌握CPM方法，即用单代号网络图与双代号网络图编制项目进度计划。

（5）学会用Project编制项目进度计划。

学习要点 ▶▶

知识要点	能力要求	相关知识
项目工作分解结构（WBS）	掌握WBS编制方法	用Project实现任务结构化
关键路径法（CPM）	掌握CPM方法	用Project实现普通任务进度编制

基本概念 ▶▶

项目工作分解结构（WBS）、关键路径法（CPM）

5.1 工程项目工作分解结构（WBS）编制

5.1.1 WBS概述

工作分解结构（Work Breakdown Structure，即WBS），是将工程项目按照内部结构或实施过程的先后顺序逐层分解而形成的任务结构化图。WBS 可以将工程项目分解到相对独立、内容单一、易于成本核算与检查的工作单元。WBS 图是实施项目、创造最终产品或服务所必须要完成任务的一张清单,也是项目进度管理、资源管理和成本管理的基础(图 5-1)。

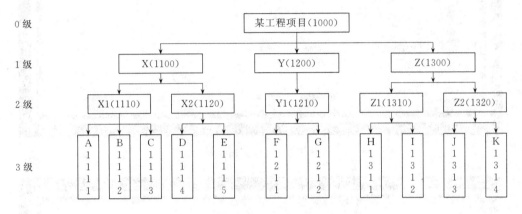

图 5-1 某工程项目 WBS 图

对于一个工程项目系统,有多种项目系统分解方式,只要这些系统是相互联系的且能够综合构成系统整体。工程项目分解结构的目的是将工程项目的过程、产品和组织三种结构形式综合。项目分解的方式主要有:按照项目实施的阶段分解;按照项目的最终产品或服务进行分解;按照项目组织结构进行分解。例如,做一个企业信息化项目,按照项目实施的阶段可以分解为系统分析、系统统计、系统实施、系统交接等阶段;按照项目最终产品的结构,可以分解为企业资源计划系统、供应链系统、客户关系管理系统、办公系统等;按照项目的组织结构可以分解为人事信息系统、财务信息系统、生产信息系统等。

5.1.2 WBS 的编制方法

WBS 编制方法有两种:自上而下法、头脑风暴法。自上而下法是指对工程项目的分解先从总体考虑,分为几个大的摘要任务,然后逐层分解出下面的子任务。这种方法的优点是层次分明,缺点是有可能遗漏一些小的任务。头脑风暴法,是指先不考虑层次,让项目团队成员畅所欲言,提出所有想到的应该完成的任务,然后将它们建立先后次序关系,这种方法不容易漏项,但不直观。

5.1.3 用 Microsoft Project 构建项目工作分解结构(WBS)

以图 5-1 来说明如何用 Project 构建项目工作分解结构(WBS)。
① 打开 Project,选择【文件】/【新建】/【空白项目】,见图 5-2。
②【任务】/【属性】在【任务信息】中填写项目名称:某工程项目。见图 5-3。

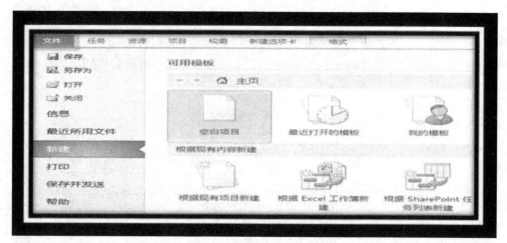

图 5-2　新建空白项目

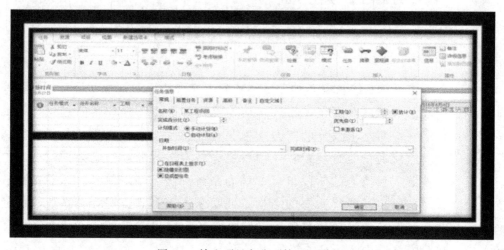

图 5-3　输入项目名称"某工程项目"

③ 在甘特图视图左边表格中输入摘要任务和子任务。见图 5-4。

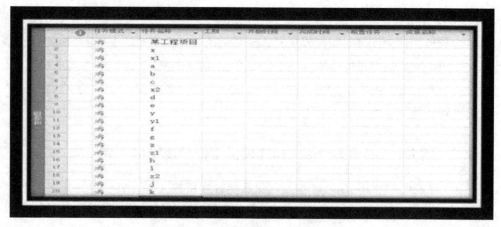

图 5-4　在甘特图中输入摘要任务和子任务

④ 给摘要任务和子任务升级和降级，操作如下：【任务】/【新建组】/【升级】或【降级】，就形成了 WBS 结构，见图 5-5。

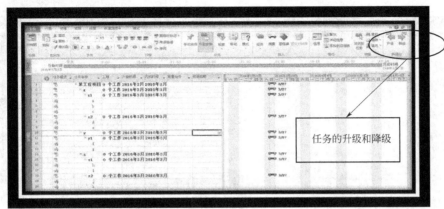

图 5-5　在甘特图中给摘要任务和子任务"升级"或"降级"

⑤ 选取【任务名称】，单击鼠标右键，见图 5-6。

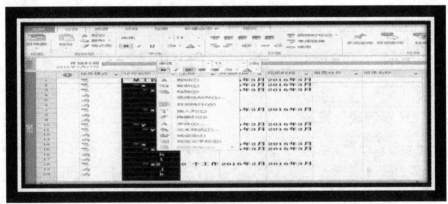

图 5-6　为插入 WBS 编码做准备

⑥ 在图 5-6 中选取【插入列】，见图 5-7。

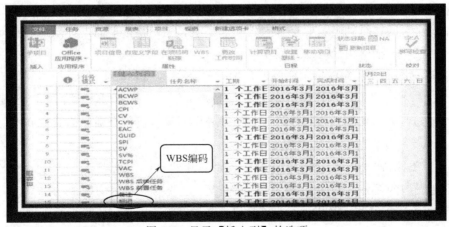

图 5-7　显示【插入列】的选项

⑦ 在【插入列】列表中选取【WBS】，一个完整的带 WBS 编码的工作分解结构就完成了，如图 5-8 所示。

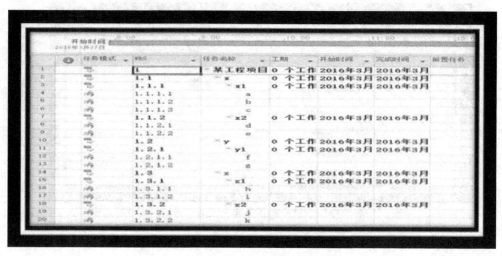

图 5-8 Project 显示完整的带 WBS 编码的工作分解结构

5.2 横 道 图

5.2.1 "横道图"视图

横道图又称甘特图，条形图。"甘特图"由亨利·L. 甘特于 1900 年前后发明，对很多人来说并不陌生，甘特图直观、易懂，便于项目的监督和控制，常用于项目进度计划。在 20 世纪初，人们就开始探索如何有效地管理项目。第二次世界大战前夕，甘特图已经成为军事项目计划和控制的重要工具。至今这种方法仍然是管理项目尤其是建设项目的常用方法。

在 Project 软件中，甘特图是主视图，这种图是以横线来表示每个项目活动的起止时间。横轴表示时间，纵轴表示要安排的活动，线条表示在整个期间内计划的和实际的活动完成情况。使用"横道图"可以完成以下工作。

① 通过输入任务和完成每项任务所用的时间来创建一个项目。

② 通过链接任务，在任务之间建立顺序的相关性。在链接任务时，可以看到任务工期的更改是如何影响其他任务的开始日期和完成日期，以及整个项目的完成周期。

③ 将人员和其他资源分配给任务。

④ 查看任务的进度。可以对计划的和实际的开始日期、完成日期进行比较，以及检查每项任务完成的百分比，从而跟踪任务的进度。

⑤ 在图形化任务的同时仍然可以访问任务的详细信息。

⑥ 拆分任务以中断任务，以后再恢复该任务拆分。

5.2.2 横道图的特点

① 横道图的优点。能够清楚地表达活动的开始时间、结束时间和持续时间，易于理解，便于各层次的管理人员所掌握；使用方便，制作起来比较简单；不但可以编制进度计划，而且可以与劳动力计划、资金计划和材料供应计划结合起来。

② 横道图的缺点。很难表达工程之间的相关性，如一个活动提前动工，很难分析出它会影响到哪些后续活动；不能表示活动的重要性，如哪些活动是关键活动，关键路径在哪里，横道图上所表示的信息较少。Project 软件就很好地弥补了横道图的不足，不但能表达活动之间的相关性，而且能够清楚的显示关键活动和关键路径，横道图上的信息也较多，如人、材、机等各种资源的分配信息。如图 5-9 所示。

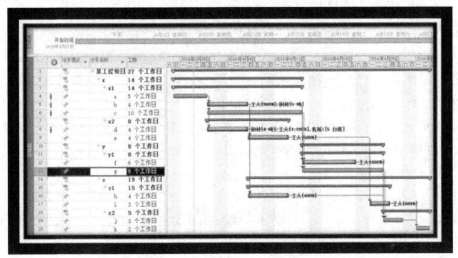

图 5-9 显示各种信息的横道图

使用"甘特图"视图可以完成以下工作。

① 通过链接任务，在任务之间建立顺序的相关性。在链接任务时，可以看到任务工期的更改是如何影响其他任务的开始日期和完成日期，以及整个项目的完整周期的。

② 将人员和其他资源分配给任务。

③ 查看任务的进度，可以对计划的和实际的开始时间日期、完成日期进行比较，以及检查每项任务完成的百分比，从而跟踪任务的进度。

5.3 CPM/PERT

5.3.1 CPM（关键路径法）

CPM 是决定项目历时的一系列活动。在一个确定性的模型中，通常按照浮动时间小于或等于某个指定的数值，一般这个值为0的活动确定关键活动和关键路径，如浮动时间为负值，那么绝对值最大的一系列活动构成关键路径。

关键路径具有如下特点：关键路径是工程项目整个过程中最长的路径；关键路径上的任何活动延迟，都会导致整个工程项目完成时间的延迟；代表可以完成工程项目最短的时间，通常称其为计算工期。

关键路径不一定只有一条，在一个特定的网络中，可能有几条关键路径。随着工程项目进展中对关键路径上的活动进行管理，关键路径可能会发生改变，有可能原先的非关键活动也会成为关键活动，关键路径上的任何活动都是关键活动，都需要加强管理并进行重点监控。

5.3.2 PERT（项目评审技术）

PERT 对每个项目活动都采用3个时间估算值。一个工程项目可能包括只有很少经验或没有经验的活动，但大多数计划工程师可能拥有一些相关的经验。因此，在大多数情况下，得出这项活动最可能时间的预测是可能的，同时，也可预测出比可能情况好和差的情况下的很大历时。该方法确切定义为：a，乐观时间；b，悲观时间；m，最可能时间。为了结合这3种估算，计算活动的期望平均历时，项目评审技术开发者根据统计学原理导出一个公式，用来计算活动的平均期望历时，即

$$t_a = (a + 4m + b)/6 \tag{5-1}$$

公式(5-1)中，t_a 表示活动的期望历时。给定了这些历时，其网络计算就与CPM网络的计算相同了。要注意的是，活动期望历时估算中，乐观工期（a）、最可能工期（m）、悲观工期（b）前权重之和始终为6。

5.3.3 能定量化的工程项目活动历时的确定

对于有确定的活动范围和工程量，又可以确定劳动效率的工程活动，可以比较精确地计算历时，计算过程如下。

① 活动范围的确定和工程量的计算；
② 劳动力资源投入量的确定；
③ 劳动效率的确定；
④ 计算活动历时。

a. 简单的活动历时比较容易确定，计算公式为

$$活动历时(天) = 工程量/(总投入人数 \times 每天班次 \times 8小时 \times 劳动效率) \tag{5-2}$$

如，某工程项目基础混凝土 400m³，投入4个混凝土小组，每天8人，估计人均劳动效率为 0.35m³。活动历时计算如下

每班次（8h）可浇混凝土 = 0.35×8×8 = 22.4（m³）

则混凝土浇捣的活动历时：t = 400m³/（22.4m³/班次×4班次/天）= 4.5 天。

b. 有些工作包还包括很多工序，要将其进一步分解，一般要考虑如下因素：工作的过程性；不同的专业特点和工作内容；工作任务的不同负责人；建筑物层次和不同的施工段。如基础混凝土施工可以分解为垫层、支模板、扎钢筋、浇捣混凝土、拆模板、回填土等工作，其思路是：安排并确定工序间的相关性，构成子网络；根据活动所需资源，估计各项活动历时；分析网络的计算工期。

如某工程项目基础混凝土工程情况如下：混凝土模板总工时为 3000h；扎钢筋总工时为 3500h；浇捣混凝土总工时为 2500h；拆模板总工时为 1200h；回填土总工时为 3200h。因为各工序间的相关性为 FS（完成-开始）关系，该工程的总工时为 13400h，假定该组 40 人，采用一班制。则该工程的历时为：13400/(40×8)＝42（天）。

5.3.4 工程活动逻辑关系描述

在工程活动间存在着相关性，通常称为逻辑关系。只有工程活动间建立了逻辑关系，才能得到网络结构，在此基础上，安排工程项目和工程活动的进度。

(1) FS 关系，即"完成-开始"（Finish-Start）关系

这是常用的一种逻辑关系，即一项工程活动结束，后续工程活动才能开始。如浇捣混凝土成型后，要养护 7 天才能够拆模板，见图 5-10。

图 5-10　工程活动 FS 逻辑关系

图 5-10 中，FS＋7 表示浇捣混凝土工作结束后推迟 7 天，拆模版工作开始。在 Project 软件中表示，见图 5-11。

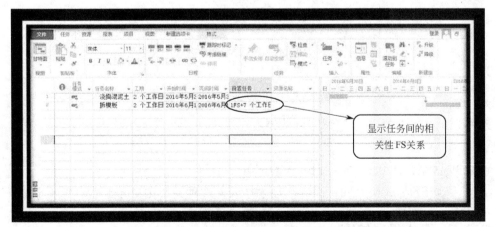

图 5-11　Project 显示任务间的相关性-FS 关系

(2) SS 关系，即开始-开始（Start-Start）关系

紧前活动开始后一段时间，后续活动才能开始。如某基础工程，规定抽水安装完成就

可以开始基坑排水工作，基坑排水开始 2 天后，即可开挖基坑，在开挖过程中排水不间断进行，见图 5-12。

图 5-12 工程活动 SS 逻辑关系

图 5-12 中，SS+2 表示基坑排水开始 2 天后，基坑开挖开始。在 Project 软件中表示，见图 5-13。

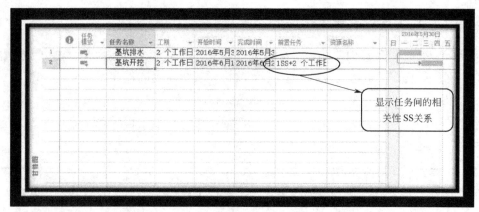

图 5-13 Project 显示任务间的相关性-SS 关系

（3）FF 关系，即结束-结束（Finish-Finish）关系

只有紧前活动结束后一段时间，后续活动才能结束。如基础回填结束后基坑排水才能停止，见图 5-14。

图 5-14 工程活动 FF 逻辑关系

图 5-14 中，FF+1 表示基坑回填结束后，基坑排水推迟 1 天结束。在 Project 软件中表示，见图 5-15。

（4）SF 关系，即开始-结束（Start-Finish）关系

紧前活动开始后一段时间，后续活动才结束，这种关系在实际工程中比较少见。

5.3.5 双代号网络图

（1）基本表达方式

双代号网络图以箭线作为工程活动，箭线两头用编好号码的圆圈连接。箭线上方表示

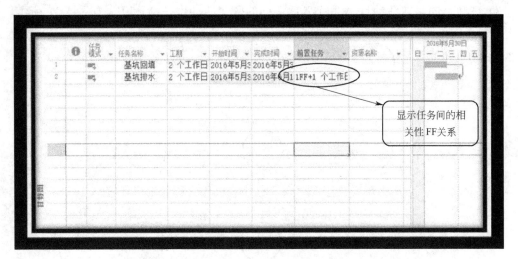

图 5-15　Project 显示任务间的相关性-FF 关系

工作名称，箭线下方表示活动历时。见图 5-16。

图 5-16　双代号基本表达方式

双代号网络图只能表示两个活动之间结束和开始的关系，即 FS 关系。

(2) 通常多个活动之间相关性的表达形式

1) B 活动的紧前活动为 A，也就说 A 活动结束后，B 活动开始，如图 5-17 所示。

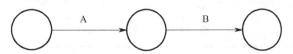

图 5-17　B 活动的紧前活动为 A

2) B、C 活动的紧前活动都是 A，也就是说 A 活动结束，B、C 活动开始，见图 5-18。

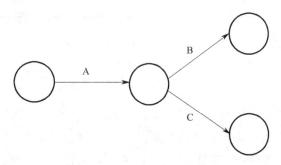

图 5-18　B、C 活动的紧前活动都是 A

3) C 活动的紧前活动是 A 和 B，D 活动的紧前活动也是 A 和 B，如图 5-19 所示。

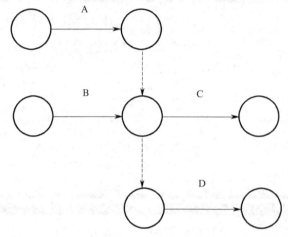

图 5-19　C 活动的紧前活动是 A 和 B，D 活动的紧前活动也是 A 和 B

5.4　无资源约束下的进度计划编制

5.4.1　单代号网络进度计划编制

无资源约束的进度计划是指在不考虑资源的情况下编制的项目进度计划。现以一个单代号网络图为例，来说明利用网络来编制项目进度计划。

某工程项目由 11 个活动组成，紧前活动、搭接关系和搭接时距如表 5-1 所示。

表 5-1　某工程项目计划

活动	A	B	C	D	E	F	G	H	I	J	K
持续时间	5	10	6	10	4	4	8	4	6	4	2
紧前活动			A	A	B,C	F	D	E	G	H	I,J
搭接关系			FTS	FTS	FTS	STS	FTF	FTF	FTS	FTS	FTS
搭接时距			0	0	2	3	4	8	0	MA=4	0

该项目计划编制如下。

(1) 编制网络结构（图 5-20）

(2) 最早时间计算

因为工程项目活动的最早时间（ES，EF）由项目的开始时间决定，因此，最早时间计算从首节点开始，顺着箭头方向逐步推算。

1) 假定首节点最早开始时间 $ES_A=0$，则 $EF_A=ES_A+D_A=0+5=5$。

2) 根据工程活动间的搭接关系计算活动 A 的紧后活动的 ES 和 EF。

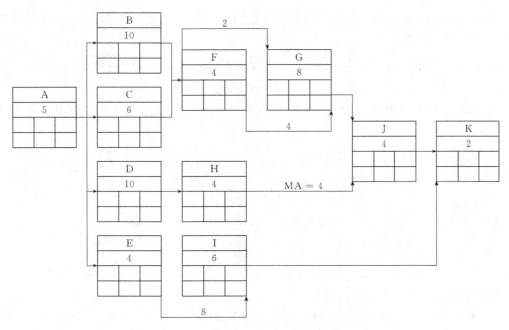

图 5-20 某工程项目网络结构

活动 B：A 和 B 的搭接关系为 FTS 关系，则 $ES_B=ES_A+FTS_{AB}=5+0=5$；$EF_B=ES_B+D_B=5+10=15$

活动 C：$ES_C=5$，$EF_C=5+6=11$；

活动 D：$ES_D=5$，$EF_D=5+10=15$；

活动 E：$ES_E=5$，$EF_E=5+4=9$。

因为工程活动之间存在复杂的逻辑关系，可能有些活动的 ES＜0 的情况，对此可令 ES＝0。活动 F：F 由两个紧前活动，则 ES_F 有两个计算结果。计算规则是，当一个活动有几个紧前活动时，最早时间计算取最大值。图 5-21 为活动 D、C、F、G 之间的相关性。

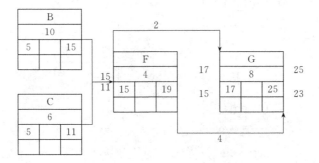

图 5-21 活动 D、C、F、G 之间的相关性

根据 B-F 搭接关系得：$ES_{F1}=EF_B+FTS_{BF}=15+0=15$，$EF_{F1}=ES_{F1}+D_F=15+4=19$；

根据 C-F 搭接关系得：$ES_{F2}=EF_C+FTS_{CF}=11+0=11$，$EF_{F1}=ES_{F2}+D_F=11+4=15$。

这时 F 活动最早开始时间取最大值，即 $ES_F=\max\{ES_{F1},ES_{F2}\}=\max\{15,11\}=15$，同时得到，$EF_F=15+4=19$。

活动G：活动G有一个紧前活动F，但F和G存在双重逻辑关系，必须按照STS和FTF关系分别计算。

由STS_{FG}关系，得到：$ES_{G1}=ES_F+STS_{FG}=15+2=17$；$EF_{G1}=ES_{G1}+D_G=17+8=25$；

由FTF_{FG}关系，得到：$EF_{G2}=EF_F+FTF_{FG}=19+4=23$；$ES_{G2}=EF_{G2}-D_G=23-8=15$；

取最大值，得到：$ES_G=17$，$EF_G=25$。

活动H：其紧前活动D，得到：$ES_H=EF_D+FTS_{DH}=15+0=15$；$EF_H=ES_H+D_H=15+4=19$。

值得注意的是，活动H又与紧后活动J之间是MA=4的关系，由于J有多个紧前活动，则必须修改H的计算结果。

活动I：E和I是FTF关系，得到：$EF_I=EF_E+FTF_{EI}=9+8=17$；$ES_I=EF_I-D_I=17-6=11$。

活动J：它包括两个紧前活动G、H。它和活动H是MA=4的关系，在计算时，先将它作为FTS=0计算。

$ES_J=\max\{EF_G+0,EF_H+0\}=\max\{25,19\}=25$；$EF_J=25+4=29$。

下面反过来验证活动J和活动H之间的关系，是否符合MA=4：

因为$ES_J-EF_H=25-19=6>4$，不符合搭接关系，必须修改活动H的时间参数。

$EF_H=ES_J-MA=25-4=21$；$ES_H=EF_H-D_H=21-4=17$。

实质上是将活动H的最早开始时间向后推移，以保证满足MA关系，这种推移不影响该项目的开始时间。见图5-22。

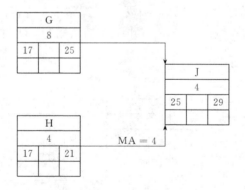

图5-22 活动G、H、J之间的相关性

活动K，它包括两个紧前活动J和活动I，都为FTS=0关系。

$ES_K=\max\{EF_J+0,EF_I+0\}=\max\{29,17\}=29$，$EF_K=29+2=31$。

到此完成了所有活动的最早时间参数计算。

(3) 最迟时间（LS和LF）的计算

最迟时间计算由结束节点开始，从右至左，逆向推算各个活动的最迟时间。

1) 令项目的计算工期为 31，即活动 K 的最晚结束时间为 31，最早开始时间为 29。
2) 按照活动间的搭接关系计算紧前活动的 LS 和 LF。

活动 J：仅仅有一个紧后活动 K，$LF_J = LS_K - FTS_K = 29$，则活动 J 的 LS 为 25。

活动 I：仅仅有一个紧后活动 K，活动 I 的最迟结束时间为 29，最迟开始时间为 $29 - 6 = 23$。

活动 G：仅仅有一个紧后活动 J，活动 G 的最迟结束时间为 25，最迟开始时间为 $25 - 8 = 17$。

活动 H：仅仅有一个紧后活动 J，但活动 H 和活动 J 之间存在 MA=4 的关系，先按 FTS=0 计算，则有：活动 H 的最晚结束时间为 25，最迟开始时间为 $25 - 4 = 21$。再检验 H—J 的搭接时距是否符合 MA 定义，由于 $LS_J - LF_H = 25 - 25 = 0 < MA = 4$ 满足要求，不需调整。

活动 F 虽然仅仅有一个紧后活动 G，但 F 和 G 之间是双重逻辑关系。则必须计算两次。

对 FTF_{FG} 关系：$LF_{F1} = LF_G - FTF_{FG} = 25 - 4 = 21$，则 $LS_{F1} = LF_{F1} - D_F = 21 - 4 = 17$；

对 STS_{FG} 关系：$LS_{F2} = LS_G - STS_{FG} = 17 - 2 = 15$，则 $LF_{F2} = LS_{F2} + D_F = 15 + 4 = 19$。

由两种逻辑关系推导出的数据取最小值：$LF_F = 19$，$LS_F = 15$。

活动 E 仅仅有一个紧后活动 I，它们之间是 FTF 关系，则

$$LF_E = LF_I - FTF_{EI} = 29 - 8 = 21, \quad LS_E = LF_E - D_E = 21 - 4 = 17$$

同理，可以推导出：活动 D 的最晚结束时间为 21，最晚开始时间为 11；活动 C 的最晚结束时间为 15，最晚开始时间为 9；活动 B 最晚结束时间为 15，最晚开始时间为 5；活动 A 最晚结束时间为 5，最晚开始时间为 0。

(4) 总时差 TF 计算

一个活动的总时差是项目所允许的最大机动时间，在总时差范围内的推迟不影响总工期。对所有的各个活动有：$TF_I = LS_I - LS_I = EF_I - ES_I$。

(5) 自由时差 FF 的计算

一个活动的自由时差是指这个活动不影响其他活动的机动时差，则必须按照该活动与其他活动的搭接关系来确定自由时差。

$FF_A = \min\{ES_E, ES_D, ES_C, ES_B\} - EF_A = 5 - 5 = 0$，同理 $FF_B = 0$，$FF_C = 4$；

$FF_E = EF_I - FTF - EF_E = 29 - 8 - 9 = 12$；$FF_J = 0$；$FF_K = 0$。

F 活动的紧后活动是 G，但存在双重关系：

$FF_{F1} = ES_G - STS - ES_F = 17 - 2 - 15 = 0$；$FF_2 = EF_G - FTF - EF_F = 25 - 4 - 19 = 2$，则 $FF_F = \min\{0, 2\} = 0$。

活动 H 的紧后活动是 G，搭接关系是 FTS，搭接时距是 MA=4，则：$FF_H = ES_J - EF_H = 25 - 25 = 0$。

项目网络计划见图 5-23。

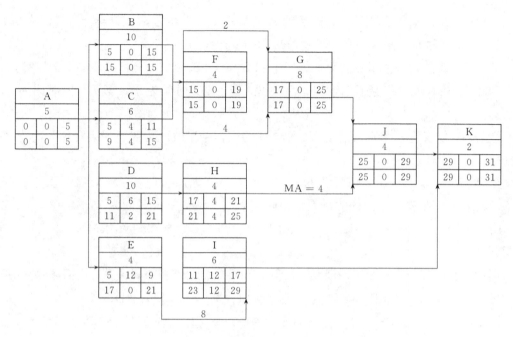

图 5-23 某工程项目网络计划

5.4.2 双代号网络图进度计划编制

双代号网络图现在用得较多,双代号网络图可以看作单代号网络图的特例,推导过程比较简单,现以某工程项目为例,来说明双代号网络图的推导。该工程项目的活动和逻辑关系见表 5-2。

表 5-2 某工程项目计划

活动	A	B	C	D	E	F	G	H	I	J	K
持续时间/天	4	4	10	4	4	6	8	4	3	3	2
紧前活动	…	A	A	A	B	B,C	C,D	D	E,F	F,G,H	I,J

该项目进度计划编制程序如下。

(1) 初次布置(图 5-24)

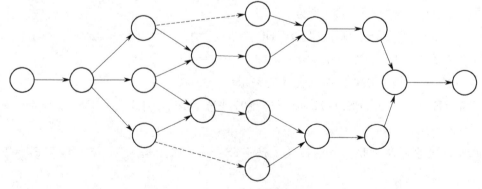

图 5-24 项目计划网络布置图

(2) 整理网络图（图 5-25）

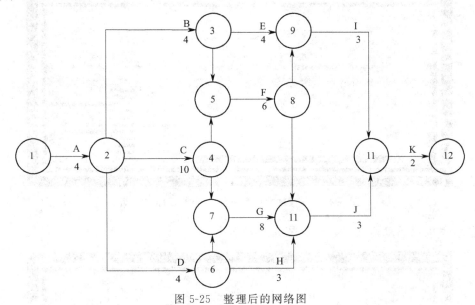

图 5-25 整理后的网络图

(3) 双代号网络图计算（图 5-26）

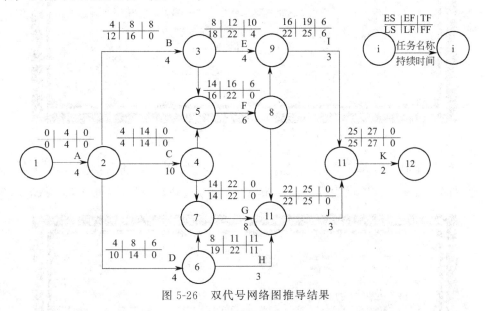

图 5-26 双代号网络图推导结果

5.5 Project 在无资源约束下进度计划编制中的运用

Project 作为项目管理软件是针对大型项目管理的有效工具，现以上述双代号网络图编制为例，运用 Project 编制无资源约束下的进度计划，编制步骤如下。

① 在甘特图中，【任务】输入任务名称和工期，见图 5-27。

图 5-27　在【甘特图】中输入任务名称和工期

② 建立项目活动逻辑关系，见图 5-28。

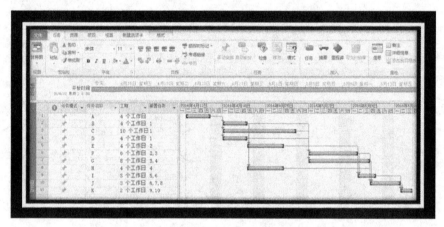

图 5-28　某工程项目活动逻辑关系建立

③ 显示工程项目计算工期。在【任务】任务名称 A 上方插入摘要任务（某工程项目），选取摘要任务下面的所有任务，点击【任务】/【新建组】/【降级】，见图 5-29。

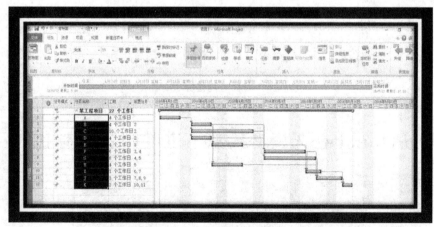

图 5-29　插入项目摘要任务——某工程项目

由图 5-29 可见，某工程项目计算工期为 27 个工作日。

④ 显示关键路径。点击【格式】/【关键任务】，见图 5-30。

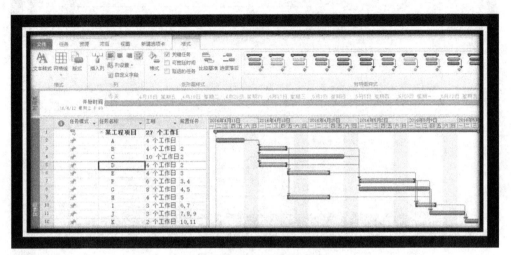

图 5-30 显示某工程项目关键路径

从图 5-30 可见，红色代表关键任务，关键路径为 A-C-G-J-K。

⑤ 显示六大参数（ES，EF，LS，LF，FF，TF）。点击【视图】/【表格】/【日程】，见图 5-31。

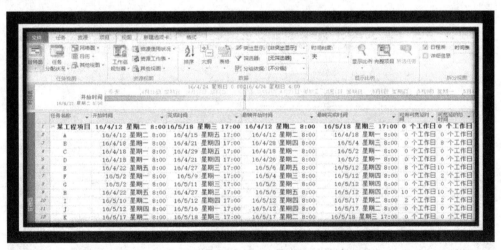

图 5-31 显示某工程项目双代号网络六大参数

图 5-31 中，可用可宽延时间，是指 FF（自由时差），可宽延的总时间，是指 TF（工作总时差）。

⑥ 在【甘特图】中显示可宽延时间，操作如下：在【甘特图】右边，用鼠标点住一条任务相关线，按鼠标右键，在下拉列表中，选取【显示或隐藏条形图样式】/【可宽延时间】，见图 5-32。

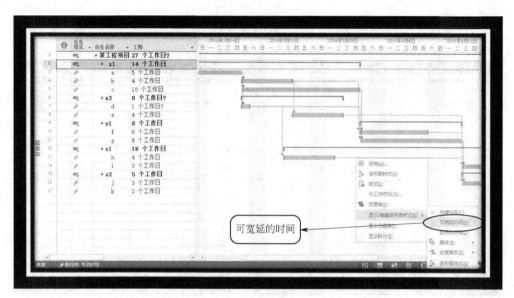

图 5-32　在横道图中显示活动可宽延时间

在图 5-33 中红色代表关键任务，蓝色代表非关键任务，任务相关线下面的黑线代表该可宽延的时间。为我们在项目实施过程中缓解资源不足，或者资源的调配提供依据，确保项目计划的实施。利用 Project 软件就完成了这样一个无资源约束的项目进度计划的编制。

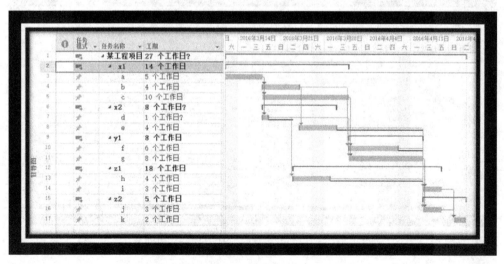

图 5-33　某工程无资源约束的项目进度计划

5.6　Project 软件在施工组织中的运用

下面我们结合案例来讲述如何运用 Project 软件快捷辅助解决施工组织中的问题。

某3幢相同的建筑物Ⅰ、Ⅱ、Ⅲ，基础工程量相等，均由挖土方、垫层、砖基础、回填土四个施工过程组成，每个过程施工时间为8、6、14、5天，其中，挖土方时，工作队由10人组成；做垫层时，工作队由12人组成；砌基础时，工作队由28人组成；回填土时，工作队有7人组成。试组织其施工，并说明其优缺点。

（1）依次施工

将整个拟建工程分解成若干施工过程，按照施工顺序，前一个施工过程完成后，后一个施工过程才开始施工。这是一种最基本、最原始的施工组织方式。

第1步，在【任务名称】和【工期】中输入工程名称和工期，见图5-34。

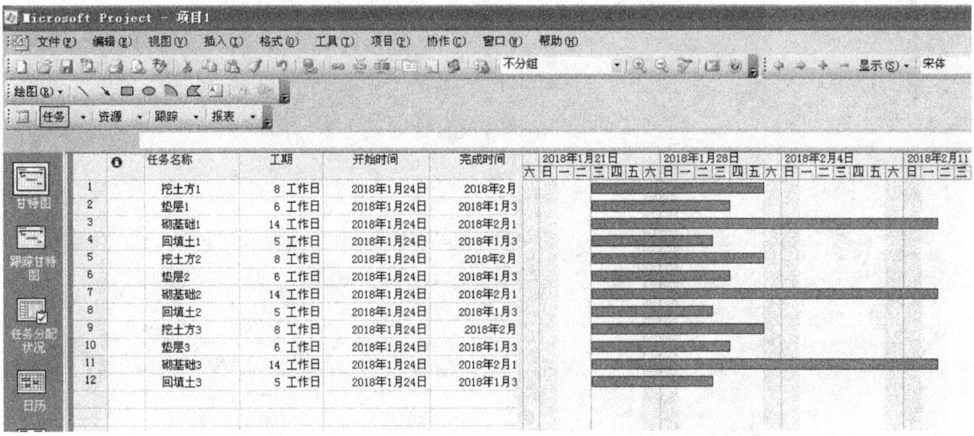

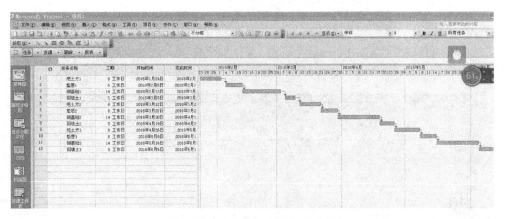

图5-34 输入【任务名称】和【工期】示意图

第2步，建立任务之间的逻辑关系，该项目任务之间的逻辑关系为FS关系（即完成-开始）。见图5-35。

图5-35 建立任务之间逻辑关系

第3步，显示项目工期，操作如下。

1)【工具】/【选项】/【视图】右下方选取【显示项目摘要任务】，见图5-36。

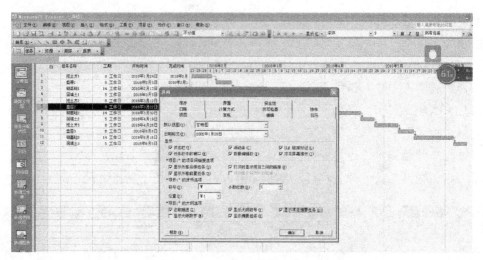

图 5-36 显示【项目摘要任务】

2）选取【显示项目摘要任务】后的视图，见图 5-37。

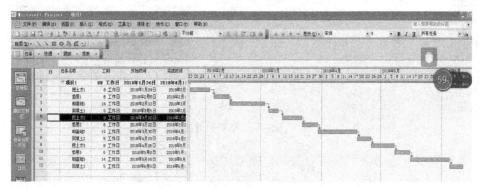

图 5-37 选取【显示项目摘要任务】后的视图

从上述视图中，我们可以看出该项目工期为 99 天。

第 4 步，将资源分配给各项工程任务，操作如下。

1）点击【资源工作表】，将资源输入其中，见图 5-38。

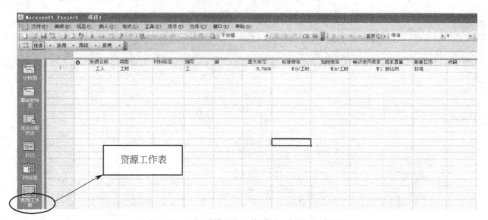

图 5-38 在【资源工作表】中输入资源

2）将资源分配给各项工程任务，见图 5-39。

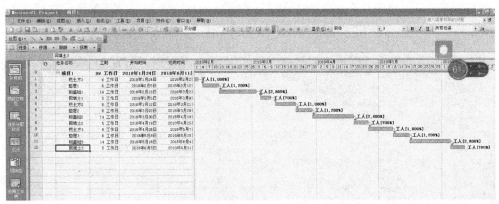

图 5-39　将资源分配给各项工程任务

3）同时显示【甘特图】和【资源图表】，见图 5-40。

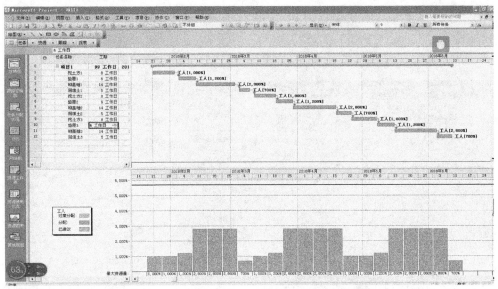

图 5-40　【甘特图】和【资源图表】联合视图

图 5-40 的联合视图，上半部分表示进度计划，下半部分表示劳动力计划。

依次施工的特点如下。

1）不能充分利用工作面，工期长；

2）不适合专业化施工，不利于改进施工工艺、提高工程质量、提高工人操作技术水平和劳动生产率；

3）如采用专业施工队则不能连续施工，窝工严重或调动频繁；

4）单位时间内投入的资源较少；

5）施工现场组织、管理简单。

(2) 平行施工

在拟建工程项目任务十分紧迫、工作面允许以及资源能够保证供应的条件下,将几个相同的施工过程,分别组织几个相同的工作队,在同一时间、不同的空间上平行进行施工。

第1步,将工程名称和工期输入甘特图中,见图5-41。

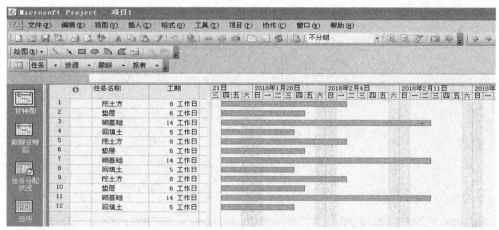

图 5-41　在甘特图中输入任务名称和工期

第2步,建立任务之间逻辑关系,见图5-42。

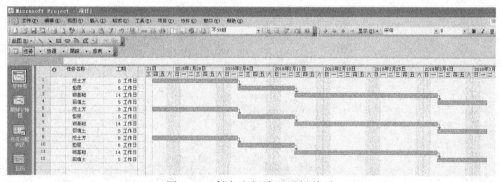

图 5-42　任务之间建立逻辑关系

第3步,显示项目工期,见图5-43。

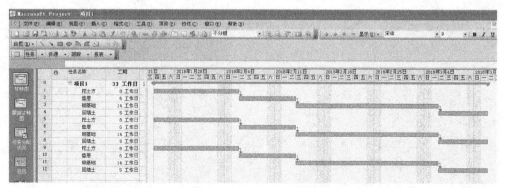

图 5-43　显示项目工期

从上述视图可以看出该项目工期为 33 工作日。

第 4 步，在【资源工作表】中，输入资源，见图 5-44。

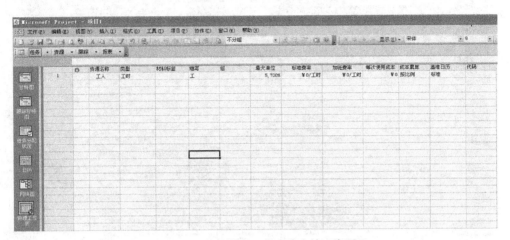

图 5-44　在【资源工作表】中输入资源

第 5 步，将资源分配给各个工程任务，见图 5-45。

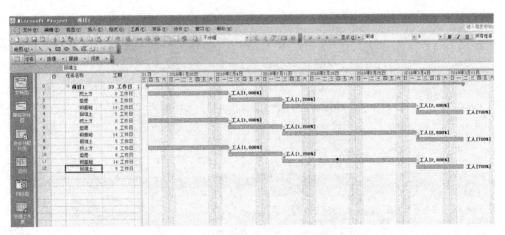

图 5-45　将资源分配给各个工程任务

第 6 步，显示劳动力曲线，见 5-46。

从图 5-46 的联合视图可以看出，该劳动力计划，砌基础任务资源不足。该项目最大资源量为 57 人，而砌基础需要 84 人，应该追加资源 27 人，才能保证项目顺利实施。

平行施工的特点如下。

1）充分利用了工作面，缩短了工期；

2）适用于综合施工队施工，不利于提高工程质量和劳动生产率；

3）如采用专业施工队则不能连续施工；

4）单位时间内投入的资源成倍增加，现场临时设施也相应增加；

5）现场施工组织、管理、协调、调度复杂。

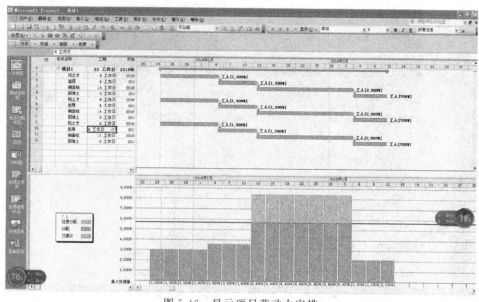

图 5-46 显示项目劳动力安排

(3) 流水施工

将拟建工程项目的整个建造过程分解成若干个施工过程;同时将拟建工程项目在平面上划分成若干个劳动量大致相等的施工段;在竖向上划分成若干个施工层,按照施工过程分别建立相应的专业工作队;各专业工作队按照一定的施工顺序投入施工,完成第一个施工段上的施工任务后,在专业工作队的人数、使用机具和材料不变的情况下,依次地、连续地投到第二、三……一直到最后一个施工段的施工,在规定的时间内,完成同样的施工任务。

第 1 步,在甘特图中输入工作任务和工期,见图 5-47。

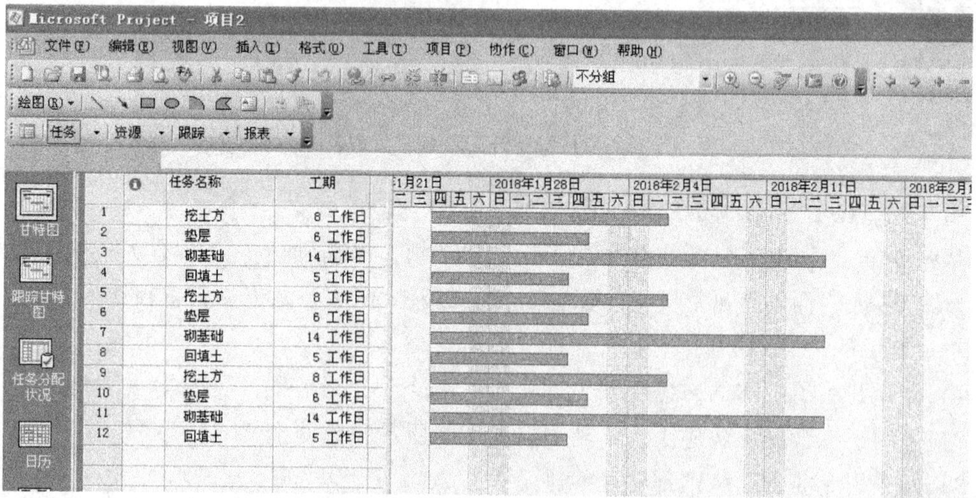

图 5-47 在甘特图中输入工作任务和工期

第 2 步,建立任务之间逻辑关系,见图 5-48。

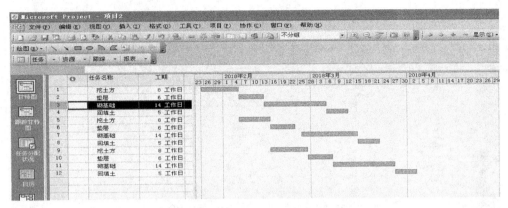

图 5-48　建立任务之间逻辑关系

第 3 步，在【资源工作表】中输入资源，见 5-49。

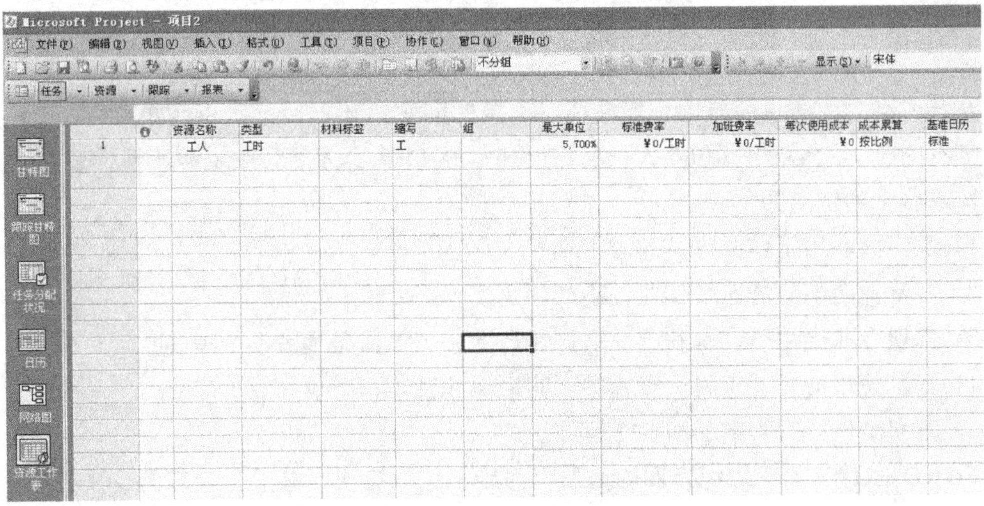

图 5-49　在【资源工作表】中输入资源

第 4 步，将资源分配给各项工程任务，见图 5-50。

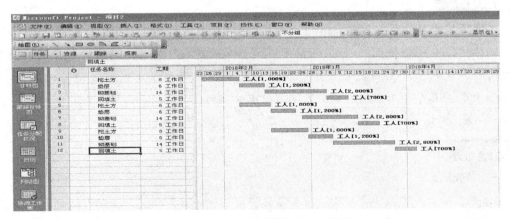

图 5-50　将资源分配给各项工程任务

第5步，显示劳动力曲线，见图5-51。

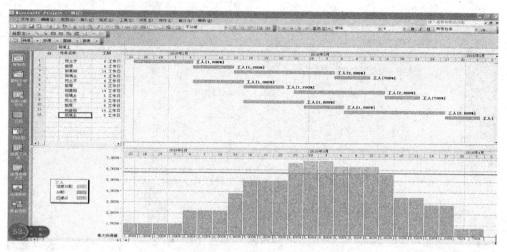

图5-51　显示劳动力曲线

从该劳动力曲线可以看出，资源存在不足的问题，该项目最大资源单位为57人，但该计划有的时间段需要资源68人，还需追加资源11人，才能解决资源不足问题。

流水施工的特点如下。

1）既充分利用工作面，又缩短工期；

2）各专业施工队能连续作业，不产生窝工；

3）实现专业化生产，有利于提高操作技术、工程质量和劳动效率；

4）资源使用均衡，有利于资源供应的组织和管理；

5）有利于现场文明施工和科学管理。

Project软件在施工组织方面的运用，为施工组织管理提供了一种方便、快捷的手段，解决施工组织管理中存在的一系列问题，提高了施工组织管理效率。

本章小结

本章简单介绍了利用 Microsoft Project 软件，快捷地解决工程中的一般问题，如项目任务的结构化（WBS编制）、项目活动间逻辑关系的建立、无资源约束的进度计划编制、关键路径和双代号六大参数的显示以及任务在网络中可宽限时间的显示等，还介绍了Project 软件应用于施工组织，以提高施工组织管理的效率。

思考题

一、判断题

1. 在进行工作结构分解编码时，应保证编码的唯一性。（　　）

2. 对工作分解结构图中的各个结点进行编码并不能进行工作结构中的信息交流。（　　）

二、单项选择题

1. 编制项目的计划时，首先必须要做的工作是（   ）。
   A. 编制责任分配矩阵　　　　　　　　B. 编制行动计划表
   C. 编制 WBS　　　　　　　　　　　　D. 编制甘特图

2. 工作分解结构的目的是（   ）。
   A. 对完成项目所需工作的描述　　　　B. 编制风险计划
   C. 项目团队成员进行沟通　　　　　　D. 估算项目工作量的多少

3. 项目计划工作过程应该（   ）。
   A. 在概念阶段完成时进行
   B. 必须在每一项目阶段的相应层次进行
   C. 只有对大项目才是必要的
   D. 可以在执行阶段开始时结束

4. 项目经理可以用（   ）来确保团队成员清楚地了解他们所承担的各项任务所包括的工作内容。
   A. 项目工作范围　　　　　　　　　　B. 项目章程
   C. 工作分解结构　　　　　　　　　　D. 风险管理计划

5. 工作包是（   ）。
   A. 最低层次工作分解结构的可交付成果
   B. 具有唯一标识的任务
   C. 报告的要求水平
   D. 可以被分配到一个以上组织单位的任务

6. 项目计划由（   ）制定。
   A. 高级管理层　　　　　　　　　　　B. 职能经理
   C. 项目经理　　　　　　　　　　　　D. 项目团队

三、多选题

1. 在一个项目中，工作分解结构从四级减少到三级会带来什么结果？
   A. 估计精确度降低　　　　　　　　　B. 对项目更好的控制
   C. 报告的要求水平　　　　　　　　　D. 有些事物很可能成为泡影

2. 下面有关工作包的表述正确的是（   ）。
   A. 工作包代表某个工作水平上的工作单元
   B. 不能确定实际的预算和资源需求
   C. 是工作分解结构的最底层
   D. 工作包单元的周期应是最长的周期

3. 按照本书介绍的内容对工作分解结构进行编码，如果某任务编码为1210，其表示（   ）。
   A. 该任务属于第三层中的一项任务

B. 该任务属于第四层中的一项任务

C. 整个工作分解结构共有三层

D. 整个工作分解结构共有四层

4. 下面的表述正确的是（　　）。

A. 工作分解结构图中工作包应是相对独立、内容单一并易于进行核算检查的任务

B. 工作分解结构是制定项目计划的首要工作

C. 工作分解结构的层次越多越好

D. 工作分解结构是制定进度计划的基础

四、简答题

1. 什么是 WBS（工作分解结构）？
2. 项目活动之间有哪几种逻辑关系？
3. 什么是横道图？有什么特点？

第 6 章

工程项目资源计划

教学目标 ▶▶

资源是项目管理中的重要组成部分之一,关系到项目能否顺利开展,是决定项目成本的关键因素之一。通过本章的学习,应主要掌握:

(1) 工程项目的资源计划与项目实施方案、工期计划、成本计划是相互制约、相互影响。

(2) 工程项目劳动力、材料、设备计划方法。因为工程项目使用的资源种类多、数量大、限制条件多,因此,资源计划必须包括对所有资源的使用、供应、采购过程,建立完善的控制程序和责任体系。

(3) 资源计划的优化有许多方法,但最重要的是掌握大量的市场信息,多做对比分析。

(4) 掌握用 Project 软件编制资源计划(包括资源的分配,资源的调配和优化等)。

学习要点 ▶▶

知识要点	能力要求	相关知识
资源计划	学会编制劳动力计划	运用 Project 软件合理安排劳动力,实现均衡施工
资源过度分配	掌握调配资源的方法	运用 Project 软件解决资源冲突
受资源约束进度计划	学会编制受资源约束的进度计划	运用 Project 软件编制符合项目要求的受资源约束的进度计划

基本概念 ▶▶

资源计划、资源调配、受资源约束的进度计划

6.1 项目资源计划

6.1.1 资源分类

在编制项目资源计划之前，要对项目中所需的资源进行分类，对资源分类的方法很多，本书仅仅按照项目中所需资源的特点将其分为两类。

① 可以无限制使用的资源。这类资源供给充足，而且价格很低，在项目执行过程中，对成本来说没有数量限制，可以根据项目的需要任意使用。比如简单的劳动力、普通的设备等。

② 只能有限使用的资源。这类资源是指价格比较昂贵，在项目的实施过程中，不可能完全得到的资源或者使用数量有明显标准的资源，比如大型的进口设备。

在编制项目资源计划时，对不同种类的资源必须进行不同的管理。对于可以无限制使用的资源，由于其使用数量几乎不受到任何限制，所以我们对这类资源不必专门进行严格、全面的跟踪管理，以免导致过高的管理成本；对于只能有限使用的资源，由于其来之不易，使用数量又受到严格的限制，这类资源对项目成本会有较大的影响，所以要对它进行全面的跟踪管理。

6.1.2 项目资源计划的定义

项目资源计划就是要确定完成项目活动所需资源的种类，以及每种资源的需要量，从而为项目成本的估算提供信息。也就是，项目资源计划就是回答项目的活动在特定时间，需要投入什么样的资源以及每种资源的需要数量。

项目资源计划的主要工作如表 6-1 所示。

表 6-1 项目资源计划的主要工作

依据	工具和方法	结果
工作分解结构	资源计划矩阵	资源计划说明书
项目进度计划	资源数据表	
历史资源	资源需求甘特图	
项目范围说明书	专家判断法	
项目资源说明	资料统计法	
项目组织的管理政策和原则	资源平衡法	

6.1.3 项目资源计划的依据

(1) 工作分解结构

工作分解结构确定了项目团队为完成项目目标所要进行的所有活动，是资源计划编制的主要依据。项目工作分解结构是自上而下按层分解的，而各类资源的需要量则是自下而上累计的。

（2）项目进度计划

项目进度计划是项目计划中最主要的计划，资源计划必须服从于进度计划，因此何时需要何种资源必须围绕进度计划制定。

（3）历史资源

过去完成的项目中相似工作的资源使用情况对项目团队确定资源需求具有重要的参考价值。

（4）项目范围说明书

项目范围说明书确定了项目的目标以及项目团队应该做和不应该做的工作，在资源计划编制过程中，应该认真考虑资源需求是否可以保证项目目标的实现。

（5）项目资源说明

项目资源说明描述的是：项目所需资源的类型、数量、质量，何时需要何种资源，每种的特性要求等。这些信息都是在编制资源计划时必须考虑的重要信息。

（6）项目组织的管理政策和有关原则

在资源计划编制过程中，必须考虑到项目组织的企业文化、组织结构、相关人员聘用、设备租赁还是购置以及资源消耗量的计算等原则。

6.1.4　编制资源计划的工具

编制资源计划的工具主要是一些资源统计和说明的图表，在此简要列举如下。

（1）资源计划矩阵

它是项目工作分解结构的直接产品，如表 6-2 所示。

表 6-2　资源计划矩阵

工作	资源需求量					
	资源 1	资源 2	…	资源 $m-1$	资源 m	相关说明
工作 1						
工作 2						
…						
工作 $n-1$						
工作 n						

（2）资源数据表

它与资源计划矩阵的区别在于它所表示的是在项目进展各个阶段的资源使用和安排情况，而不是对项目所需要资源的统计汇总说明，如表 6-3 所示。

表 6-3　项目资源数据表

资源需求种类	资源需求总量	时间安排（不同时间资源需求量）					相关说明
		1	2	…	3	4	
资源 1							
…							
资源 $m-1$							
资源 m							

(3) 资源需求甘特图

资源需求甘特图直观地显示了资源在各个阶段的耗用情况，它比资源数据表更为直观、简洁，该图缺憾的是无法显示资源配置效率方面的信息。如图 6-1 所示。

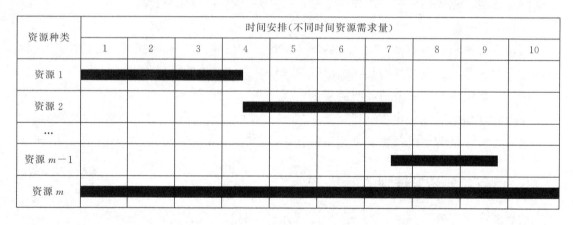

图 6-1　资源需求甘特图

6.1.5　项目资源计划的方法

项目资源计划的方法很多，在此我们主要讨论专家判断法、资料统计法和资源平衡法，并把重点放在资源平衡法的运用上。

(1) 专家判断法

专家判断法是指由项目成本管理专家根据经验进行判断，最终确定和编制项目资源计划的方法。其优点有：不需要历史信息资料，适合于创造性强的项目。其缺点是：由于专家的专业水平和对项目理解程度的差异，使项目资源计划某些部分不很合理，有瑕疵。

(2) 资料统计法

资料统计法是指参考以往类似项目的历史统计数据和相关资料，计算和确定项目资源计划的一种方法。其优点是：利用这种方法能够得出比较准确、合理和可行的项目资源计划。其缺点：对所采用的历史统计数据不但要同本项目有足够的可比性，并且要求足够详细。显然，这种方法对于创造性很强的项目不适用，仅仅作为编制项目资源计划的辅助手段。

（3）资源平衡法

资源平衡法是指通过确定出项目所需资源的确切投入时间，并尽可能均衡使用各种资源来满足项目进度计划的一种方法。该方法也是均衡各种资源在项目各阶段投入的一种常见方法。

在前面的进度管理中，我们假设各种资源具有无限的功能，资源在需要的时间可以随处获得，但是在实际工作中，几乎所有的项目都不可能达到前面假设的条件，因此我们时常要考虑以下问题：资源的可获得性、资源的功能以及它们与项目进度之间的关系，也就是，项目团队不得不考虑成本、时间和员工的熟悉程度等相关因素对项目的制约，即资源的约束问题。因此，资源平衡法的首要工作就是进行资源约束分析。

1）活动之间的技术限制分析　我们可以通过网络图表示出各个活动之间的逻辑关系，从而来配置资源。从技术的角度看，这些活动应该是按顺序进行的。图 6-2 表示了必须按顺序进行的制造设备三种活动——购买材料、加工零件和组装设备。在技术上，这三种活动必须按先后顺序进行，组装设备不可能在购买材料和加工零件之前进行。

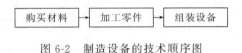

图 6-2　制造设备的技术顺序图

2）资源限制分析　项目网络图除了表明活动之间的技术限制以外，也必须考虑资源限制的问题。例如，图 6-3 表示了在无资源约束的情况下可以同时进行的 3 种活动——装修房间、装修厨房、装修花园，即这些活动的开始是不依赖于其他活动的完成的。但是如果该装修项目只由一个施工队来实施的话，并假设这个施工队伍不可能同时进行 3 种装修活动，那么这 3 种装修活动就不能同时开始，必须有先后次序（图 6-4 表示出其中一种可能性），因此就出现了资源约束问题。

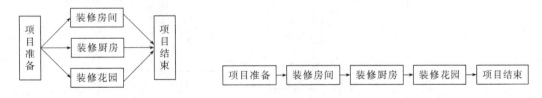

图 6-3　无资源约束的活动网络图　　　图 6-4　有资源约束的活动网络图

上述讨论的用于资源约束分析的思路，对于仅仅需要几种资源的小项目十分有效。但是对于需要很多种类资源的大中型项目就因其过于复杂不宜采用。

在资源约束的分析完成之后，就可以进行资源平衡法的第二步工作，即绘制资源需求甘特图。

资源需求甘特图是某个特定项目所需的人工、材料等各种资源在项目生命期的每个时间段的需求或占用情况的一种图形，此图上表示的每类资源都可以表示为时间的函数。

资源需求甘特图的表现形式有两种：一种形式如图 6-1 所示，它可以用一张图同时表示两种以上的资源随着时间推进的需求情况；另一种形式如图 6-5 所示，在该种表示方式中，对应着每一种类型的资源，均需要绘制出一幅独立的资源需求甘特图，虽然该形式的图比较容易理解，但绘图的工作量较大，它不适用于资源需求种类很多的项目。

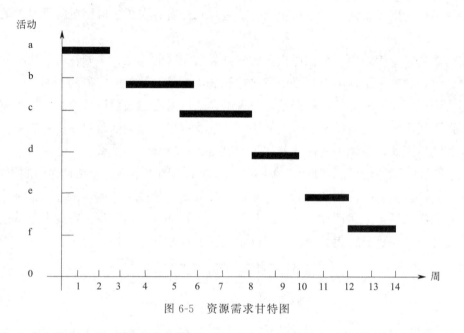

图 6-5　资源需求甘特图

在此，我们以一个装修某豪华别墅的项目为例，讨论如何在网络图的基础上绘制资源需求甘特图的方法。假设图 6-6 是我们根据装修某豪华别墅项目的进度计划绘制的网络图，根据图 6-6 所示的信息，我们进一步编制出了装修豪华别墅项目的资源需求甘特图，如图 6-7 所示。

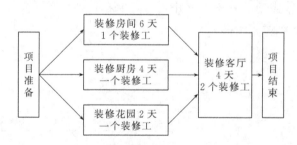

图 6-6　装修某豪华别墅项目资源需求的网络图

从图 6-7 可以看出，在该项目四个活动时间段内，每天需要的装修工人数依次为：第 1~2 天需要 3 个装修工人，第 3~4 天需要 2 个装修工，第 5~6 天需要 1 个装修工，第 7~10 天需要 2 个装修工，累计需要 $3\times2+2\times2+1\times2+2\times4=20$ 个工作日。同时也可以发现该项目的装修工这一人力资源的配置很不均衡，如何优化配置这些装修工就是资源平衡所要解决的根本问题之一。

资源平衡分析是指在某种特定资源的需求频繁波动时，在不延长项目工期的条件下，如何使资源配置得尽可能均衡，是使资源需求的波动最小化的一项工作。

资源平衡分析在于如下 3 个方面。

① 在资源平衡的情况下,可以减少大量的、不必要的资源传送管理工作;

② 在资源平衡的情况下,可以使用"零库存"策略,从而减少库存成本和供货量出现的失误;

③ 在资源平衡的情况下,不必因增加或减少劳动力数量而在人事和工资等相关问题上伤脑筋。

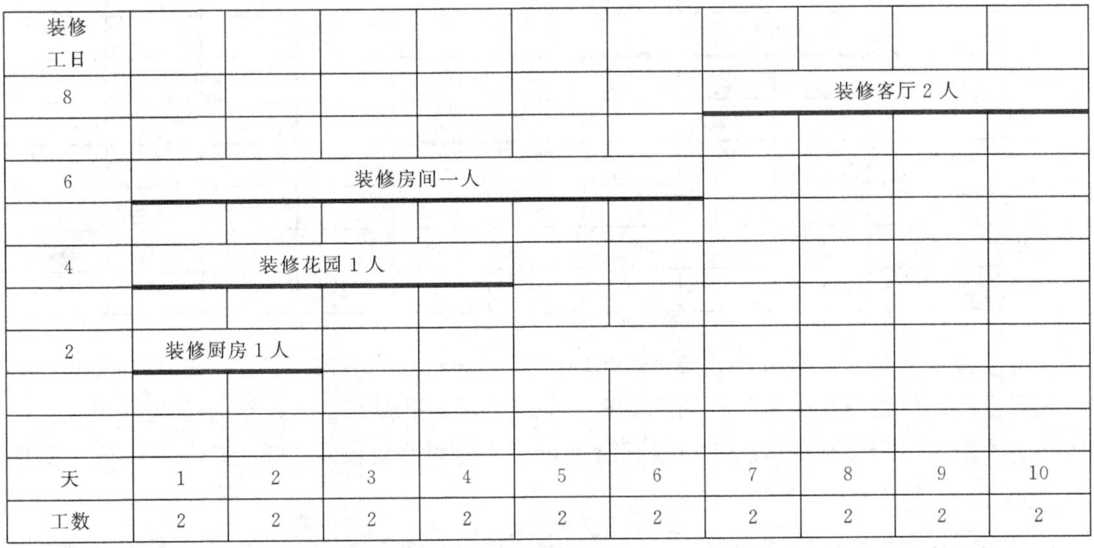

装修工日										
8								装修客厅 2 人		
6			装修房间一人							
4		装修花园 1 人								
2	装修厨房 1 人									
天	1	2	3	4	5	6	7	8	9	10
工数	2	2	2	2	2	2	2	2	2	2

图 6-7 装修豪华别墅项目的资源需求甘特图

如果项目所有活动的资源需求都是已知的。那么一旦项目已经计划好了,就可以从总体上计算分析项目的资源使用情况。如果资源的需求量超过了资源的供应量,那么就应进一步调整进度计划以减少资源需求。如果通过资源平衡工作还无法解决上述矛盾,那么就只能延长该项目的工期了。

反复试验法是在资源平衡分析时经常使用的一种方法。反复试验法主要是通过推迟那些非关键活动的最早开始时间,经过反复多次的试验,从而实现在不延长项目预计完工计划的情况下使资源平衡配置的一种方法。如上例中的装修工人这一人力资源的配置很不平衡。但是,如将装修厨房的活动延迟 4 天,于是该项目每天都需要 2 个装修工人,这样资源的配置就平衡了,如图 6-8 所示。

在资源平衡分析时,如果项目网络图不是很复杂,并且仅有几种类型的资源时,资源平衡分析的过程就可以通过手工来完成;但是如果项目网路图很大且资源需求种类很多时,资源平衡分析工作就变得十分复杂,手工平衡则非常困难,此刻只能借助于项目管理软件来辅助资源平衡分析的工作了。

资源平衡法的最后一步是进行资源约束进度安排。资源约束进度安排是在各种资源有限而且又不准超过该资源约束的情况下制定最短进度的一种方法。由于资源约束进度安排必须遵循资源约束条件,所以应用这种方法时就会导致项目的完工时间延长,这也是一种在最小时差原则下反复地将资源分配给各个活动的方法。

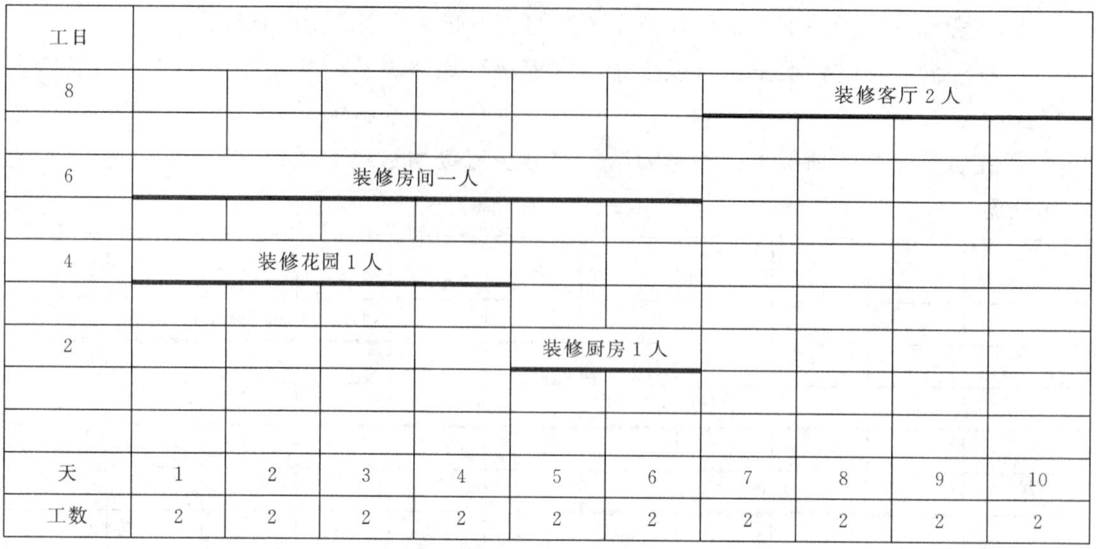

工日										
8								装修客厅 2 人		
6		装修房间 1 人								
4		装修花园 1 人								
2						装修厨房 1 人				
天	1	2	3	4	5	6	7	8	9	10
工数	2	2	2	2	2	2	2	2	2	2

图 6-8　装修豪华别墅项目的资源需求甘特图

假设上例中装修厨房的时间需要 3 天，同时该项目此刻只有 2 个装修工人，因此装修房间、装修花园和装修厨房就不可能同时进行，将会导致项目的完工时间延长 1 天，即项目的完工时间从 10 天延长到 11 天。

对于需要多种资源的大中型项目而言，由于资源获得的限制不尽相同，资源约束进度计划也是十分复杂的，此时也可以借助各种项目管理软件来完成，本书主要是借助 Project 软件来解决资源平衡和资源过度分配问题。

6.1.6　项目资源计划的结果

资源计划编制输出的结果是资源计划说明书，它将对项目所需资源的需求情况和使用计划进行说明。资源计划说明书主要由项目资源计划和项目资源计划的补充说明两部分组成。项目资源计划包括了项目的资源需求计划和对各种资源需求的描述，主要采用各种形式的表格予以反映，如表 6-2 资源计划矩阵、表 6-3 项目资源数据表、图 6-1 资源需求甘特图等。由于优势项目资源计划无法对项目所需资源的各个方面都加以详细说明，这就必须借助项目资源计划的补充说明进一步补充。

6.2　资源计划方法

6.2.1　资源计划过程

资源计划应纳入工程项目的整体计划和组织系统中，资源计划包括如下工作。
① 在最早工程技术设计和施工方案的基础上确定资源的种类、质量、用量。这可以

由工程量和单位工程量资源消耗标准得到，然后逐步汇总得到整个工程项目的各种资源的总用量表。

② 资源供应量情况调查和询价。也就是调查如何从何处得到资源；供应量是提供工程项目所需资源的能力；确定各种资源的价格，进而确定各种资源的费用。

③ 确定各种资源使用的约束条件，其中包括总量限制、单位时间用量限制、供应条件和过程的限制。在编制计划时就必须考虑到可用资源的限制。这些约束条件由项目的环境条件，或企业的资源总量和资源的分配政策来决定。

④ 在工期计划的基础上，确定资源使用计划，也就是"资源投入量—时间"关系直方图，确定各种资源使用的地点和时间。

⑤ 确定各个资源供应方案、各个供应环节，并确定它们的安排时间和顺序。如材料设备的订购，人员的调整、培训等。这些供应活动组成供应的网络计划，在工程项目的实施中，它与工期网络计划相对应，互相影响。工程项目管理者据此对各种资源供应过程进行全方位的动态控制。

⑥ 确定工程项目的后勤保障体系，如按上述计划确定现场的仓库、办公室、宿舍、工棚及平面布置，确定现场的水电管网及布置等。

6.2.2 劳动力使用计划

劳动力使用计划是确定劳动力的需求量，是劳动力计划的最主要的部分，它不仅决定了劳动力招聘、培训计划，而且影响其他资源计划。

(1) 确定各个活动的生产效率

在一个工程项目中，分项工程量一般来说是确定的，它可以通过施工图和规范的计算得到，而生产效率的确定非常复杂。生产效率一般可用"产量/单位时间"或"工时消耗/单位工程量"来表示。在建筑工程中生产效率可以在《劳动定额》中查到。它代表社会平均先进的劳动效率。

$$劳动力投入总工时 = 工作量/(产量/单位时间) = 工作量 \times 工时消耗/单位工作量 \tag{6-1}$$

(2) 确定各个活动劳动力的投入量

在确定每日班次及每班次劳动时间的情况下

$$某活动劳动力投入量 = (劳动力投入总工时)/(班次/日 \times 工时/班次 \times 活动持续时间) = 工程量 \times 工时消耗/单位工作量)/(班次/日 \times 工时/班次 \times 活动持续时间) \tag{6-2}$$

这里是假定在持续时间内，劳动力投入强度是相等的，而生产效率也是相等的。有几个问题值得注意。

① 在上述公式中，工程量、劳动力投入量、持续时间、班次、生产效率、每班工作时间之间存在一定的变量关系，在计划中它们经常互相调节。

② 在工程实践中经常安排混合班组承担工程任务，要考虑整体的生产效率。既要考

虑到设备能力和材料供应能力，又要考虑与其他班组的工作协调。

③ 混合班组在承担分部工程时劳动力投入并非均值。

(3) 确定整个工程项目劳动力投入曲线

如某工程项目情况如表 6-4 所示。

表 6-4　某工程项目计划

活动	A	B	C	D	E	F	G	H	I	J	K
持续时间/日	4	4	10	4	4	6	8	4	3	3	2
紧前活动	…	A	A	A	B	B,C	C,D	D	E,F	F,G,H	I,J
劳动力	5	4	6	8	10	8	4	4	6	7	3

应用 Project 软件，其劳动力的投入情况如图 6-9 所示。

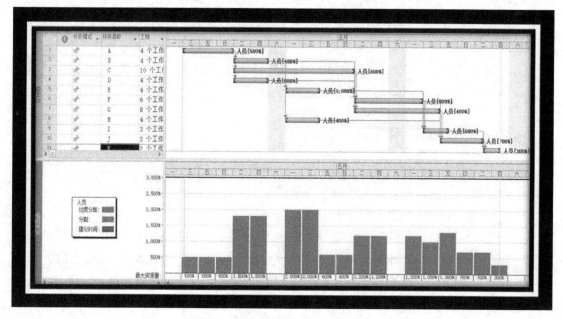

图 6-9　Project 劳动力投入强度图

图 6-9 中，上半部分是甘特图，表达了任务的安排、任务间的逻辑关系、各个活动所需的资源数量，资源单位"500％"代表该任务上分配 5 个人。下半部分，表示各个时间段资源的数量，即劳动力曲线，空白部分表示人员在星期六和星期天两天没有工作。

(4) 现场其他人员的使用计划

包括为劳动力服务的人员、工地警卫、勤杂人员、工地管理人员，可以根据劳动力投入量计划按比例计算，或根据现场的需要安排。

6.2.3　材料和设备供应计划

(1) 材料和设备的供应过程

材料供应计划的基本目标是将使用的资源，按照正确的数量在适当的时间内供应到适当的地点,确保工程的顺利实施。要实现该目标,必须在供应各个环节进行准确的计划和有力的控制。一般供应过程如下。

1) 首先做资源需求计划,包括材料说明、数量、质量、规格,并作需求曲线。

2) 对主要的供应活动进行安排。在施工进度计划的基础上,建立供应活动网络。确定各供应活动时间,形成工期网络和供应子网络。

3) 市场调查。了解市场供应能力、供应条件、价格,了解供应商地址、名称和联系人。

4) 通过合同的形式委托供应任务,确保工程有正常的资源供应。

5) 运输的安排。

6) 材料、设备进场及检验。

7) 材料、设备的存储安排。

在 Project 中,有资源工作表,可以将工程所需资源的种类、价格输入其中,再在甘特图中,在各个任务上分配资源的数量,可以清楚地看出各个时间段所需的资源的数量,事实上也就是资源的使用计划。见图 6-10。

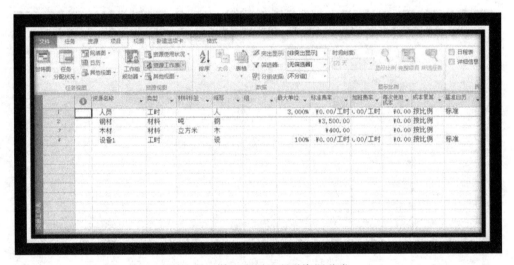

图 6-10 某工程项目所需资源种类

图 6-10 资源工作表中,"材料标签"表示材料的单位。"最大单位"表示工时资源的最大数量,如"3000%"表示人员数量为 30 人,"100%"表示"设备 1"只有一台,事实上也就是设定资源的限制条件。

图 6-11 甘特图视图,可以清楚地看出工程的承包范围、各项活动之间的逻辑关系以及各个活动上所需要的各种资源和数量。该视图为承包单位制定工程材料设备采购计划和使用计划提供了依据。

在 Project 的资源使用状态表中,可对资源的使用情况进行描述,见图 6-12。

(2) 设备供应的复杂性

设备的供应比材料供应复杂,表现如下。

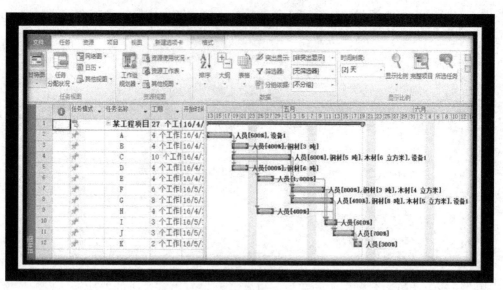

图 6-11 带资源的横道图

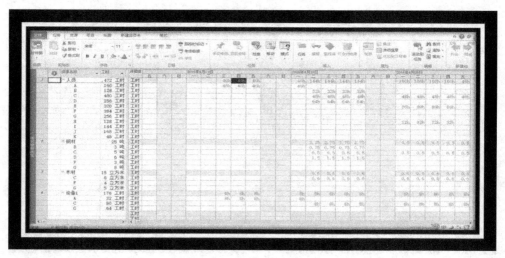

图 6-12 资源使用状态图

1)生产设备通常成套供应,它是个技术系统,不仅要求各部分质量过关,而且要保证系统运行效率,达到预定的生产能力。

2)对设备供应有时要介入设备的生产过程,对生产过程质量进行监督和控制,而材料一般仅仅在现场作检验。

3)要求设备供应商派人指导设备安装,解决安装中出现的问题。

4)负责设备使用的培训。

5)设备供应商不仅提供设备系统,而且包括一定的零部件和辅助设备,包括操作文件、软件和规章制度。

6)设备在供应后必须有一个保修期,供应方必须对设备运行中出现的问题的解决提供指导。

(3) 项目需求计划

项目需求计划是按照工程范围、工程技术要求、工期计划等确定的材料使用计划。包括两方面的问题。

1) 各种材料需求量的确定 对每个分项工程，按照图纸、设计规范和实施方案可以确定它的工程量及具体材料的品种、规格和质量等要求。同时要对设计文件、招标文件、合同仔细阅读，否则会造成供应的失误，如某工程项目，土建工程还没完成，待后期安装的设备就已经到施工现场。根据过去施工经验或材料消耗标准，如定额，确定该工程的单位工程的工程量和材料消耗量作为材料消耗标准。如我国建筑工程中的消耗定额。一般用单位工程量材料消耗量表示。

分项工程每一种材料消耗总量计算公式

$$某分项工程某种材料消耗总量 = 该分项工程量 \times (材料消耗量 / 单位工程量) \quad (6-3)$$

如果材料消耗量为净用量，在确定实际采购量时还需考虑各种合理的消耗。

2) 材料需求时间曲线

① 将分项工程的各种材料消耗量分配到各个分项工程上，一般是平均分配。

② 将各个分项工程的各种材料消耗量按工程的工期要求求和，得到每一种材料在各个时间段上的使用量计划。

③ 作"使用量—时间"曲线。

6.2.4　项目市场调查

由于现代大的工程项目都采用国际采购，因此常常需要关注整个国际市场，在项目中进行生产要素的国际优化组合。项目管理者需要从各个方面获得信息，建立广泛联系，以便及时准确地提供。在市场调查时要考虑到不同采购方案的风险，如工资变化、汇率损失、国际关系的变化、国家政策的变化带来的影响。对于大型的工程项目和大型工程承包企业应建立全球化采购的信息库。

6.2.5　采购

在国际工程中，采购有非常广泛的意义，工程招标，劳务、设备和材料的招标都作为采购。本章所说的采购是指材料和设备的采购。

(1) 材料、设备采购安排

采购一般应制定计划，才能进行有效的采购控制。在采购前应确定所需采购的产品，分解采购活动，明确采购日程安排。在采购计划中应特别注意对项目的质量、工期、成本有重要作用的物品的采购过程。一般采购时间与货源有关：

1) 对具有稳定的货源，市场上可以随时采购的材料，可以随时供应。

2) 间断性批量供应的材料，两次订货间会脱销。

3) 按照订货供应材料，常常要先集中提前订货，再按照需要分批到达。

（2）采购者

在我国材料和设备的采购者可能有业主、总承包商、分包商，而材料、设备提供者可能是供应商和生产厂家。有些材料、设备是由企业内部的部门提供的，如企业内部产品的提供，使用研究开发部门的成果，我国工程承包企业内部材料部门、设备部门向施工项目部供应材料、周转材料、租赁设备。

（3）材料、设备采购方式

一般采购方式如下。

1) 直接采购。有项目公司派人直接向供应商购买，不签订书面合同。这种情况比较适合于临时性的、小批量的零星的采购。当市场上货源充足，购买方便，则采购周期可以很短。

2) 供求双方直接洽商，签订合同。一般需方提出供应条件和要求，供方报价，最后当事人双方签订采购合同。

3) 采用招标的方式。这与工程招标相似，由需方提出招标条件和合同条件，由供应商们同时投标报价。通过招投标招标方可以获得更为合理的价格、条件更优惠的供应，可以降低采购成本，并且保证了供应的质量。大批量的采购和政府部门采购常采用这种方式。

（4）采购合同

一般采购方在合同签订前应提出完备的采购条件，让供应方得到尽可能多的信息，以便详细报价。

（5）批量的确定

任何工程对材料、设备的需求不可能用多少就采购多少。供应时间和批量间存在重要联系。在采购计划中必须注明何时供应商何时供应何种材料，供应数量是多少。对每一种具体情况，从理论上存在经济采购批量，如图 6-13 所示。

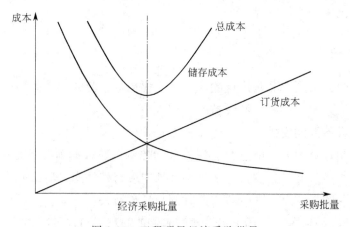

图 6-13　工程项目经济采购批量

对采购批量的影响因素如下。

① 大批量采购可以获得价格上的优惠；

② 早期大批量采购可以减少通货膨胀对材料费用的影响；

③ 除了经济型考虑外，还要综合工程项目资金供应情况，现场存储条件、材料性质等因素；

④ 要保障足够的库存以保障施工的顺利进行，供应困难的材料一般要采用大批量采购。

6.2.6　材料、设备的运输

一般按照不同的采购合同，有不同的运输责任人。

① 工地上接收货物；

② 到生产厂家接收货物；

③ 在出口国港口交货；

④ 在进口国港口交货。

除了上述第一种情况外，需方都有运输任务。在工程实践中，运输问题常常造成工期的延误，引起工程索赔。

运输延误会造成停工待料，而到货时间太早则不仅使得材料价款早支付，加大资金占用，而且会加大库存面积，造成现场管理混乱。

6.2.7　材料、设备进场和工地储存

材料供应时间不可能与材料使用时间完全吻合，一般都存在储存问题。工地的现场储存场所通常较小，费用高，而且可能导致现场的二次搬运。

1) 必须将材料使用计划、订货计划、运输计划、存储计划纳入工期计划体系中，用计算机进行全方位的管理，这样可以减少仓储量。

2) 在工程实践中应注意工程进度的调整和工程变更。如由于业主、承包商、供应商完不成任务造成工期延误，则整个材料供应计划需要调整，否则会造成仓储不够，或大量材料涌入现场，加大现场管理的难度。

3) 仓储面积的确定及其布置。仓储面积按照计划存储量和该类材料单位面积的仓储量计算。

4) 材料进场应按照合同规定对包装、数量及材质做检查和检验。如进场时发现数量不足、质量不符合要求，应当及时通知相关部门调换或索赔，同时对由于涉及变更、工程量增加或减少等造成进货损失应及时向对方提出索赔，弥补损失。索赔在工程建设领域是大量发生的、合情合理的行为，通过索赔可以弥补自身的损失，提高项目总体效益。

5) 保证有足够的库存，符合应用要求和防止风险，而且结束时剩余量比较少。

6) 现场应设置仓储管理员，进行全面库存管理，采用计算机辅助管理是非常有效的、

快捷的。在工程项目实施过程中材料常常不能准时到货，虽然精心计划，但影响因素太多，涉及单位太多，所以要建立一套关于材料使用、供应、运输、库存情况的信息反馈和预警系统。

6.2.8 进口材料和设备计划

进口材料经过出口国国内运输、出关、海运、入关、进口国国内运输等过程，有一整套非常复杂的手续和程序。

① 必须符合政府对进口地管理规定，不能计划使用不许进口的物品。
② 办理进口许可证。
③ 办理运输保险，就进口材料的运输进行投保。
④ 清关。清关有一套程序和手续，特别是单据应齐全，否则会被没收或罚款，如许可证、保险单、提货单、发票、产地证明书、装箱单，有些发票或证明还必须经过公证或认证。

6.3 Project 在资源平衡中的运用

在这里我们结合具体案例，来讲解 Project 在资源平衡中的运用。图 6-14 是某豪华别墅装修项目的网络图。

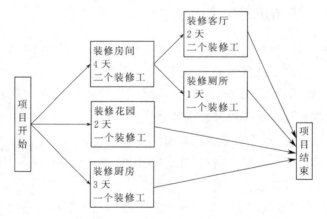

图 6-14 某豪华别墅装修项目网络图

要求如下。
① 编制资源需求甘特图。
② 当该项目只有 3 个装修工，如何进行该项目的资源平衡？
该问题的解决布置如下。
(1) 编制资源需求甘特图
1) 第 1 步，编制项目进度计划，见图 6-15。

图 6-15　某豪华别墅装修项目甘特图

图 6-15 中，项目开始和项目结束两项任务工期为 0，视为里程碑事件，整个项目工期为 6 天。

2）第 2 步，在【资源工作表】中输入资源名称和资源数量，见图 6-16。

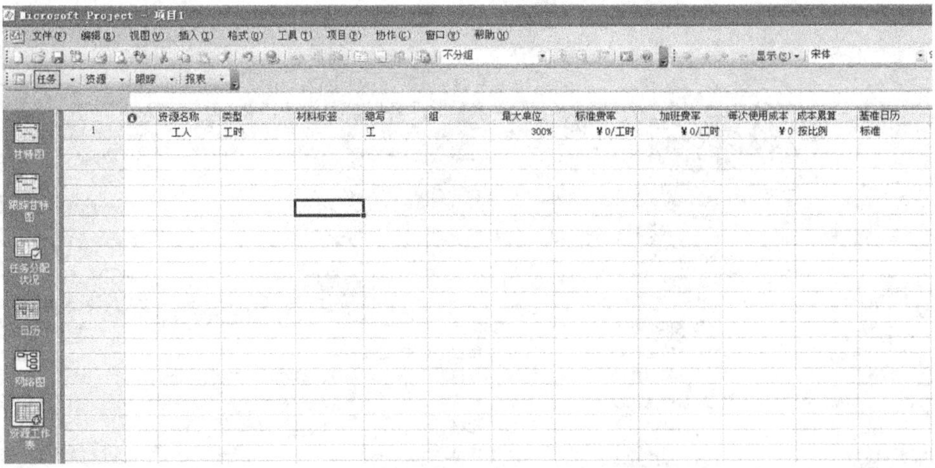

图 6-16　该装修项目的资源工作表

在图 6-16 中，在【资源工作表】/【最大单位】中输入"300％"，表示该项目装修只有 3 个工人。

3）第 3 步，在【甘特图】中分配项目资源，见图 6-17 和图 6-18。在【甘特图】/【工具】/【分配资源】操作后，得到图 6-17。

4）第 4 步，资源是否平衡的识别，见图 6-19 和图 6-20。

图 6-19，在【资源图表】中，可以判别资源是否平衡，该项目在星期一和星期二两天，资源数量达到 400％，即这两天，工人数量需要 4 人，超过最大资源量 3 人。

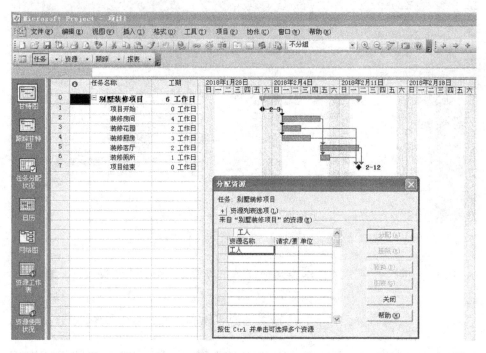

图 6-17 该装修项目的资源分配视图

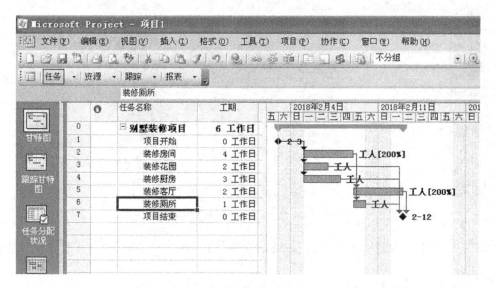

图 6-18 带资源的甘特图

在【甘特图】和【资源图表】联合视图中,可以更清楚地显示资源需求甘特图。上述 4 步就完成了资源需求甘特图的编制。

(2) 该项目只有 3 个工人的情况下,如何进行项目的资源平衡

操作步骤如下。

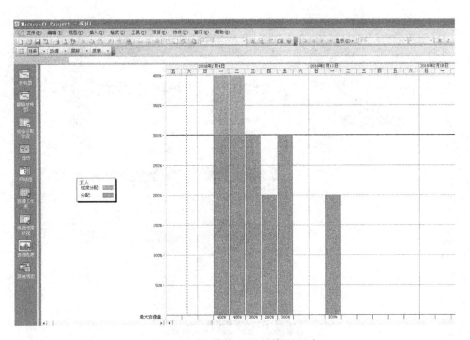

图 6-19 该装修项目的资源图表

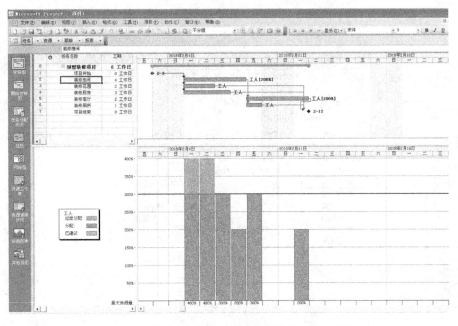

图 6-20 该装修项目的甘特图-资源图表联合视图

1) 第 1 步, Project 自动进行资源平衡, 如图 6-21 和图 6-22。

在【甘特图】中,选取【工具】/【资源调配】/【自动】/【开始调配】,得到图 6-22。

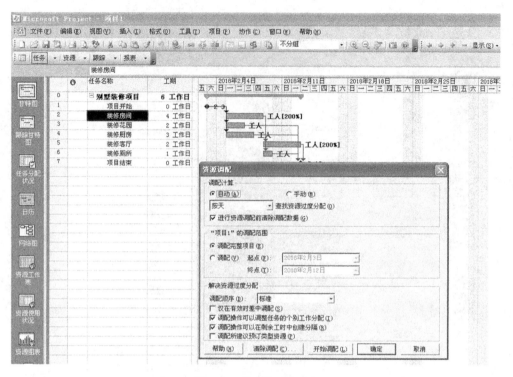

图 6-21 资源调配视图

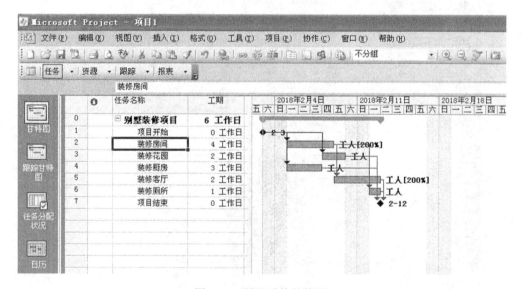

图 6-22 调配后的甘特图

2）第 2 步，调配（资源平衡）后的情况，见图 6-23 和图 6-24。

图 6-20 该装修项目的甘特图-资源图表联合视图和图 6-24 资源平衡后的甘特图-资源图表的联合视图两个联合视图，就是该装修项目问题解决的方案。

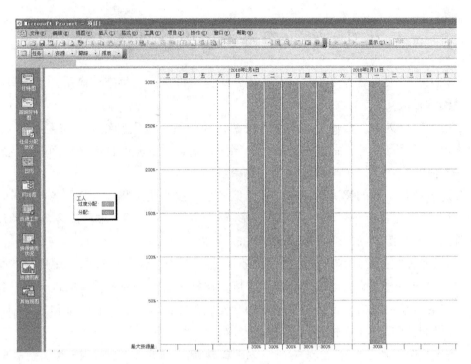

图 6-23 资源平衡后的资源图表

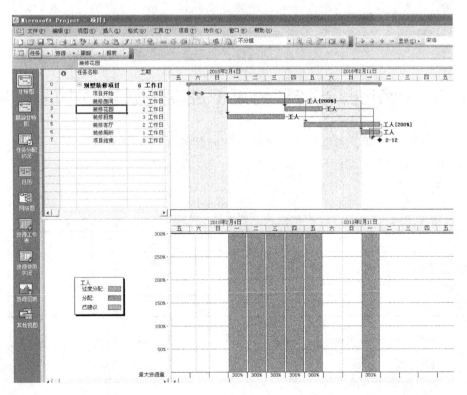

图 6-24 资源平衡后的甘特图-资源图表的联合视图

6.4 资源约束下进度计划优化

因为在工程价值中资源占主要部分，则资源的合理组合、供应、使用，对工程项目的经济效益影响很大。

在工程项目计划中，资源尤其是工时资源，对网络有较大影响。当资源受到限制时，有时会出现资源过度分配，需要进行资源的调配，来解决资源的过度分配问题。这样原网络结构必然发生变化，以满足项目资源的约束条件。

资源过度分配问题的解决方法有很多，但各个方法的使用和影响范围各不相同。

1) 对一个确定的工期计划，最方便、影响较小的方法是通过非关键路径上活动开始和结束时间在时差范围内的合理调整来解决资源过度。

2) 如果经过非关键路径的活动的移动不能达到目的，或希望资源使用更加均衡，则可以考虑减少非关键线路活动的资源投入强度，这样相应延长它的持续时间，自然这个延长必须在它的时差范围内，否则非关键活动会变成关键活动，影响整个项目的工期。

3) 如果非关键活动的调整仍不能满足要求，可采取如下途径。

① 修改工程活动之间的逻辑关系，重新安排施工顺序，将资源投入强度高的活动错开。

② 改变方案采取劳动效率的措施，以减少资源投入，如将现场搅拌改为商品混凝土浇筑，节省人工。

6.5 Project 在资源约束下进度计划编制中的运用

Project 软件是快捷、清晰地解决资源过度分配的有效工具。现以某工程项目为例来说明应用 Project 软件是如何解决资源过度，以及如何对工程项目工期进行优化，该项目假定工时资源约束条件为 20 人。如表 6-5 所示。

表 6-5 某工程项目资源计划表

活动	A	B	C	D	E	F	G	H	I	J	K
持续时间/天	4	4	10	4	4	6	8	4	3	3	2
紧前活动	—	A	A	A	B	B,C	C,D	D	E,F	F,G,H	I,J
劳动力	5	4	6	8	10	8	4	4	6	7	3

1) 建立网络结构，包括【甘特图视图】中输入任务名称、输入工期、建立任务间逻辑关系。见图 6-25。

2) 识别资源过度分配

① 在资源工作表中识别，如"工人"这一行出现红色，表示资源过度。见图 6-26。

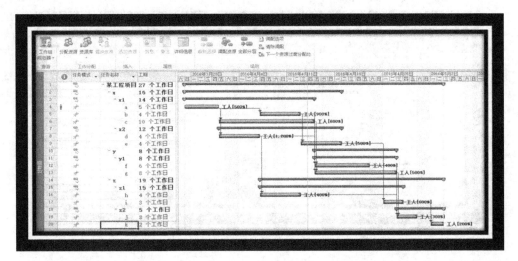

图 6-25　利用 Project 建立的项目逻辑关系

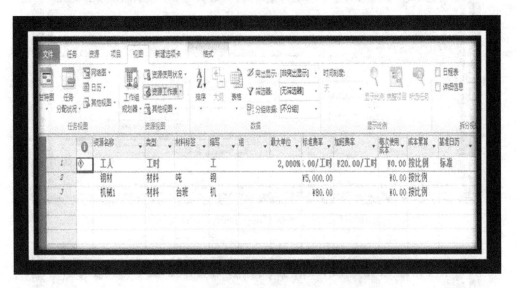

图 6-26　在资源工作表中识别资源过度分配

② 在资源图表中识别，资源图表中红色的部分就是超出的资源数量。见图 6-27。

③ 显示关键路径，【格式】/【关键】就可显示关键路径，见图 6-28。

3）资源调配

①【资源】/点击【调配资源】在下拉列表中选择【自动】，见图 6-29。

② 点击【开始调配】，调配结果，见图 6-30。

由图 6-30 可见，活动 b 和活动 e 两个非关键活动向后推迟了四天。原关键路径保持不变，用 Project 软件自动进行调配能解决问题是最好，也是最简单的。下面我们从资源图表中看看 Project 软件自动调配是否成功，如图 6-31。

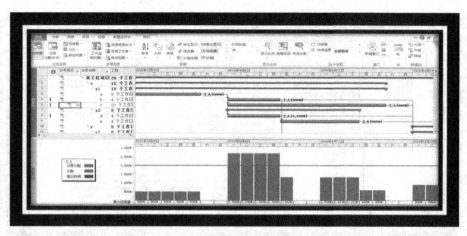

图 6-27　在资源图表中识别资源过度

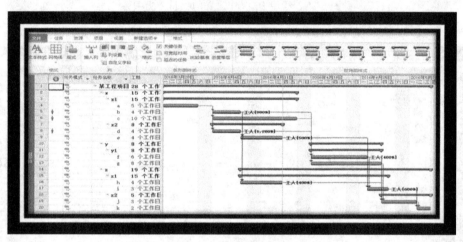

图 6-28　在横道图中显示关键路径

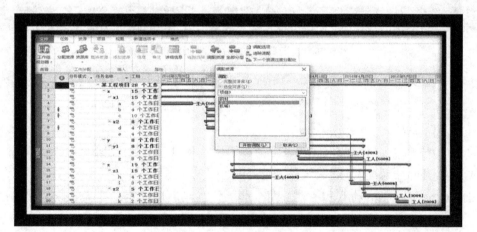

图 6-29　自动调配资源过度

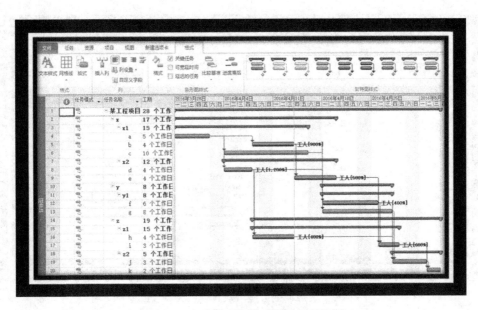

图 6-30　自动调配资源过度后的网络图

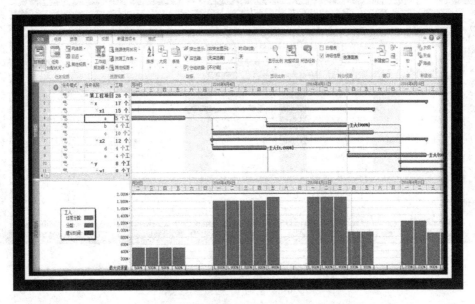

图 6-31　从资源图表中看自动调配后的资源情况

图 6-31 中，下方的资源图表中没有再出现红色的直方图了，说明该项目资源过度问题已经得到解决。

4）显示资源调配后，项目各个活动六大参数。点击【视图】/【表格】/【日程】，如图 6-32，图 6-33 所示。

至此，受资源约束的进度计划编制结束。但是这是一种比较理想的情况，一般情况下需要手动调配。如下面某工程项目（表 6-6）。

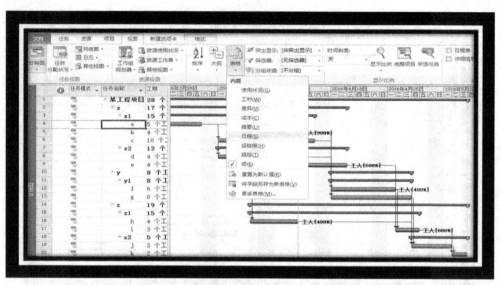

图 6-32 资源调配后显示双代号六大参数的操作

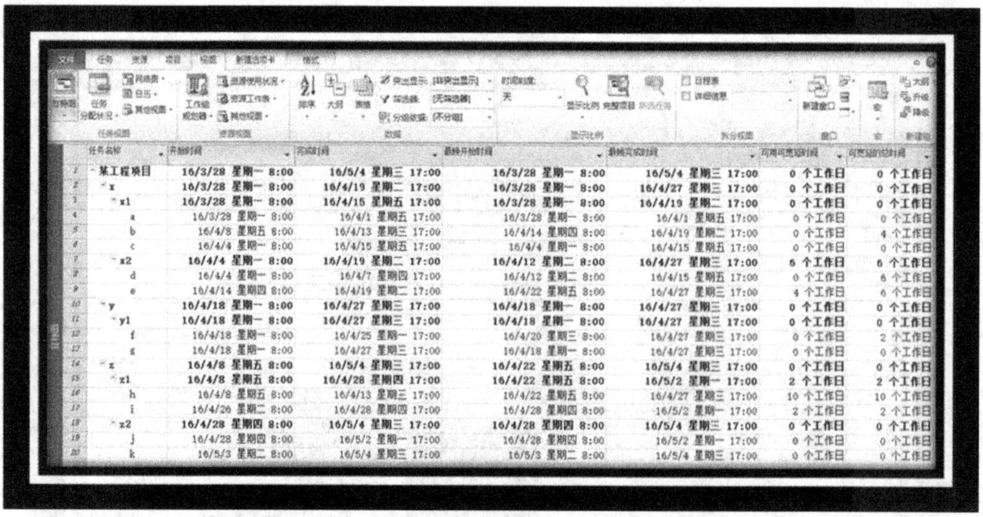

图 6-33 显示资源调配后双代号网络图六大参数

表 6-6 劳动力投入强度表

活动	A	B	C	D	E	F	G	H	I	J	K
持续时间/天	4	4	10	4	4	6	8	4	3	3	2
紧前活动	—	A	A	A	B	B,C	C,D	D	E,F	F,G,H	I,J
劳动力	5	9	6	8	10	8	8	4	6	3	2

项目计划编制见图 6-34。

该项目计划资源是否过度,我们先来看看【资源图表】,见图 6-35。

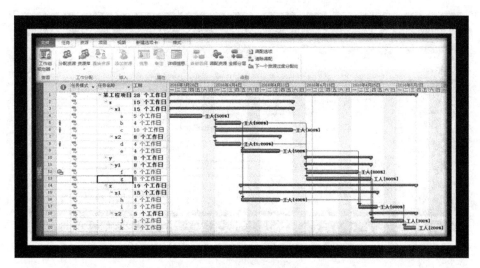

图 6-34　利用 Project 编制项目计划

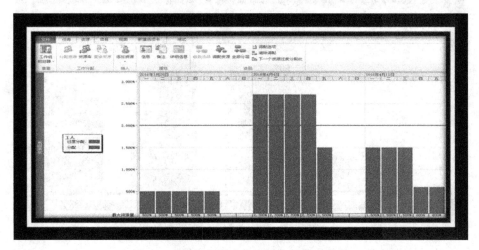

图 6-35　在资源图表中识别资源过度分配

由图 6-35 可见，该项目计划出现了资源过度，有 4 天的工作任务资源不足。下面采用自动调配来看看能否解决资源过度，见图 6-36。

下面再看看该项目计划是否解决了资源过度，见图 6-37。

从上面【资源图表】可以看出资源过度问题已经解决。下面我们再看看【自动调配】后对关键路径有何影响，见图 6-38。

从上面【甘特图视图】中，可以看出，自动调配后，出现了 2 条关键路径，一条是 a-c-f-i-k，另一条是 a-c-g-j-k。这样，增加了项目管理者对项目管理的难度。有的情况要确保关键路径不变，就需要采用手动解决资源过度问题，一般采用的方法是在资源单位（人员数量）、工期和工时之间进行调整，先调整非关键活动，非关键活动调整不能解决资源过度，就只能延长关键活动的时间来减少关键活动上的资源来。具体的操作如下。

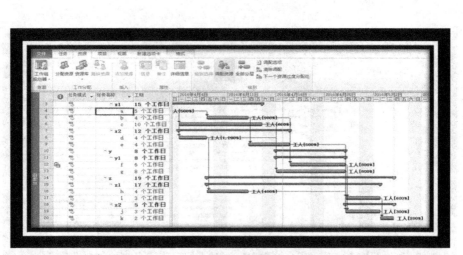

图 6-36　应用 Project 自动调配后的网络图

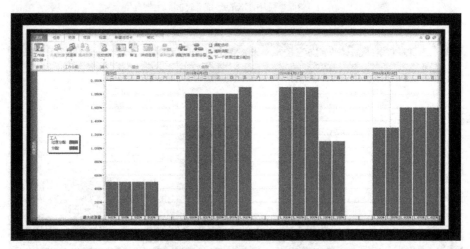

图 6-37　自动调配后资源情况

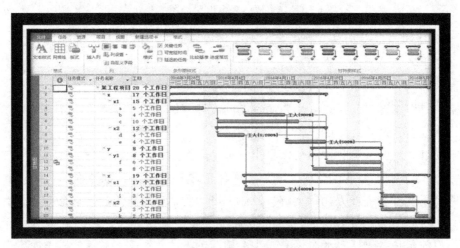

图 6-38　自动调配后对关键路径的影响

1)【视图】/【详细信息】,在【详细信息】下拉列表中选择【任务窗体】,如图6-39。

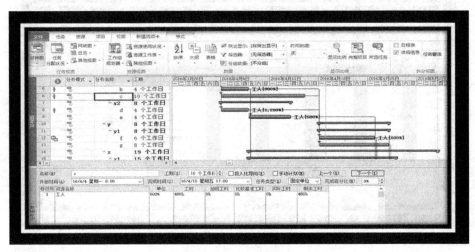

图6-39 带任务窗体的甘特图

2)在【任务窗体】中,将【任务类型】设置为【固定工时】,作为分项工程,其工程量一定,查定额就可确定完成单位工程量需要的工时量,用工时/单位工程量×分项工程量=分项工程总的工程量。见图6-40。

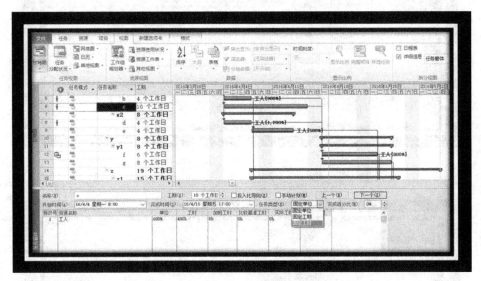

图6-40 在任务窗体中选择任务类型

由图6-40可见出现资源过度,是活动b、活动c和活动d,三者重叠,造成资源过度,即资源的使用超过20个人。首先选择活动b进行调整,先延长活动b,4天,情况如下。

由图6-41可见,活动b延长4天,资源单位变为450%,其含义是4个人每天干8个小时,一个人每天干4个小时。下面看看手动调配后的情况,见图6-42、图6-43。

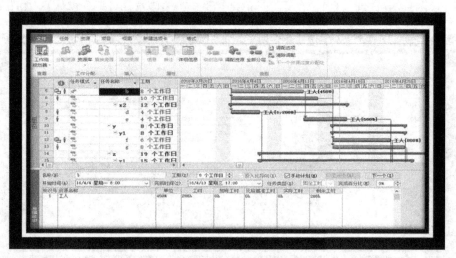

图 6-41 手动调配资源过度

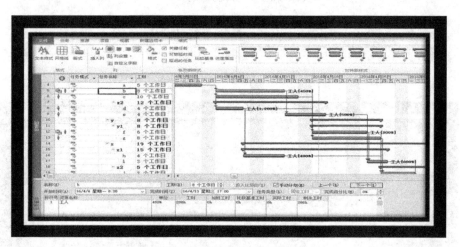

图 6-42 手动调配后的横道图

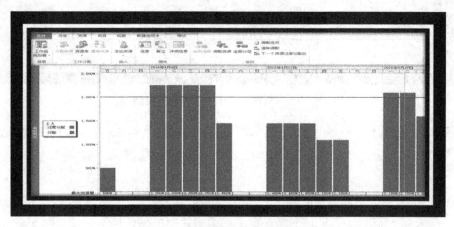

图 6-43 手动调配后资源过度的识别

由图 6-42 可见，依然存在资源过度，同时因为对活动 b 的调整，引起了后续活动间的资源过度。下面继续调整非关键活动 d，该活动同样可延长 4 天，重复活动 d 的调整方法，调整后的情况，见图 6-44。

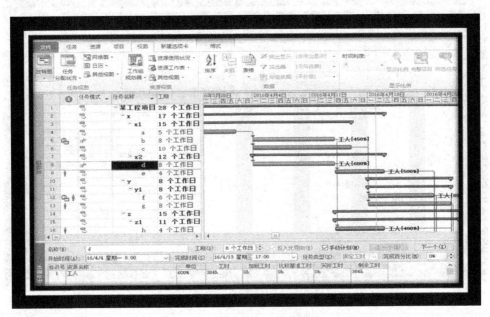

图 6-44　手动调配后的横道图

下面看看【资源图表】，了解资源过度是否解决，见图 6-45。

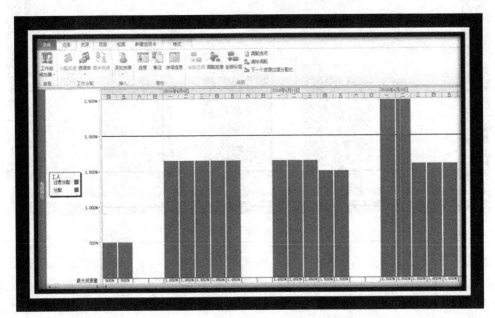

图 6-45　在资源图表中识别资源过度分配

图 6-45 可见，用手动解决资源过度时，往往会引起后续活动资源过度，因为活动 e

和活动 h，向后面推移造成的。解决该资源过度采用缩短工期，减少资源的方式来解决该问题。见图 6-46、图 6-47。

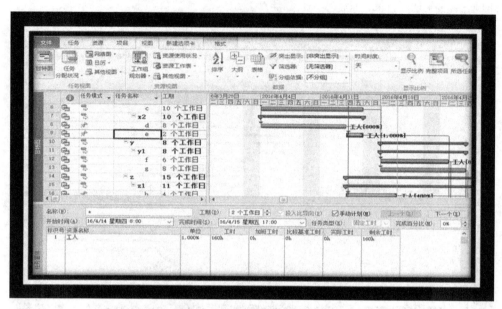

图 6-46　手动调配后的横道图

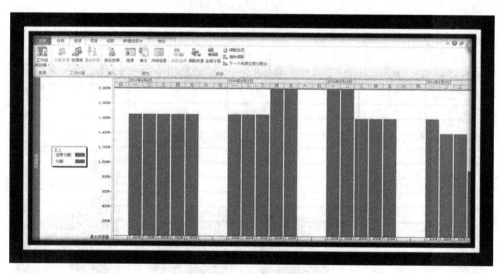

图 6-47　在资源图表中识别资源过度

从图 6-46，6-47 两个视图可见，通过缩短活动 e 的持续时间，同时该活动的资源单位（人员数量）增加至 10 人（注：该调整没有考虑作业面的大小），解决了该项目资源过度问题。手动资源调配，可以按照计划制定者的思路进行资源调配，该项目保证了关键路径不变，同时，计算工期仍然是 28 天。下面看看六大参数（ES，EF，LS，LF，FF，TF）。【视图】/【表格】/【日程】，见图 6-48、图 6-49。

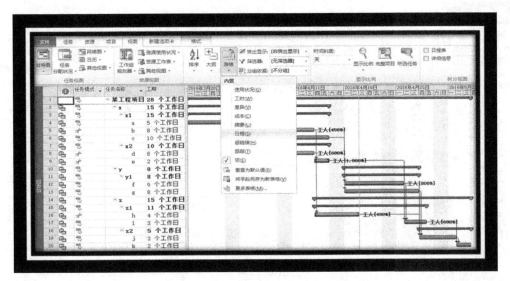

图 6-48 显示双代号网络图六大参数的操作

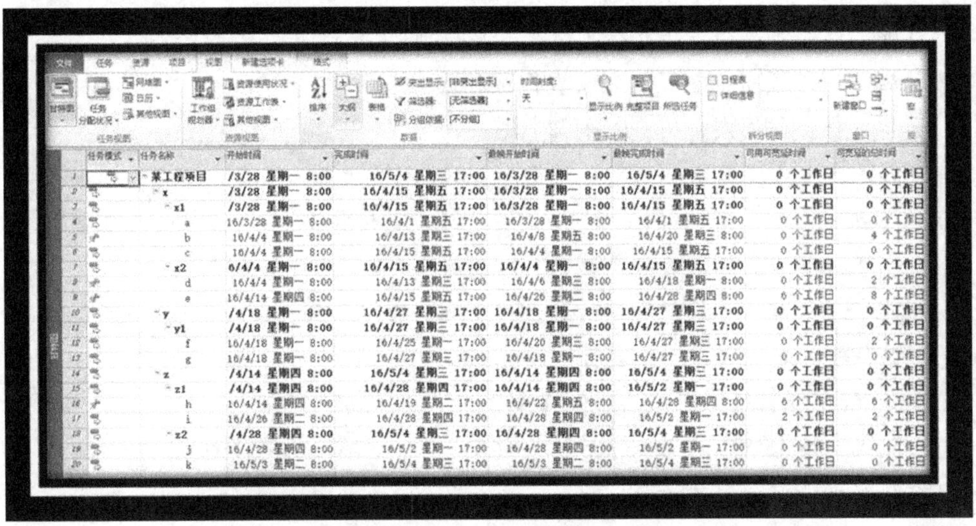

图 6-49 显示双代号网络图的六大参数

图 6-49 中,"可宽延的时间"指 FF(自由时差),"可宽延的总时差"指 TF(工作总时差)。至此,受资源约束的进度计划编制完成。运用 Project 软件来进行计划的编制和资源管理,即便捷,又直观。

本章小结 ▶▶

本章主要介绍了资源计划的编制、资源过度分配、资源平衡以及资源过度调配和受资源约束进度计划的编制,以及如何运用 Project 软件快捷地满足项目对资源使用的要求。

思考题

一、判断题

1. 人力资源具有消耗性。（　　）
2. 项目人力资源管理的特点主要是由项目的特点来决定的。（　　）
3. 项目人力资源管理要随着生命周期的不同而进行相应的调整。（　　）
4. 人力资源的综合平衡是指项目人员需求总量和人员的供给总量平衡。（　　）
5. 如果项目团队成员配备合理，就会减少项目的成本。（　　）
6. 项目的人员是不能事先指定的。（　　）

二、单选题

1. 团队的发展是基于（　　）。
   A. 项目的发展结构　　　　　B. 项目团队提供的培训
   C. 团队成员的发展　　　　　D. 项目团队精神
2. 下列关于面试的表述错误的是（　　）。
   A. 如果问题准备充分、设计得当，面试应该是一种可信度较高的方式
   B. 面试一般能对应聘者进行全面、公平的评价
   C. 对应聘者的第一印象可能会左右面试官的判断
   D. 面试官提出的问题具有一定的随机性
3. 对于新进人员应采取（　　）的培训方式。
   A. 预备实习　　　B. 职务轮训　　　C. 电视录像　　　D. 远程教育
4. 脱产培训相对于在职培训来说（　　）。
   A. 成本较低　　　B. 成本较高　　　C. 成本一样　　　D. 不能比较
5. 控制实验法是对（　　）进行比较。
   A. 培训组和控制组培训前、后的绩效
   B. 控制组和被比较组培训前、后的绩效
   C. 控制组培训前、后的绩效
   D. 培训组培训前、后的绩效
6. 下列表述错误的是（　　）。
   A. 项目产品的废品率可以是绝对标准
   B. 人员的出勤率可以是绝对标准
   C. 人员的出勤率可以是相对标准
   D. 对不同级别的员工的相对标准是不一样的

三、简答题

1. 简述资源供应的要求及其重要性。
2. 简述资源计划和工期计划的关系。
3. 资源用量是由哪些因素决定的？

4. 承包商劳动力使用计划的平衡对施工组织设计的其他方面有什么影响？

5. 列举熟悉的资源优化方法。

四、操作计算题

某工程项目由下表所列工程活动组成的。

活动	A	B	C	D	E	F	G	H	I	J
持续时间	5	4	3	3	6	8	6	4	3	3
劳动力投入/(人/日)	6	8	5	8	4	6	5	6	4	3
紧后活动	BCD	E	EG	FH	J	G	J	J	J	

要求：

(1) 画出双代号网络图；

(2) 计算双代号的六大参数；

(3) 作劳动力曲线；

(4) 如果劳动力限制在 20 人，请作新的工期安排；

(5) 用 Project 软件验证计算结果。

第 7 章

工程项目成本计划

教学目标 ▶▶

　　工程项目成本管理是项目实施过程中一个非常重要的环节，它不仅在安排工程项目日程上决定着完成项目任务所需要的时间，而且在项目控制方式上掌握着资源的使用方法。对于许多工程项目管理者来说，一个工程项目的成功与否取决于完成工程项目的最终成本是否和工程预算成本相符合。通过本章的学习，应达到以下目标：

　　(1) 掌握工程项目人工成本计划的编制；
　　(2) 掌握工程项目成本的构成；
　　(3) 掌握使用 Project 软件编制工程项目成本计划。

学习要点 ▶▶

知识要点	能力要求	相关知识
人工成本计划	掌握人工费率	(1) 人工费率的等级 (2) 人工费率的分配 (3) 人工总成本计划的确定
工程项目成本构成	掌握工程项目成本主要种类	(1) 工程项目资源成本 (2) 工程项目固定成本
工程项目总成本	掌握成本计划概念	(1) 工程项目工作分解结构 (2) 工程项目成本要素 (3) 工程项目分项划分
施工图预算的审核	了解施工图预算方法	

> **基本概念**

人工费率、人工成本、工程项目成本计划、工程项目资源成本

7.1 概　　述

7.1.1 项目成本管理的定义

在完成任何一个项目的过程中，必然要进行各种物化劳动和活动的消耗，这种耗费的货币表现就是项目成本。

项目成本管理是指为保证项目实际发生的成本不超过预算成本所进行的项目资源计划编制、项目成本估算、项目成本预算和项目成本控制等方面的管理过程和活动。项目成本管理也可以理解为，它是为了确保完成项目目标，在批准的预算内，对项目实施所进行的按时、保质、高效的管理过程和活动。项目成本管理可以及时发现和处理项目执行中出现的成本方面的问题，达到有效节约项目成本的目的。

7.1.2 项目成本管理应考虑的因素

项目成本管理一般应考虑如下几个因素。

1）项目成本管理首先考虑的是完成项目活动所需要的资源的成本，这也是项目成本管理的主要内容。

2）项目成本管理要考虑各种决策对项目最终产品成本的影响程度，如增加对每个构、配件检查的次数会增加该过程的测试成本，但是这样会减少项目客户的运营成本。在决策时，要比较增加的测试成本和减少的运营成本的大小关系，如果增加的测试成本小于减少的运营成本，则应该增加对每个构、配件检查的次数。

3）项目成本管理还要考虑到不同项目干系人对项目成本的不同需求，项目干系人会在不同的时间以不同的方式了解项目成本的信息，例如，在项目采购过程中，项目客户可能在物料的预订、发货和收货等环节上大概地了解成本信息。

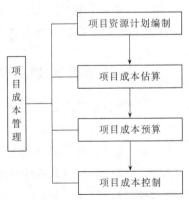

图 7-1　项目成本管理过程图

7.1.3 项目成本管理的过程

项目成本管理的过程如图 7-1 所示。

7.2 项目成本估算

7.2.1 项目成本的构成

项目成本是指实现目标所耗用资源的成本费用总和,项目成本构成如图 7-2 所示。

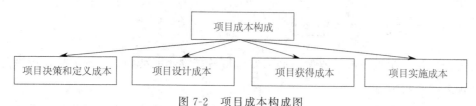

图 7-2 项目成本构成图

(1) 项目决策和定义成本

项目决策和定义成本是指在项目启动过程中,用于信息收集、可行性研究、项目选择以及项目目标确定等一系列的决策分析活动所消耗的成本费用。

(2) 项目设计成本

项目设计成本是指用于项目设计工作所花费的成本费用,如项目施工图设计费用、新产品设计费用等。

(3) 项目获取成本

项目获取成本是指为了获取项目的各种资源所需花费的成本费用,如对于项目所需物资设备的询价、供应商选择、合同谈判与合同履行等的管理所需发生的费用,但不包括所获资源的价格成本。

(4) 项目实施成本

项目实施成本是指为完成项目的目标而耗用的各种资源所发生的费用,是项目总成本的主要构成部分。项目实施成本具体包括:人力资源成本、设备费用、物料成本、顾问费用、其他费用以及不可预见费用等。

在以下的讨论中,主要考虑的是实施成本。

7.2.2 影响项目成本的因素

影响项目成本的因素有很多,最为重要的影响因素包括如下几个方面。

(1) 项目工期

项目成本与项目工期直接相关,随着工期的变化而相应的发生变化。一般来说,当项目工期缩短时,项目成本会随之增加;当项目工期被拖延时,项目成本也会增加。

(2) 项目的质量

项目质量是表示项目能够满足客户需求的特征和性能。显然,项目成本与项目的质量成正比例关系。项目的质量要求越高,项目成本也就越多。

(3) 项目范围

项目范围是影响项目成本的最根本因素，因为项目范围决定了项目需要完成的活动以及完成的程度。一般来说，项目需要完成的活动越多，则项目成本就越大；项目需要完成的活动越复杂，则项目成本也越大。

(4) 耗用资源的数量与单价

很明显，项目成本与项目所耗资源的数量和单价成正比例关系。在这两个要素中，项目所耗资源的数量对项目成本的影响较大，因为资源的数量对项目来说，是内部因素，是相对可控的；而资源的单价则是外部因素，是相对不可控的。

7.2.3 项目成本估算的定义

项目成本估算是指为实现项目的目标，根据项目资源计划所确定的资源需求以及市场上各资源的价格信息，对项目所需资源的成本所进行的估算。

由于项目的计划经常需要进行调整，而且还应考虑到在整个项目生命期内人员工资结构是否变化、材料价格是否上涨、经营基础以及管理费用是否变化等问题，因此，成本估算显然是在一个不确定性程度很高的环境下进行的。项目成本估算通常比较复杂，特别是对持续时间较长的项目，虽然项目成本的估算在项目开始前就已经完成，但是随着项目的进行可能会出现新的可利用的资源，况且原来的资源价格也可能发生变化，所以，成本的估算应该随着项目的进展而不断地进行适当地调整，以确保项目的实施能以项目的估算为依据。项目的估算既要成为项目执行的约束，也要成为项目执行的能力。

项目成本估算要考虑各种不同的成本替代方案对项目所产生的影响。例如，在设计阶段增加额外工作量会增加项目的设计成本，但是高质量的设计可能会减少项目的实施成本，所以在成本估算过程中必须考虑在设计阶段多增加的设计成本能否被实施阶段所节约的成本所抵销，仔细分析这两种成本的此消彼长的关系对项目总成本的影响程度，在不影响项目质量和进度等因素的前提下，尽量使项目的总成本最小化。

项目成本估算同项目报价是两个既有区别又有联系的概念，成本估算所涉及的是对项目目标成本进行的量化评估，是项目组织为了向外提供产品或服务的成本费用总和；而报价则是一个经营选择，即项目组织向客户收取它所提供的产品或服务的收入总和。项目报价中不仅包括项目成本，还包括从事项目的组织应获取的报酬，项目成本只是项目组织进行项目报价所需考虑的重要因素之一。

7.2.4 项目成本估算的程序

项目成本的估算是项目成本管理的核心内容，它为项目成本预算及项目成本控制提供了基础。一般编制项目成本估算要进行如下 3 个环节。

① 识别和分析项目成本的构成要素，即项目成本由哪些资源组成；

② 估算每个项目成本构成要素的单价和数量；

③ 分析成本估算的结果，识别各种可以相互代替的成本，协调各种成本的比例关系。项目成本估算的主要工作如表 7-1 所示。

表 7-1 项目成本估算的主要工作

依据	工具和方法	结果
工作分解结构	自上而下估算法	项目成本估算文件
资源需求计划	参数模型估算法	成本估算的详细依据
资源的单价	自下而上估算法	成本管理计划
活动时间		
历史资料		
会计科目表		

7.2.5 项目成本估算的依据

进行项目成本估算的依据实际上就是项目资源需求以及对这些资源预计价格产生影响的因素。具体来说，编制项目成本估算的依据如下。

（1）工作分解结构

工作分解结构用来确定要估算项目成本的活动。

（2）资源需求计划

资源需求计划确定了项目所需资源的种类、数量和质量，是项目成本估算的主要依据。

（3）资源的单价

在估算项目成本时，只有掌握每种资源的单价才能做出恰当的成本估计。

（4）活动时间

项目活动时间延长会导致项目活动资源的增加，因此，在估计项目成本时，应充分考虑项目的活动时间。

（5）历史资源

许多有关历史资料的信息可从项目档案、商业性的成本估计、数据库和项目团队知识等一些来源获得。

（6）会计科目表

会计科目表是对一个项目组织在总账系统中使用的用于报告该组织财务状况的一套代码，它有利于项目成本的估算与正确的会计科目相对应。

7.2.6 项目成本估算的工具和方法

为了更为准确合理地估算出项目的成本，人们开发出了不少成本估算方法，下面讨论 3 种常见的成本估算方法，即自上而下估算法、参数模型估算法、自下而上估算法。

(1) 自上而下估算法

自上而下估算法，又称为类比估算法，该方法的过程是由上到下一层层地进行，它是一种最简单的成本估算法，实质上也是专家评定法。通常在项目的初期或信息不全时常采用此方法，它是将以前类似项目的实际成本的历史数据作为估算依据，并以此估算项目成本的一种方法，如图 7-3 所示。该方法的程序如下。

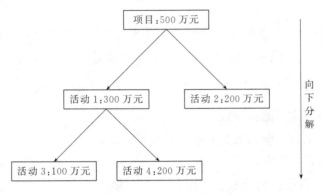

图 7-3　自上而下估算法示意图

① 项目的中上层管理人员收集类似项目成本的相关历史数据。

② 由项目的中上层管理人员通过有关成本专家的帮助对项目的总成本进行估算。

③ 按照工作分解结构图的层次把项目总成本的估算结果自上而下传递给下一层的管理人员，在此基础上，下层管理人员对自己负责的子任务的成本进行估算。

④ 继续向下逐层传递他们的估算，一般传递到工作分解结构图的最底层为止。

自上而下估算法的优点主要如下。

① 简单易行，花费少，尤其是当前项目的详细资料难以获取时，能在估算实践上获得优势；

② 在总成本估算上具有较强的准确性；

③ 对各种活动的重要程度有清楚认识，从而可以避免过分重视某些不重要的活动或忽视某些重要的活动。

但此方法也有缺点，当估算的总成本按照工作分解结构图逐级向下分配时，可能会出现下层人员认为成本不足，难以完成相应任务的情况，然而碍于权力的威严，下层人员未必会立即表达自己对此估算的不同看法，从而更不可能就合理的预算分配方案与上一级管理人员进行沟通，这样就会使项目的进度拖延，造成成本的浪费，甚至导致项目失败。

(2) 参数模型估算法

参数模型估算法是一种比较科学的、传统的估算方法，它是把项目的一些特征作为参数，通过建立一个数学模型来估算项目成本的方法。

参数模型估算法在估算成本时，只考虑那些对成本影响较大的因素，而对那些成本影响较小的因素则忽略不计，因而用此法估算的成本精度不高。

采用参数模型估算法时，如何建立一个合适的模型，对于保证成本估算结果的准确性非常重要,为了保证参数模型估算法的实用性和可靠性,在建立模型时,必须注意如下几点。

① 用来建模所参考的历史数据的精确性程度。

② 用来建模的参数是否容易定量化处理。

③ 模型是否具有通用性。通用性也就是说模型适用于大型项目,在经过适当的调整后也应适用于小型项目。

例如,某安装项目的工艺设备已经选定,其他的活动还未设计,所以采用参数模型估算法来估算该安装项目的成本。通过分析,设计该安装项目的成本估算模型如下

$$Y = EW \tag{7-1}$$

式中　Y——新项目所需要的投资额;

　　　E——参数(通过以前的历史成本数据分析得到);

　　　W——已知项目的投资额。

假设已知与被估算设备相类似的 G 设备的投资额为 W;又已知 G 设备及其安装费与设备投资额的关系为 $B=1.22W$;还已知 G 设备总建设费与设备及其安装费用的关系式为 $Y=1.54B$;则总建设费用 $Y=1.54B=1.54×1.22W=1.88W$。此刻的参数 E 为 1.88,当获知了 G 设备的投资额 W 后,就可以估算出新项目的总建设费了。

(3) 自下而上估算法

自下而上估算法,也称为工料清单估算法。它是一种自下而上的估算形式,先估算各个活动的独立成本,然后将各个活动的估算自下而上地汇总,从而估算出项目的总成本。

采用自下而上估算法估算项目成本时,由于参加估算的部门较多,而且有必要把不同度量单位的资源转化成可以理解的单位形式,因此用于估算的时间和成本就会增加。自下而上估算法的最大缺陷在于:自下而上估算法存在着一个独特的管理博弈过程,下层人员可能会过分夸大自己负责活动的估算,因为他们害怕以后的实际成本高于估算成本将受到惩罚,同时希望以后的实际成本低于估算成本而收到奖励,但是高层管理人员会按照一定的比例削减下层人员所做的成本估算,从而使得所有的参与者陷入一个博弈怪圈。

自下而上估算法的优点在于它是一种参与管理型的估算方法,比起那些没有亲身参与工作的上级管理人员而言,底层的管理人员往往会对资源的估算有着更为准确的认识。另外,底层的管理人员直接参与到估算工作中去,可以促使他们更愿意接受成本估算的最终结果,提高工作的效率。

虽然自下而上估算法估算项目成本的结果比较准确,但是实际中自下而上估算法应用得却非常少,上层的管理人员一般都不会相信底层管理人员所汇报上来的成本估算,认为他们会夸大自己所负责的活动的资源需求,片面强调自己工作的重要性。另外,有些高层管理人员认为成本估算是组织控制项目的重要的工具,也不信任自己下属的工作能力和经验。

7.2.7　项目成本估算的结果

项目成本估算的结果主要包括项目成本估算文件、成本估算的详细依据和成本管理计划 3 个方面的内容。

(1) 项目成本估算文件

项目成本估算文件是项目管理文件中最重要的文件之一，它包括项目各活动所需资源及其成本的定量估算，这些估算可以用详细或简单的形式表示。成本通常以货币单位表示，但有时为了方便也可用人/天或者人/小时这样的单位。在某些情况下，为了便于成本的管理控制，在成本估算时必须采用货币单位。

(2) 成本估算的详细依据

成本估算的详细依据应该包括以下内容。

① 项目工作范围的说明，通常从工作分解结构得到。
② 项目成本估算的基础，说明是怎样做出的估算。
③ 项目成本估算所做的假设说明，如项目所需资源价格的估算。

(3) 项目成本管理计划

项目成本管理计划是整个项目计划的一个辅助部分，说明了如何管理实际成本与计划成本之间发生的差异，差异程度不同则管理力度也不同。成本管理计划根据项目的需要，可以是高度详细或粗略框架的，同时既可以是正规的，也可以是非正规的。

7.3　项目成本预算

7.3.1　项目成本预算概述

项目成本预算是进行项目成本控制的基础，是项目成功的关键因素，它是在成本估算的基础上进行的。项目成本预算的中心任务是将成本预算分配到项目的各活动上，估计项目各个活动的资源需要量。具体来说，项目成本预算是将项目成本估算的结果在各个具体的活动上进行分配的过程，其目的是确定项目各个活动的成本定额，并确定项目意外开支准备金的标准和使用规则以及为测量项目实际绩效提供标准和依据。

项目成本预算的内容主要包括：直接人工费用预算、咨询服务费用预算、资源采购费用预算和意外开支准备金预算。

在项目成本预算的构成中我们必须关注的是意外开支准备金预算。意外开支准备金是指为项目在实施过程中发生意外情况而准备的保证金，提高意外开支准备金估计的准确性可以减轻项目中意外事件的影响程度。项目实际过程中，意外开支准备金的储备是非常必要的，特别是中、大型项目必须要准备充足的意外开支准备金。意外开支准备金有 2 种类型。

① 显性的意外开支准备金，通常在项目成本文件中明确标明；
② 潜在的意外开支准备金，通常在项目成本文件中没有标明。

由于我们把因成本预算中的不确定性所产生的风险作为确定意外开支准备金水平的基础，所以意外开支准备金也经常充当成本预算的底线，如果在每个项目条款中都能清楚地确定意外开支准备金的水平，那么确定项目实际的意外开支准备金的水平将会变得更容易些，其最终的结果是将所有条款中意外开支准备金的数量加以汇总，从而确定其占整个项目成本预算的比重。

项目成本预算的主要工作如表 7-2 所示。

表 7-2　项目成本预算的主要工作

依据	工具和方法	结果
项目成本估算文件	自上而下估算法	项目各项活动的成本预算
工作分解结构	参数模型估算法	成本基准计划
项目进度计划	自下而上估算法	

7.3.2　项目成本预算的依据和方法

项目成本预算的依据包括以下几个方法。

1）项目成本估算文件。项目成本估算文件是确定项目成本预算的主要依据，其主要内容在上一节已经介绍，在此不做进一步讨论。

2）工作分解结构。项目成本预算将成本分配到各个活动中，而工作分解结构确认了需要分配成本的所有活动。

3）项目进度计划。为了将成本分配到项目各个时间段内，进度信息是不可缺少的，这些进度信息只能由项目进度计划来提供。

项目成本预算的方法与项目成本估算方法大同小异，所以在前面介绍的项目成本估算方法也可以用来编制项目成本预算，在此也不做进一步讨论。

7.3.3　项目成本预算的步骤

无论采用何种方法来编制项目成本预算，一般都要经历如下步骤。

1）将项目的总预算成本分摊到各项活动。根据项目成本估算确定项目的总预算成本之后，将总预算成本按照项目工作分解结构和每一项活动的工作范围，以一定的比例分摊到各项活动中，并为每一项活动建立总预算成本。

2）将活动总预算成本分摊到工作包。这是根据活动总预算成本，确定出每项活动中各个工作包具体预算的一项工作，其做法是将活动总预算成本按照构成这一活动的工作包和所消耗的资源数量进行成本预算分摊，如图 7-4 所示。

3）在整个项目的实施期间内，对每个工作包的预算进行分配，即确定各项成本预算支出的时间以及每一个时点所发生的累计成本支出额，见图 7-5。

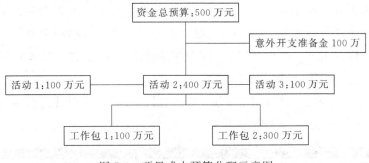

图 7-4　项目成本预算分配示意图

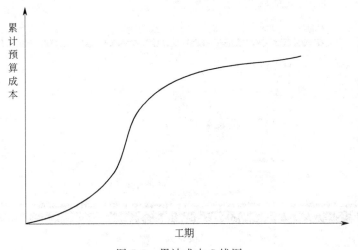

图 7-5　累计成本 S 线图

7.3.4　项目成本预算的结果

项目成本预算的结果主要包括如下两个方面。

1) 项目各项活动的成本预算。项目各项活动的成本预算提供了各项活动的成本定量,在项目的实施过程中,将以此作为项目各项活动实际资源消耗量的标准。

2) 成本基准计划。成本基准计划说明了项目的累计预算成本与项目进度之间的对应关系,它可以用来度量和监督项目的实际成本。

7.4　工程项目人工费成本计划的确定

要确定工程项目的人工费,首先需要确定人工费率。人工费率是指在工程项目中,项目人员工作一个小时应得到的报酬,它是计算人工的基础,包括人工标准费率和人工加班费率两部分。人工标准费率是指在项目日历时间范围内,人工工作一小时应得到的报酬;人工加班费率是指在项目日历范围外,人工工作一小时应得到的报酬。在计算人工费用时，先要确定人工标准费率和人工加班费率，再将这些费率分配到相应的工作中，也就是说，承担不同性质的分项工程人工费率是存在差异的，如安装模板工人的人工费率比普通泥工要高很多。现以 Project 2003 来说明人工费率和人工费率的设置和分配，其他版本的 Project 软件操作基本相同。操作步骤如下：

1）在【资源工作表】，选择【资源】/【信息】，计算机弹出【资源信息】对话框，选择【成本】，见图 7-6。

图 7-6　工程项目人工费率的确定

根据项目的需要，来设置人工费率的档次，本软件可设置 5 个档次，即 A、B、C、D、E。然后在每个档次内设置费率（标准费用和加班费率）。

2）打开【资源使用状况】视图，在菜单中，选择【格式】/【信息】，计算机弹出【工作分配信息】对话框。见图 7-7。

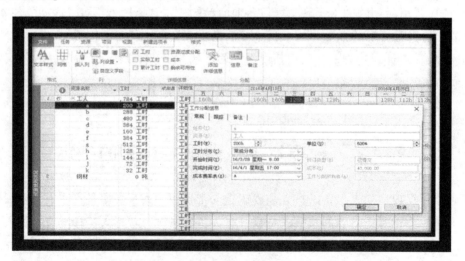

图 7-7　工程项目人工费率的确定

3）将人工费率分配给任务。操作如下，先在【任务名称】中，选择任务，再打开【工作分配信息】对话框，在成本费率表下拉列表中，选择人工费率档次，见图7-8。

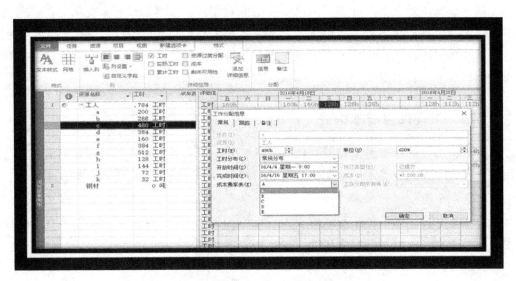

图 7-8　在工作分配信息对话框中分配费率等级

或者，按"ctrl"选择多个活动，再在【工作分配信息】对话框中，选择对应的人工费率，见图 7-9。

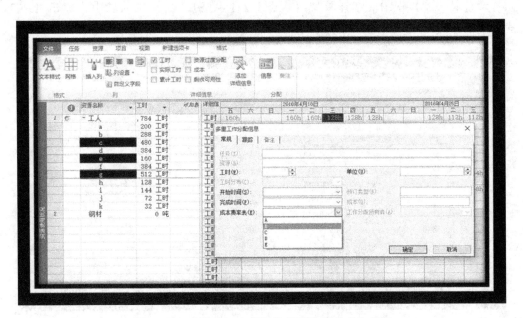

图 7-9　一次性将一个等级的费率分配给多个任务

这样可以将某一个成本费率一次性分配给相应的所有任务可以节省操作时间。从上面的操作可以看出利用 Project 将成本费率分配给任务非常方便，快捷。

7.5 工程项目各类资源成本的确定

工程项目成本是指在工程项目实施中产生的费用。在工程项目计划提出之前，常常需要对工程项目成本进行估算，以确保项目利益。在工程项目实施中，还需要对工程项目成本进行管理，以确保工程项目的实际成本限定在预算范围之内。因而，为了方便在工程项目实施中控制成本，在对工程成本管理前，需要建立成本管理体系。

7.5.1 工程项目成本构成

一个工程项目的成本包括资源、任务或任务分配输入的所有基于资源费率成本、每次使用的资源成本和固定成本。主要可分为项目资源成本和项目固定成本两类成本。

(1) 资源成本

资源成本计算时以资源的基本费率为基础。如在 Project 中，与资源费率有关的指标主要有标准费率、加班费率、每次使用成本和成本累算等四种。

(2) 固定成本

固定成本是一种不因任务工期或资源完成工时的变化而变化的成本。例如，职工每月的固定工资，必须一次性付清的设备购进费和安装费用。这些费用可以在具体的任务上输入，以 Project 为例操作如下：

打开【甘特图】视图，选择菜单【视图】/【表格】，在下拉列表中，点击【成本】，在成本表固定成本中，对应的任务中输入固定成本。见图 7-10、图 7-11。

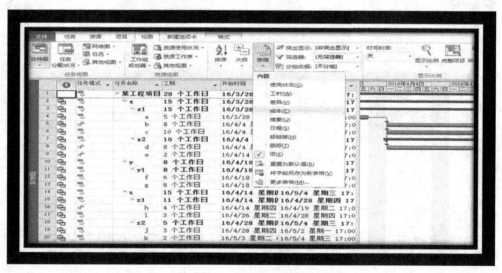

图 7-10　显示成本的操作图

从图 7-10 和图 7-11 可见，只要对每个任务输入固定成本，就可得到整个项目的固定成本。

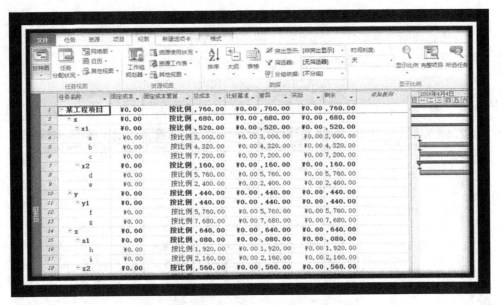

图 7-11　显示任务固定成本和项目固定成本

7.5.2　工程项目各类资源成本的确定

(1) 资源种类的确定

在工程项目中所需要的资源种类有很多，包括人工、材料、机械等，具体需要哪些资源，要对工程进行分解后才知道；机械的种类，也是根据工程的规模、建设的需要来确定的。在确定了资源种类后，可在【资源工作表】输入资源的名称，见图 7-12。

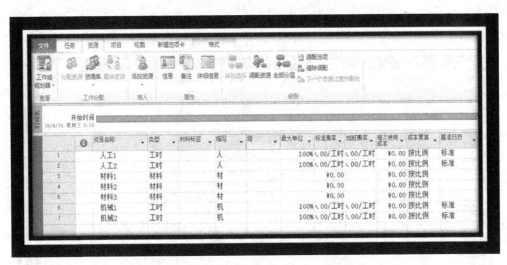

图 7-12　在资源工作表中确定项目资源种类

在输入资源名称后，确定资源的类型，人工和机械一般称为工时资源，各种材料称其为材料资源，然后在【材料标签】中，输入各种材料的单位，如吨、立方米、米等。

（2）各类资源价格的确定

在工程建设领域，各类资源的价格，一般采用市场价格，因此需要进行市场询价，或者根据工程造价管理机构定期公布的各类资源的价格来确定各类资源的单价。机械设备购置费，一般计入固定成本中，而机械的使用费，通常用"台班"或者"工时"作为单位，各类材料一般采用单价。在确定了各类单价后，就可以在【资源工作表】中输入，见图7-13。

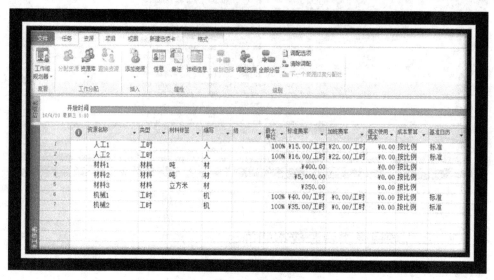

图 7-13　在资源工作表中输入资源单价

（3）各类资源成本的确定

在工程项目所需的资源种类和价格确定后，就可计算工程项目的资源成本。计算各个分项工程工程量后可查定额，得到各种资源的消耗数量，计算公式：某种资源数量＝∑分项工程量×完成单位工程所需资源数量，然后将资源分配到工程项目各个活动上。见图7-14。

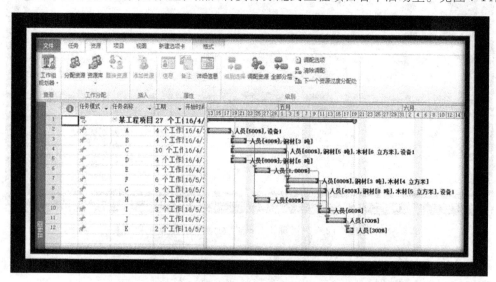

图 7-14　将项目所需的各种资源分配到各个任务上

在将各种资源分配到工程项目任务上后,就可打开【资源使用状况表】,插入【列】,选择成本。见图 7-15、图 7-16。

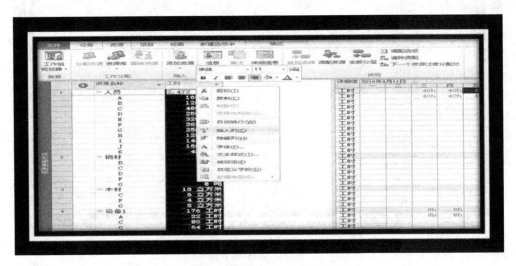

图 7-15　在资源使用状况表中插入列

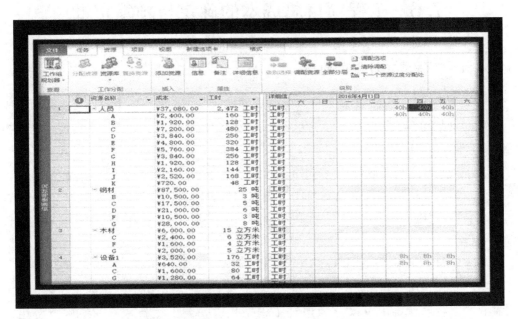

图 7-16　在资源使用状况表中显示项目资源成本

由图 7-15、图 7-16 可见,每个任务上各种资源的种类,累计数量、资源任务价格和累计任务资源价格都可以显示出来。

另外,按照资源均衡消耗的原则,在【资源使用状况表】中,各种资源的消耗,以天为单位作了安排,见图 7-17。

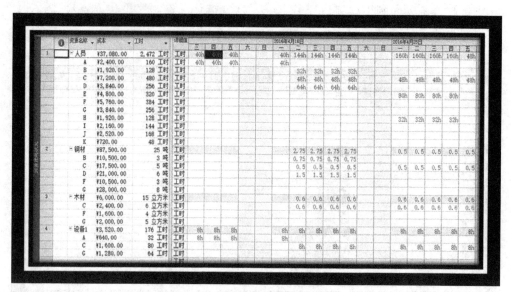

图 7-17 在资源使用状况表中资源消耗以日为单位安排

7.6 工程项目总成本的确定与预算审批

7.6.1 工程成本计划的对象

成本计划是指具体成本的预期值。为了更好地从各个方面、各个角度对工程项目成本进行精确的计划和有效的控制，必然要多方位地划分成本项目，形成一个多维的成本构成体系。

(1) 工程项目工作分解结构（WBS）中各个层次的项目单元

工程项目中的项目单元首先必须作为成本的估算对象，这对工程项目成本模型的建立、成本管理责任的落实和成本控制起着重要作用。因此，工程项目结构分解是成本计划的前提条件。

(2) 工程项目费用分解结构

将工程项目费用要素进行分解，则能得到工程项目的费用结构，这种分解又有许多角度。在我国工程项目费用可以分为建筑工程费用、安装工程费用、设备购置费用、工(器)具和家具购置费用及其他费用（如土地、建设单位管理费）等。一个工程可以按照估算、核算，并最终汇总出总成本。

(3) 建筑工程成本要素

一般来说，建筑工程成本可以分为人工费、材料费、机械费、其他直接费、现场管理费、总部管理费等，每项又有一个具体的统一的成本范围和内容。承包商的成本计划和核算通常以它作为基础。其重要作用体现以下几点。

① 是我国预算定额以及取费标准的划分；
② 是承包商报价中的成本分项；
③ 是承包商会计成本核算的科目划分；
④ 是承包商和业主之间涉及费用索赔的计算分项。

(4) 按照工程分项划分对象

通常是将工程按工程项目工艺特点、工作内容、工程所处位置细分为分部工程，这在招标文件的工程量清单中列出，投标单位按此进行报价，并作为建设单位和承包商之间实际工程价款结算的对象。在工程项目管理中，这种结构分解是最基本的、也是最常用的方法。它是投资者投资管理系统和承包商成本管理系统的信息交汇点。

工程项目分解结构与工程成本分项的结构通常不一致，它们之间有复杂的关系。例如工程量表中分别有 500m³ 混凝土，1000m³ 模板，5 吨钢筋，而在工程项目分解结构中它们分别属于不同的工作包，它们之间关系，如图 7-18 所示。

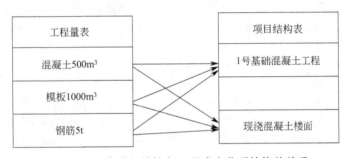

图 7-18　工作分解结构与工程成本分项结构的关系

(5) 成本责任人

成本责任一般是随合同、任务委托给具体的负责单位或人，例如工程小组、承包商、职能部门或专业部门。它们是项目相关工作的承担者。

(6) 工程项目中还有一些其他的分解形式

例如，按照项目阶段分为可行性研究、设计和计划、实施等各个阶段的费用计划，形成不同阶段的成本结构。

7.6.2　成本计划的估算方法

确定工程项目成本计划的具体工作属于工程估价或预算的内容，是专业性非常强的工作，必须由专门负责人承担。不同阶段及不同成本对象的成本计划估算方法不同。

(1) 前期策划阶段的估算

成本计划工作在工程项目中投入较早，在项目目标设计时就开始工作，为决策提供依据。该阶段仅有总体目标和总功能要求的描述，对工程项目的技术要求、实施方案还不明确，因此无法精确估算。一般只能针对要求的功能，按照以往工程的经验数据或概算指标进行估算。

1）参照过去同类工程信息，按照项目规模、生产能力或服务能力或服务能力指标估算。例如住宅小区以"元/m²"，公路以"元/km"估算。一般工业项目可以按照单位生产能力估算总投资，并由此给出一个成本计划总值。

2）按照国家或部门颁布的概算指标计算。概算指标通常是在以往工程统计的基础上得出的，它有较好的指导作用，在国民经济的各个部门中都有本部门工程的概算指标。

3）专家咨询法。主要针对新建项目，还没有系统的详细说明，或者对研究开发性的项目，用德尔菲法征询专家意见进行成本估算。这里的专家是从事实际工程估价、成本管理的工作者。征询意见可以采用头脑风暴法。同时尽可能为专家提供详细信息，例如工程项目机构图、工程说明等。

对估计值有两种处理方式，一是按照最高值和最低值求平均值，或各个加权平均。如果各个估计值非常离散，出现大幅度的波动，则可以让最高者和最低者各自陈述理由。如果仍然不能统一，可以将各个项目单元再分解，作更低层次的估算。

4）生产能力估算法。寻求一个近期已经建成的性质相同的建设项目，可以根据项目的生产能力 A_1 和实际总投资额 C_1，拟建建设项目生产能力 A_2 来推算拟建项目的总投资额 C_2，计算公式如下：

$$C_2 = C_1 \left(\frac{A_2}{A_1}\right)^n f \qquad (7\text{-}2)$$

公式(7-2)中，A_1 和 A_2 必须用统一的生产能力指标；f 为考虑不同时期、不同地点引起的价格调整系数；n 为生产能力指数，一般取 $0.6<n<1.0$。n 的取值一般考虑以下几点。

1）当已建项目投资额和拟建项目投资额很相近时，即两个项目生产能力、规模差别不大时，n 取值可接近 1；

2）当两者差别很大，而生产能力的扩大是通过扩大单个设备的生产容量实现的，则 n 取 0.6～0.7 之间。

随着工程项目的进展，工程服务和主要技术方案确定，调查进一步深入，有了进一步详细的资料，则可以按照总工期划分的几个阶段和总工程划分的几个部分分别估算投资，可以作出"成本-时间图（表）"。

可行性研究批准后即作为工程项目的投资计划。在现代工程实践中，由于多方投资，预算紧张，资金追加困难，人们常常以批准的项目总投资作为后面投资控制的基准，并在此基础上进行投资分解，限额设计。

(2) 项目设计和计划阶段的概预算

在工程项目审批后，进入了设计和计划阶段。虽然国内外，名目不相同，但都有几步设计。例如我国有初步设计、扩大初步设计和施工图设计，国外有方案设计、技术设计和详细设计。伴随着每步设计又有相应的实施计划，同样有相应的成本计划。在我国分为概算、修正总概算和施工图预算。这些文件必须与设计和计划文件一起经过批准。随着设计工作的不断深入和计划工作的细化，预算的不断细化，成本计划的作用就越大，它对设计和计划的任何变更反应越敏感。

1）使用定额资料。在我国，工程估价一直使用统一的概预算定额，规定的取费标准和计划规定的利润。因此，计算方法就是按施工图计算工程量，套定额单价，然后计算各种费用。对业主来说，计算结果作为确定招标工程标底的依据，而承包单位是作为投标报价的基础。从理论上说，概预算定额可以作为业主投资估算和制定标底的依据。承包单位的投标价格应以成本计划为基础。

2）直接按分部工程、专项的供应或服务进行询价，以作为计划的依据。无论是业主还是承包商都可以采用这种方式。

3）采用已完工程的数据。这种方法，国外在业主、设计事务所、管理公司用得较多。通常由专门的部门公布有代表性的工程资料，它是按照统一的工程费用结构或建筑工程成本结构分项标准统计并公布，包括已完工程成本的特征数据。在我国也开始进行这方面的工作，用它可以进行计划成本的概算，也可以作详细的成本计划。在应用这些资料时应顾及并调整如下：不同的年代有不同的市场环境和物价指数；不同地区的物价、工程价格是不平衡的；建筑物本身的差异；对过去工程信息了解不多等。

在国外，施工企业、项目管理公司除了使用公布的成本数据库外，还有自己内部的近期完成的具体工程的成本统计数据。这些数据作为成本计划的参照。在实际工程中，常常选择几个相似工程，用它们的特征数据，计算拟建工程项目的成本值，来增加其结果可靠度，有时也可以用它们来审查通过其他计算办法确定的工程成本计划的可信度。

4）合同价。是指业主在分析许多投标书基础上最终与一家承包商确定的工程价格。最终在双方签订合同文件中予以确认，作为结算的依据。现代在很多大中型工程项目中，投标时，还是初步设计或者是扩大初步设计，这给双方确定计划成本和决定工程价格带来许多问题。因此，在招标中业主应增加工程透明度，尽可能拿出确定性的工程系统说明文件，而承包单位应搞清楚业主的要求和期望。

5）在工程实践中，成本计划对象间应有很好的沟通，将一个详细的核算，如承包单位的成本预算，按照不同的对象进行信息处理得到不同项目的成本结构，活动编码是几种核算间沟通的主要手段，这样，成本计划、合同价格、会计的成本核算、工程的成本核算才能沟通和保持一致。

7.6.3 影响工程项目成本的因素

影响工程项目成本的因素有很多，但最为重要的影响工程项目成本的因素有以下4个方面。

(1) 项目工期

工程项目的成本与工期直接相关，而且是随着工期的变化而变化的。工程项目的工期和成本预算是否合理，将直接影响着项目的顺利实施和经济效益的高低。"成本—工期"抉择模型就是要解决项目工期和成本预算的问题。

工程项目建设的直接成本与工期之间存在一定的对应关系。周期越短，因突击施工而增加的直接成本越多；相反，周期延长，突击施工的程度就会降低，项目直接成本也越低。将这种关系表示在"成本—工期"图中，就可得到一条直接成本曲线。构成工程项目总成本的除直接成本之外还有间接成本，间接成本包括管理费、贷款利息及其他随项目工期成正比的支付款项。将间接成本与工期的关系展示于"成本—工期"图中，得到一条直线（见图7-19）。

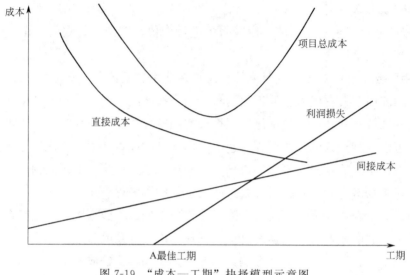

图 7-19 "成本—工期"抉择模型示意图

在权衡项目工期和项目成本时，有一个容易被忽视的因素，就是利润损失。建设项目的目标是盈利，提前建成提前受益，工期推迟则造成利润损失。因此，利润损失并不是实际发生的支付款项是工期超过最短期限后造成的收入减少。在图7-19中的"成本—工期"图中，利润损失也是一条直线。将直接成本、间接成本和利润损失相加在一起得到项目总成本随时间变化的曲线。总成本曲线的最低点对应的是最低项目成本，对应的项目工期为经济意义上的最佳周期。

"成本—工期"抉择模型科学地展示了成本与项目工期之间的内在联系，可作为决策者在成本与工期之间做出正确抉择的手段。在工程项目建设期间可作为进度变更时重新配置资源的依据。从合理配置资源的角度，该模型最重要的意义在于指明了最优投资额和最优项目的工期。

(2) 耗用资源的数量和价格

工程项目成本受两个因素的影响：一个是工程项目各个活动所消耗和占用的资源数量；另一个是工程项目各个活动消耗与占用资源的价格。这表明工程项目的成本管理必须要管理好整个项目消耗与占用资源的数量和所消耗与占用资源价格这两个因素。在这两个要素中，资源消耗与占用的数量是第一位的，资源的价格是第二位的。由于通常资源消耗与占用数量是一个内部要素，是相对可控的，而所消耗与占用资源价格是一个外部要素，主要是由外部条件决定的，因此是一个相对不可控因素。

(3) 工程项目质量

工程项目质量是指项目能够满足客户需求的特性与指标。显然，项目所要求的质量越高，所需要的成本自然越高。另一方面，一个项目的实现过程就是工程项目质量的形成过程，在这个过程中为达到质量的要求，还需开展两个方面的工作：其一是质量的检验和保障工作，其二是质量失败后的补救工作。这两项工作都要消耗资源，从而都会产生质量成本。如果放松对项目质量的要求，不但可以减少工程项目的直接成本，还可以减少上述的项目质量成本。

(4) 工程项目范围

任何一个项目的成本最根本的是取决于项目的范围，即工程项目究竟需要做些什么事情和做到什么程度。从广度上说，工程项目范围越大显然项目的成本就会越高，项目范围越小工程项目的成本就会越低。从深度上看，如果工程项目所需完成的任务越复杂，工程项目的成本就会越高，而工程项目的任务越简单，工程项目的成本就会越低。

上述分析可见，要实现对工程项目成本的科学管理，还必须通过开展对工程项目的工期、资源消耗和价格、质量和范围等要素的集成管理。

7.6.4 工程项目施工图预算的审核和批准

(1) 审核施工图预算的意义

① 合理确定工程造价；

② 保证材料和设备供应计划的准确性；

③ 有利于改善企业经营管理，加强企业经济核算，提升企业经济效益。

(2) 审核施工图预算的依据

审核施工图预算所依据的资料与编制预算时所用的资料基本相同，包括施工图、标准图集、预算定额、费用定额、施工组织设计、合同等。

(3) 施工图预算审核的形式

① 单独审核。这种形式是建设单位、建设银行、设计单位、施工单位分别审核，各自提出修改工程预算的意见，重复协商后定案。单独审核形式比较灵活。

② 联合会审。这种形式是建设单位、建设银行、设计单位、施工单位共同组成会审小组来审核。联合会审形式进度快，质量高。

③ 专门机构审核。这种形式是建设单位委托工程造价咨询事务所，会计事务所，工程监理公司进行审核。专门机构审核形式进度快、质量高。目前普遍采用。

(4) 施工图预算审核的方法

① 全面审核法。这种方法是审核和计算的方法与编制预算的方法和过程一样。这种方法全面、细致、审核质量高，但是工作量太大。

② 重点审核法。这种方法审核工程量大，造价高的定额项目。如钢筋、混凝土、砌体等。这种方法比较常用。

③ 分析对比审核法。这种方法是选择同一地区内建筑标准、建筑结构及用途相近的完工建筑与待审核建筑进行对比审核。这是比较常用的一种方法。

（5）施工图预算审核的内容

① 工程量审核。工程量审核包括计算规则审核、计算单位审核和工程量数值的审核。

② 定额套用审核。包括是否漏项、是否重复套用定额、是否套用定额。

③ 取费标准审核。包括工程类别审核、费率审核、取费基数审核和材料价差和预算外费用的审核。

工程项目施工图预算审核后，报送建设行政主管部门批准，如是企业投资项目可由企业负责人批准，批准后的施工图预算就成为该项目成本控制的基准。

7.7 Project 在工程项目成本管理中的运用

现以某工程项目为例，来说明 Project 在工程项目成本管理的具体运用。某项目资源和成本的相关数据如表 7-3～表 7-7 所示。

表 7-3 某工程项目资源和进度计划表

活动	A	B	C	D	E	F	G	H	I	J	K
持续时间	5	4	10	4	4	6	8	4	3	3	2
劳动力投入/(人/日)	10	5	12	4	9	8	9	12	6	5	3
前置活动	—	A	A	A	B	BC	CD	D	EF	FGH	IJ

表 7-4 工作费率分配表

档次	1	2	3	4
标准费率	20	25	30	35
加班费率	25	30	35	40
生效时间	—	—	—	—

表 7-5 费率分配情况表

档次	1	2	3	4
活动	ABE	CGH	FK	IJ

表 7-6 所需材料资源种类情况

材料名称	单位	单价
钢材	T	3450
红砖	K	0.3
水泥	T	450
木材	M^3	200
沙石	T	35

表 7-7　活动所需材料情况

活动	A	B	C	D	E	F	G	H	I	J	K
钢材			5	该任务以1.5万元外包	6	15	9	5	3		
红砖			500		800	2000	1200		900		
水泥			5		4	25	20		15		
木材			20					35			
沙石			4		15	12			8		

该项目以 Project 2003 为例，进行成本管理操作如下。

1）不受资源约束的项目进度计划编制。用前述项目进度计划编制的操作方法对该项进度进行编制，编制情况见图 7-20。

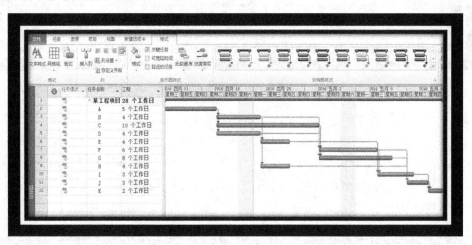

图 7-20　不受资源约束的进度计划

图 7-20 显示完成该项目必须要完成的活动，活动间的逻辑关系和关键路径。

图 7-21 显示了网络图的六大参数。

图 7-21　显示不受资源约束的网络图六大参数

2) 根据题意，在【资源工作表】中输入各种资源的名称、价格。见图 7-22。

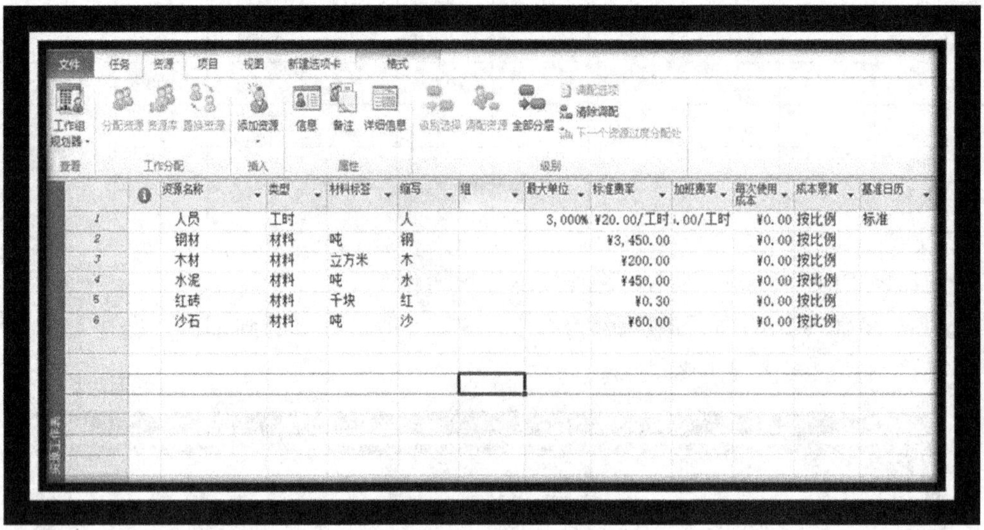

图 7-22　在资源工作表中输入项目所需资源

在【资源工作】表中输入工时资源（人员）后，在菜单【资源】/【资源信息】对话框中输入标准费率和加班费率，该项目人员工资费率分为四个档次。分别点击 A（默认）、B、C、D，在下面的标准费率和加班费率中输入对应的值。然后打开【资源使用状况表】，按照题意，把费率分配给特定任务上的员工，也就是承担不同任务，其工作费率也不同。见图 7-23、图 7-24。

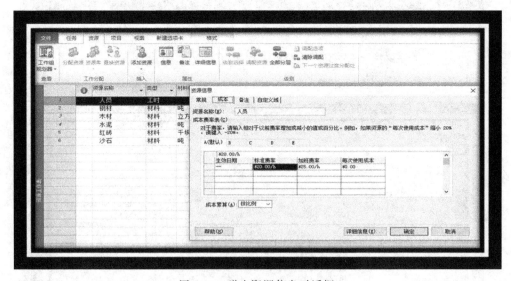

图 7-23　弹出资源信息对话框

如图 7-24 所示，依次将标准费率和加班费率分配给指定的任务，为项目人工成本计算作准备。

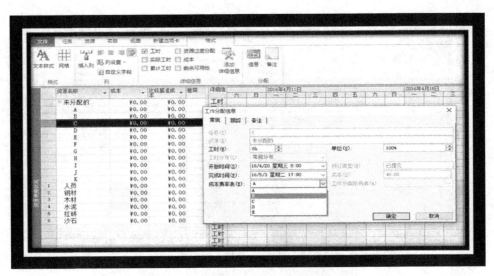

图 7-24 在工作分配信息对话框中分配工作费率

3）在【甘特图】中，输入各类资源和数量。

① 首先显示项目人工成本。见图 7-25。

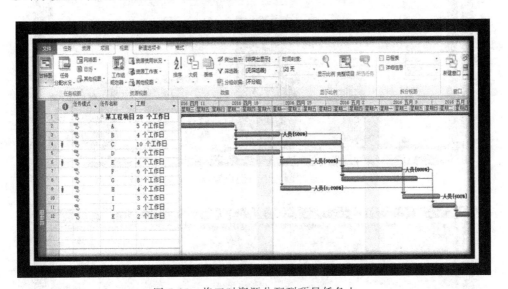

图 7-25 将工时资源分配到项目任务上

将人员数量分配到任务上后，点击【视图】/【表格】/【成本】，就可显示项目人工费用。见图 7-26。

图 7-26 中，显示了各个活动和整个项目的人工成本。下面考虑进行资源是否过度，见图 7-27。

从图 7-27 中可以看出，工时资源分配后，出现了资源过度，现用前面介绍的方法对资源进行调配。为了简化，将项目资源的最大单位调整至"3500%"，也就是将人员数量增加至 35 个，来缓解资源不足。见图 7-28。

图 7-26　显示项目人工成本

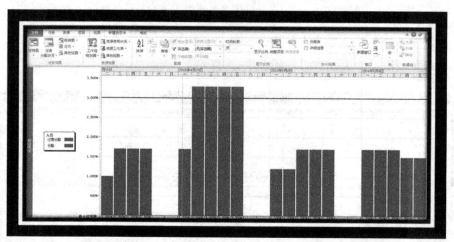

图 7-27　在资源图表中识别资源过度分配的任务

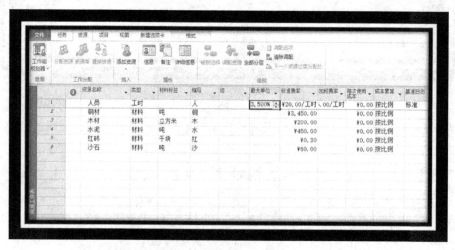

图 7-28　增加项目总工时资源解决资源过度

由图 7-28 可见，将资源最大单位，由“3000％”修改为“3500％”后，资源过度就解决了。下面将项目所需的各种材料资源和数量分配到项目各个任务上去。

② 按照题意，分配材料资源到项目活动上去，了解项目材料成本。见图 7-29。

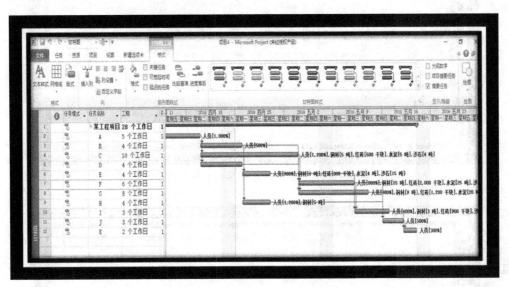

图 7-29　给项目分配材料资料

各种项目所需的资源分配到任务上去以后，可以在【资源使用状况表】中，显示各种资源的使用情况和成本。见图 7-30、图 7-31。

	资源名称	成本	比较基准成本	差异	实际成本	剩余成本	详细信
	− 未分配的	¥0.00	¥0.00	¥0.00	¥0.00	¥0.00	工时
	D	¥0.00	¥0.00	¥0.00	¥0.00	¥0.00	工时
1	− 人员	¥69,280.00	¥0.00	¥69,280.00	¥0.00	¥69,280.00	工时
	A	¥8,000.00	¥0.00	¥8,000.00	¥0.00	¥8,000.00	工时
	B	¥3,200.00	¥0.00	¥3,200.00	¥0.00	¥3,200.00	工时
	C	¥19,200.00	¥0.00	¥19,200.00	¥0.00	¥19,200.00	工时
	E	¥5,760.00	¥0.00	¥5,760.00	¥0.00	¥5,760.00	工时
	F	¥7,680.00	¥0.00	¥7,680.00	¥0.00	¥7,680.00	工时
	G	¥11,520.00	¥0.00	¥11,520.00	¥0.00	¥11,520.00	工时
	H	¥7,680.00	¥0.00	¥7,680.00	¥0.00	¥7,680.00	工时
	I	¥2,880.00	¥0.00	¥2,880.00	¥0.00	¥2,880.00	工时
	J	¥2,400.00	¥0.00	¥2,400.00	¥0.00	¥2,400.00	工时
	K	¥960.00	¥0.00	¥960.00	¥0.00	¥960.00	工时
2	− 钢材	148,350.00	¥0.00	148,350.00	¥0.00	¥148,350.00	工时
	C	¥17,250.00	¥0.00	¥17,250.00	¥0.00	¥17,250.00	工时
	E	¥20,700.00	¥0.00	¥20,700.00	¥0.00	¥20,700.00	工时
	F	¥51,750.00	¥0.00	¥51,750.00	¥0.00	¥51,750.00	工时
	G	¥31,050.00	¥0.00	¥31,050.00	¥0.00	¥31,050.00	工时
	H	¥17,250.00	¥0.00	¥17,250.00	¥0.00	¥17,250.00	工时
	I	¥10,350.00	¥0.00	¥10,350.00	¥0.00	¥10,350.00	工时

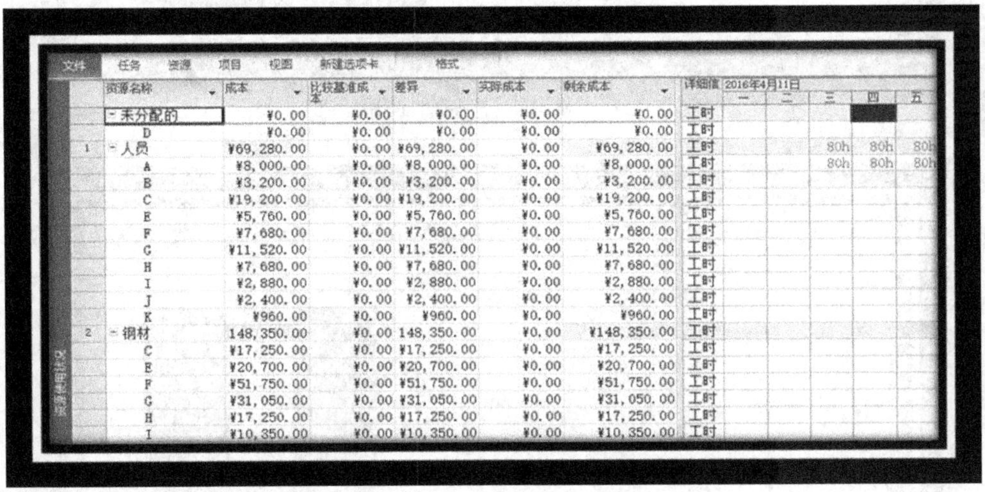

图 7-30　在资源使用状况表中显示资源成本

下面显示项目主材的使用强度。见图 7-32。

图 7-32 中显示了钢材在各个时间段上的使用强度，为钢材采购合同的签订提供了依据。下面看看水泥的使用情况，见图 7-33。

图 7-33 中显示了水泥的使用强度，为该材料的采购合同签订提供了依据。

	资源名称	成本	比较基准成本	差异	实际成本	剩余成本	详细信
3	木材	¥0.00	¥0.00	¥0.00	¥0.00	¥0.00	工时
4	- 水泥	¥24,300.00	¥0.00	¥24,300.00	¥0.00	¥24,300.00	工时
	C	¥2,250.00	¥0.00	¥2,250.00	¥0.00	¥2,250.00	工时
	E	¥1,800.00	¥0.00	¥1,800.00	¥0.00	¥1,800.00	工时
	F	¥11,250.00	¥0.00	¥11,250.00	¥0.00	¥11,250.00	工时
	G	¥9,000.00	¥0.00	¥9,000.00	¥0.00	¥9,000.00	工时
5	- 红砖	¥1,620.00	¥0.00	¥1,620.00	¥0.00	¥1,620.00	工时
	C	¥150.00	¥0.00	¥150.00	¥0.00	¥150.00	工时
	E	¥240.00	¥0.00	¥240.00	¥0.00	¥240.00	工时
	F	¥600.00	¥0.00	¥600.00	¥0.00	¥600.00	工时
	G	¥360.00	¥0.00	¥360.00	¥0.00	¥360.00	工时
	I	¥270.00	¥0.00	¥270.00	¥0.00	¥270.00	工时
6	- 沙石	¥2,340.00	¥0.00	¥2,340.00	¥0.00	¥2,340.00	工时
	C	¥240.00	¥0.00	¥240.00	¥0.00	¥240.00	工时
	E	¥900.00	¥0.00	¥900.00	¥0.00	¥900.00	工时
	F	¥720.00	¥0.00	¥720.00	¥0.00	¥720.00	工时
	I	¥480.00	¥0.00	¥480.00	¥0.00	¥480.00	工时
							工时
							工时

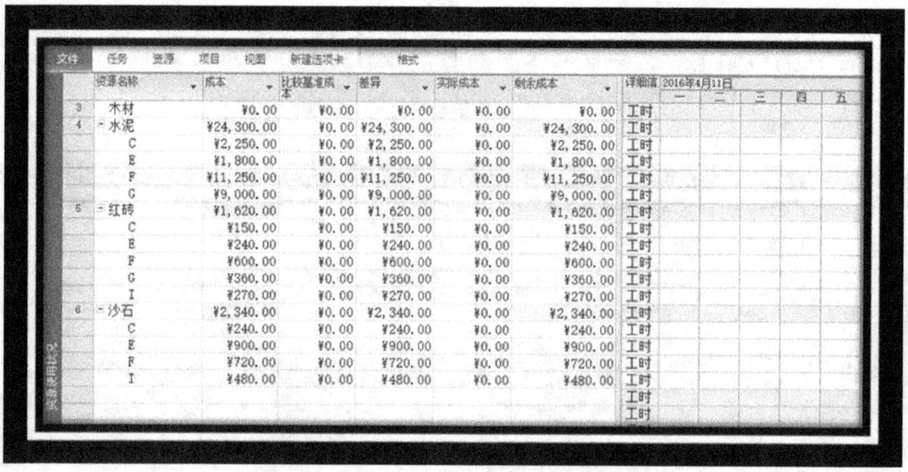

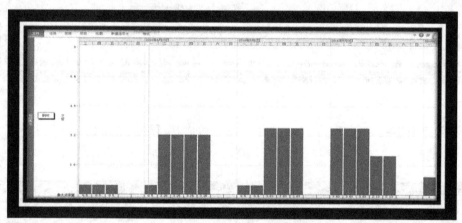

图 7-31 在资源使用状况表中显示资源成本

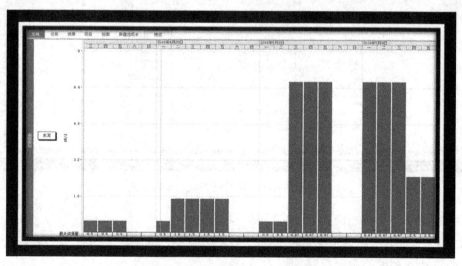

图 7-32 显示主材钢筋的使用情况

图 7-33 显示建筑主材水泥的使用情况

4）查看项目总成本。操作如下。

① 点击菜单【视图】/【表格】/【成本】，见图 7-34。

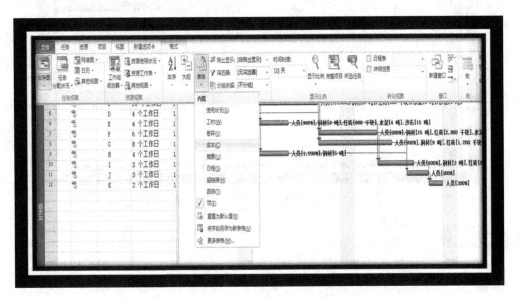

图 7-34　显示项目总成本操作

② 显示项目总成本。见图 7-35。

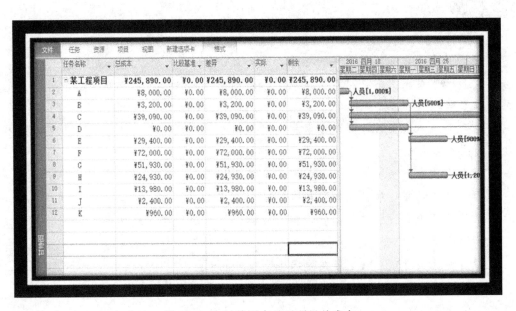

图 7-35　在甘特图中显示项目总成本

图 7-35 中显示了该项目总成本为 "245890.00" 元。因为活动 D，采用的工程外包。因此，直接在活动 D 的总成本中输入 "15000" 元，此时，项目总成本变为 "260890" 元。见图 7-36。

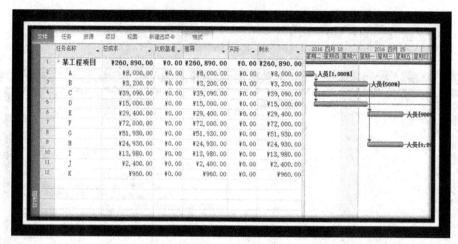

图 7-36　将活动 D 总成本输入后项目的总成本

本章小结

本章主要介绍了项目成本估算；项目成本预算；人工成本计划，包括人工费率、人工费率等级、人工费率分配等；工程项目资源成本的确定；工程项目总成本的确定；施工图预算审批四部分内容，同时也介绍了运用 Project 软件编制成本计划的方法和程序。

思考题

一、判断题

1. 一般情况下，成本估算和成本预算可以采用同样的方法。（　　）
2. 可以无限制使用的资源对项目成本的影响不是很大，所以对这类资源不用进行严格的跟踪管理。（　　）
3. 在项目成本决策时，既要考虑制定更加精细计划所增加的成本，也要考虑这样会减少以后的实施成本。（　　）
4. 意外开支准备金不可以充当成本预算的底线。（　　）
5. 项目成本估算是项目成本预算的基础。（　　）
6. 在由下至上进行成本估算时，相关具体人员考虑到个人或本部门的利益，他们往往会降低估计量。（　　）
7. 项目成本文件中标明了潜在的意外开支准备金。（　　）
8. 当一个项目按照合同进行时，成本估算和报价的意思是一样的。（　　）

二、单选题

1. （　　）通过估算最小任务的成本，再把所有任务的成本向上逐渐加总，从而计算出整个项目的总成本。

　　A. 总分预算估算法　　　　B. 自下而上估算法
　　C. 参数模型估算法　　　　D. 自上而下估算法

2. 下列表述错误的是（　　）。

A. 意外开支准备金有明显的和潜在的两种类型

B. 进行成本估计时，通常将潜在的意外开支准备金作为其中的一部分。

C. 潜在的意外开支准备金，通常在项目成本文件中没有标明

D. 显性的意外开支准备金，通常在项目成本文件中有标明。

3. 大部分项目成本累计曲线呈（　　）形。

A. S　　　　B. L　　　　C. T　　　　D. Y

4. 在一个项目中，需要把成本分配到各阶段，应该（　　）。

A. 准备成本绩效计划

B. 准备详细和精确的成本估计

C. 把项目进度作为成本预算的依据

D. 确定要分配成本的项目组成部分

三、多选题

1. 当采用自下而上估算法来估算项目成本时，下列表述正确的是（　　）。

A. 下层人员会夸大自己负责活动的预算

B. 自下而上估算法估算出来的成本通常在具体任务方面更为精确一些

C. 高层管理人员会按照一定的比例削减下层人员所做的预算

D. 自下而上估算法是一种参与管理型的估算方法

2. 下列关于参数模型估算法的表述正确的是（　　）。

A. 参数模型估算法考虑了所有对成本影响的因素

B. 用来建模的所参考的历史数据应该是很准确的

C. 用来建模的参数容易进行定量化处理

D. 模型对大型项目适用，经过微调后也对小型项目适用

四、简答题

1. 简要说明承包商的工程项目成本计划工作工程。

2. 建设项目全寿命期成本包括哪些内容？

3. 什么是项目的工期—成本抉择模型？如何绘制？

4. 解释成本计划中的"生产能力估算法"并说明确定因子 f 应考虑的因素。

五、操作计算题

某工程项目情况如下，你如何利用 Project 来编制该项目成本计划。

活动	A	B	C	D	E	F	G	H	I	J	K
持续时间	5	4	10	4	4	6	8	4	3	3	2
劳动力投入/(人/日)	8	6	10	4	10	8	9	8	6	5	3
前置活动	—	A	A	A	B	B C	C D	D	E F	F G H	I J

档次	1	2	3	4
标准费率	15	20	25	30
加班费率	20	25	30	35
生效时间	—	—	—	—

档次	1	2	3	4
活动	ABE	CGH	FK	IJ

材料名称	单位	单价
钢材	T	3450
红砖	K	0.3
水泥	T	450
木材	M^3	200
沙石	T	35

活动	A	B	C	D	E	F	G	H	I	J	K
钢材			5	该任务以1.8万元外包	6	15	9	5	3		
红砖			5000		8000	20000	12000		9000		
水泥			5		4	25	20		15		
木材			20					35			
沙石			4		15	12			8		

第 3 篇
工程项目跟踪控制

第 8 章 工程项目进度计划的跟踪控制

教学目标 ▶▶

跟踪进度是通过在计划完成时如实记录项目日程,并将项目中实际日程与估计日程进行比较的一种过程。通过本章的学习,应达到以下学习目标:

(1) 掌握实际进度与进度计划对比的意义;
(2) 熟悉工程项目完成程度分析;
(3) 掌握用 Project 软件进行实际进度与进度计划对比分析;
(4) 掌握中间计划的修改与优化;
(5) 掌握用 Project 软件进行工期索赔分析。

学习要点 ▶▶

知识要点	能力要求	相关知识
进度对比	了解实际进度与进度计划对比的意义	(1)工程活动实际工期和进度的表达 (2)工程项目完成程度分析 (3)用 Project 软件分析项目完成程度
中间计划修改与优化	掌握中间计划的定义	(1)中间计划修改 (2)中间计划优化 (3)用 Project 软件修改、优化中间计划
工期索赔分析	掌握工期索赔定义	用 Project 软件进行工期网络索赔分析

基本概念 ▶▶

进度计划、实际进度、中间计划

8.1 实际进度与进度计划的对比

8.1.1 工程活动的实际工期和进度的表达

工程项目进度控制的对象是各个层次的项目单元,而最低层次的工作包是主要对象,有时工程项目进度控制还要细化到具体的网络计划中的工程活动。有效的进度控制能够准确地在项目参加者的工作岗位上反应信息。

1) 工程项目正式开始后,必须监控工程项目的进度来确保每项活动按照计划进行,并且掌握各项的实际工期信息,如实际开始时间,记录并报告工期受到的影响与其中的原因。

2) 各个工程活动所应当达到的实际状态,也就是项目完成程度和消耗各种资源的数量。在工程项目控制期末对各个工程活动的实施状态、项目完成情况和各项资源的消耗量进行统计。

如一个工程活动已经完成则可表达为:已经完成的进度为"100";没有开始的活动,可以表示为"0%"。但这时必然有许多工程活动已经开始,但还没有完成,为了比较精确地进行进度控制和成本核算,一般按照实物工作量或成本消耗,劳动消耗所占的比例,如按照已经完成的工作量占总计划工作量的比例计算;按照已经消耗工期与计划工期的比例计算,适用于横道图计划与实际工期对比;按照工序分析,要分析该项工序的内容步骤,并定义各个步骤的进度份额。如一项基础混凝土工程,其定义为某项基础混凝土工程工序定义。

表 8-1 某项基础混凝土工程相关数据

步骤	时间/天	工时投入/h	份额	累计进度
放样	1	32	3%	3%
支模	8	400	37%	40%
绑扎钢筋	6	240	22%	62%
隐蔽工程验收	1	0	0	62%
浇筑混凝土	5	350	33%	95%
养护、拆模	6	48	5%	100%
合计	27	1070	100%	

由表 8-1 可见,按工时投入比例,如月底隐蔽工程验收刚结束,则分项工程完成比例为 62%;如混凝土浇筑完成 80%,在该分项工程完成比例为 88%。

按照供需分析定义的好处是可以排除工时投入消耗和初期的低效率等造成的影响,可以较好地反映工程项目进度,如上述某项基础混凝土基础工程,支模已完成,扎钢筋工程量仅仅完成 40%,如绑扎钢筋全部完成则该工程进度为 62%。绑扎钢筋还有 60% 未完成,则该工程进度为:40%+22%×40%=48.8%。

3) 预期完成该工程活动需要的时间或结束日期。在进度控制中,对已经开始但尚未结束的活动,预测完成其剩余工作尚需要的时间比分析其完成程度具有更大的实际意义,常常需要考虑剩余工程量、已经产生的工期延误,后续工期计划安排和后续工作效率等。

8.1.2 工程项目实际工期和进度的表达

用横道图可以清楚地比较实际和计划工期的情况。如某项目情况如下。

表 8-2 某项目计划情况

活动	A	B	C	D	E	F	G	H	I	J	K
持续时间/天	4	4	10	4	4	6	8	4	3	3	2
紧前活动	—	A	A	A	B	B,C	C,D	D	E,F	F,G,H	I,J

选定某一个时间,将项目实际进度与比较基准计划进行对比。

① 工程项目进度计划编制。见图 8-1。

② 将进度计划保存为比较基准。

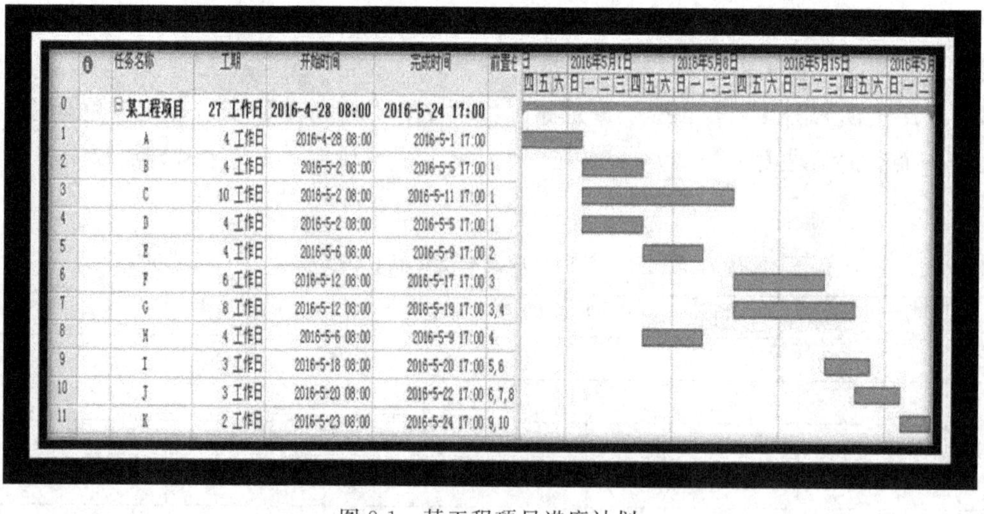

图 8-1 某工程项目进度计划

③ 项目实际进度与比较基准对比,如图 8-2。

该项目假定在 5 月 8 日,对项目进度执行情况进行分析,由图 8-2 可见,活动 C 完成了 70%,活动 E 和活动 H 都完成了 75%,该工程项目总体完成进度为 48%。

图 8-2 中,直观反映了完成时工作实际开始、结束时间和完成程度的情况,显示哪些活动进展符合计划,但工程活动完成程度的对比并不强烈。可以采用图 8-3 的表达方式。该图中,不反映项目活动的实际开始时间和结束时间,仅仅反映与计划对比情况,实际完成的百分比。通过前锋线可以反映工期的拖延或提前,其中,活动 A 已经完成;活动 B

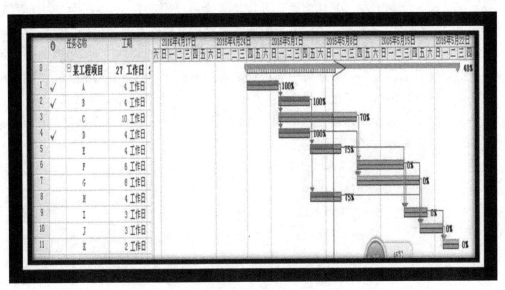

图 8-2　某工程项目进度计划与实际进度对比

已经 4 周，还剩下 1 周，完成了 80%；活动 C 已经进行了 5 周，还剩 5 周；活动 D 进行了 2 周，还剩 2 周；活动 E，进行了 2 周，还剩 2 周；活动 H，进行了 3 周，还剩 1 周。

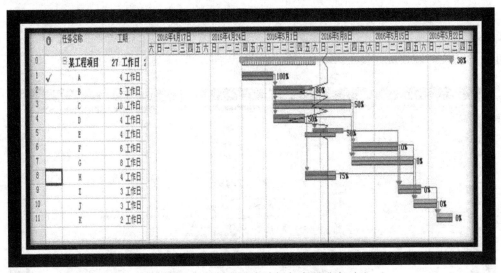

图 8-3　某工程项目进度计划与实际进度对比

从图 8-3 可见，该项目整体滞后，仅仅完成整个项目的 38%。应该采取赶工措施。

8.1.3　工程项目的完成程度分析

在工程项目实施中，工程项目的完成程度是衡量项目执行情况的一个重要指标。不仅仅对工程项目进度控制，对工程项目成本控制也是非常重要的。如无法正确地表达工程项目进度，则不可能有准确的成本分析。

按照统一指标（如工期、劳动力等）进行预算则可以得到各个工程活动的进度情况，最后可以计算工程项目总进度，也就是到前锋线时已经完成的百分比。例如，按照劳动力投入比例，则项目完成程度为：已经投入劳动力工时÷项目计划总工时×100％；按照工期分析，则项目完成程度为：实际总工期÷计划总工期；按照已经完成的工程合同价格的比例：已完工程合同价格÷工程总价格×100％

例如，合同价格为 500 万元，总工期为 28 周，按照原计划到前锋期第 10 周应完成 180 万元，而实际只完成 150 万元。则

工程项目进度＝10÷24＝41.7％

项目计划完成程度＝180÷500＝36％

实际完成程度＝150÷500＝30％

到前锋期完成计划的程度＝150÷180＝83％

8.1.4 工程项目总工期预测

在分析每个工程活动进度的基础上，可以采用关键路径分析的方法确定各项拖延对总工期的影响。各项工程活动网络中所处的位置不同，因此，它们对整个工程拖延的影响也不太相同。

总工期预测属于工期目标偏离分析的工作，是项目进度控制的一个关键职能。通过预测工程项目完成日期，并与目标工期进行比较来发现偏差，并制定纠正措施。Project 软件可以自动预测项目完工的工期，如某工程项目计划如图 8-4 所示。

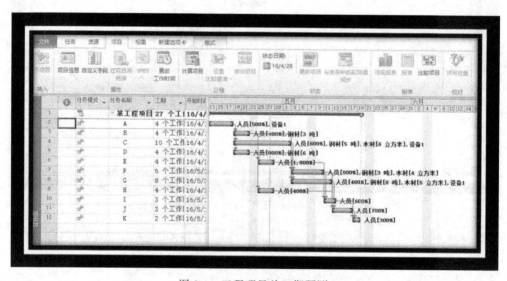

图 8-4　工程项目总工期预测

如活动 A 推迟 2 天完成，活动 B 推迟 3 天完成，活动 C 推迟 1 天完成，活动 E 推迟 0 天，活动 D 推迟 1 天完成，活动 H 推迟 2 天，则该项目的完工工期为多少？

首先将这些数据输入活动中，见图 8-5。

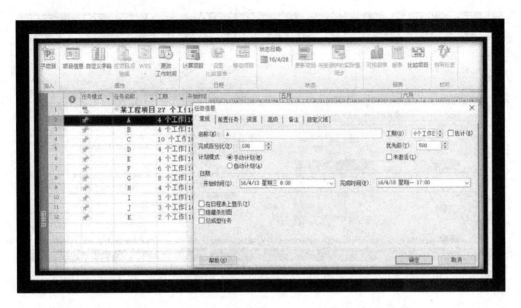

图 8-5　在任务信息框中输入任务完成的实际工期

然后在任务 A 任务信息对话框中,【完成百分比】中输入"100%",工期由"4"改为"6"。结果见图 8-6。

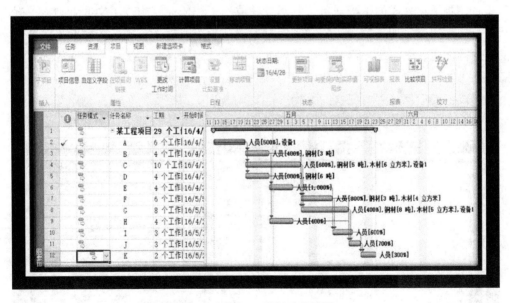

图 8-6　任务 A 更新后的情况

同样,将活动 B、活动 C、活动 D、活动 H 相关数据输入到任务信息对话框中,结果见图 8-7。

由图 8-7 可见,Project 软件能够自动计算项目的完工工期,原来的工期为 27 个工作日,随着项目的实施预测到的完工工期为 30 个工作日。

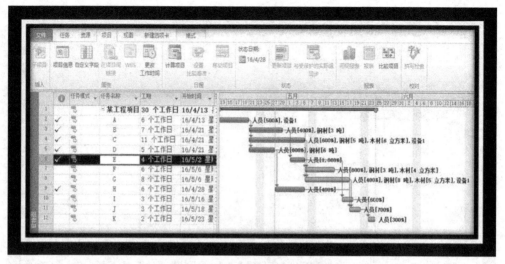

图 8-7　任务更新后的工期预测

8.2　中间计划的修改和优化

在一个工程项目中，存在很多的中间计划。所谓中间计划就是在一个报告期的工程任务完成后，剩下没完成的工程任务。剩下没完成的工程任务就构成了中间计划，一般要对中间计划进行调整，如进度滞后，常常要对后续任务采取赶工措施，根据业主的要求对后续工作进行优化，以满足项目或业主的要求。中间计划的修改和优化与前面的项目计划的调配和优化方法相同。现以某工程项目为例来说明中间计划修改和优化。

(1) 该工程项目计划情况（图 8-8）

由图 8-8 可见该项目计划工期为 27 个工作日。

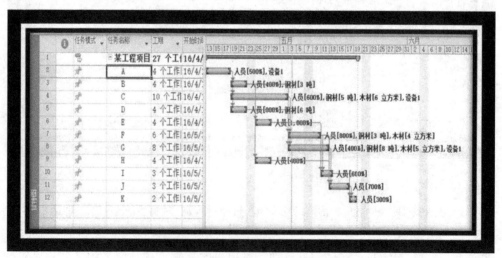

图 8-8　某工程项目计划

(2) 更新项目任务

项目执行情况如下:任务 A 完成时间推迟 1 个工作日,任务 B 按计划完成,任务 C 推迟 2 个工作日,任务 D、E、H 均按计划完成。项目执行情况如图 8-9 所示。

1) 首先选取任务 A 信息对话框,修改任务对话框中的信息,在该对话框中,【完成百分比】中的数据改为"100%",同时将任务信息对话框中的【工期】改为"5 工作日",【计划模式】选择【自动计划】,其他任务信息的更新也可以采取同样的操作,见图 8-9。

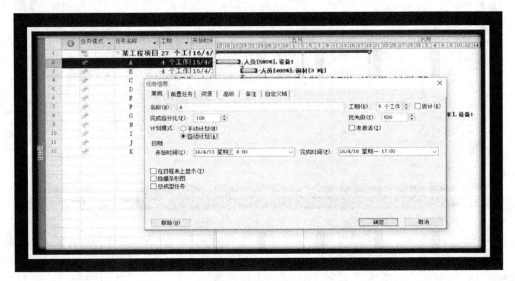

图 8-9　更新项目任务

2) 任务 C 完成时,项目的执行情况见图 8-10。

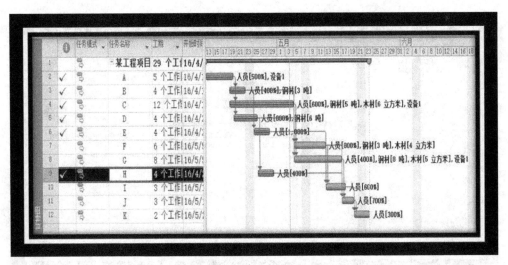

图 8-10　项目任务更新后的情况

由图 8-10 可见,根据项目的执行情况,该工程项目完成时间为 29 个工作日,比计划工期延长了 2 个工作日。一般在工程建设领域,在施工合同中都有提前完工的奖励条款和延迟完工的惩罚条款，如提前 1 天完工奖 1 万元，延迟 1 天完工罚 1 万元。因此，承包单位会设法追赶进度。

3）选择【视图】/【筛选器】选取【未完成的任务】，见图 8-11。

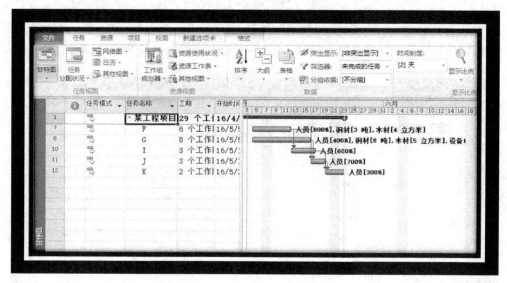

图 8-11　某工程项目中间计划

由图 8-11 可见，在选取【未完成的任务】后，剩下的任务就构成了一个中间计划，根据项目的计划和执行情况，要对项目活动进行修改和优化，使其按原计划完工，对工期的调整主要是调整未完工的关键任务。因此，首先要显示中间计划的关键活动，操作如下：选取【格式】/【关键任务】，见图 8-12。

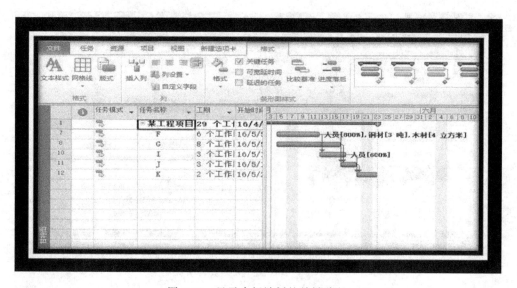

图 8-12　显示中间计划的关键路径

由图 8-12 可见，任务 G、任务 J、任务 K 均是关键活动，根据项目计划，采取将关键任务 G 和关键任务 J，各缩短 1 个工作日。首先修改和优化活动 G。操作如下：【视图】/【详细信息】/【任务窗体】，见图 8-13。

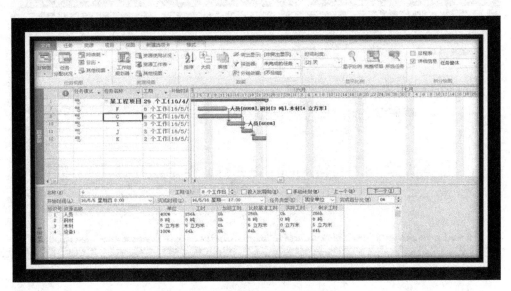

图 8-13　显示带任务窗体的甘特图

根据【任务窗体】提供的信息，该任务总工时为 256 个工时，如果该任务完成时间为 7 天，则在正常情况下，完成的总工时为：4×8×7＝224（工时），剩下的 256－224＝32（工时），即加班工时为 32 工时，下面的操作如下：选取【投入比向导】，【任务类型】选为【固定工时】。见图 8-14。

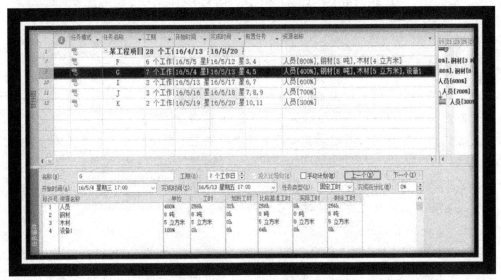

图 8-14　设置任务类型

由图 8-14 可见，关键活动 G 采取加班赶工措施后，整个项目的完工工期变为 28 个工作日，比项目的实际执行情况缩短了 1 天。同样，对关键活动 J 进行优化来缩短该关键任务的持续时间,即 3 个工作日,变为 2 个工作日。见图 8-15。

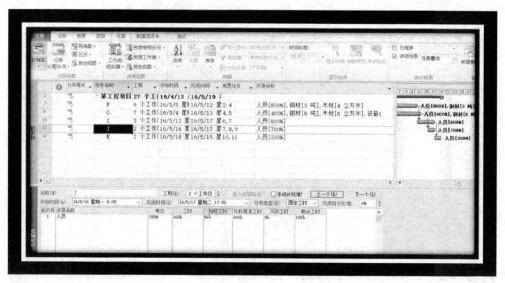

图 8-15 压缩关键任务优化项目工期

由图 8-15 可见,关键任务 J,需加班 56 个工时,活动持续时间缩短一个工作日,整个项目的工期为 27 个工作日,与原项目的计划工期一致。至此,就完成了该项目的中间计划的修改与优化。

8.3 工程项目进度延误原因分析与解决措施

8.3.1 工程项目进度拖延原因分析

工程项目拖延是工程项目实施过程中经常发生的现象,各个层次的工程活动各个项目阶段都可能产生延误。工程项目管理者应按照预定的项目计划定期评审实施进度情况,分析并确定项目进度拖延的根本原因。项目进度拖延的原因是多方面的,常见的有以下几个方面。

(1) 工期及相关计划的失误

人们在制定计划时往往将持续时间安排得过于乐观。

1) 计划时遗忘了部分必需的功能或工作。

2) 计划值不足,如计划工程量、计划工期。

3) 资源投入不足,如项目计划时没有顾及资源的限制或缺陷,没有考虑工作的难度。

4) 在工程项目实施过程中,出现了没有预测到的风险,未能使工程实施达到预定的效果。

5) 建设单位(业主)在项目一开始提出的工期要求太紧,使得承包单位工期太紧,无法完成计划。

(2) 工程项目环境的变化

1) 外界对项目新的要求或限制，周边居民抗议造成项目的干扰甚至中断。

2) 没有预料到的地质条件，不利的施工环境造成对工程实施过程的干扰。

3) 发生不可抗力事件。不可抗力事件是指作为一个有经验的承包商无法预见、无法克服、并且无法将责任推卸给第三方的事件。如地震、动乱等。

(3) 项目实施管理过程中的失误

1) 项目计划部门与实施者之间、总分包商之间、业主与承包商之间缺少必要的沟通。

2) 工程项目实施者缺少工期意识，例如业主拖延图纸的供应和批准，任务下达时缺少说明和没有落实责任，导致项目工期的拖延。

3) 工程项目参加单位对各个活动之间的逻辑关系没有清楚地了解，下达任务时也没有做详细的解释，同时对活动的必要的前提条件准备不足，各个单位之间缺少协调和信息沟通，许多工作脱节，资源供应出现问题，导致项目实施中断。

4) 由于其他方面没有完成项目计划造成拖延，例如设计单位没有按照设计合同的约定时间提交设计成果、材料设备供应商没有按照供应合同要求按时将材料设备运到指定地点、上级主管机关没有按时审批相关申请、业主没有按时处理承包单位提出的索赔要求等。

5) 承包商没有集中力量施工，材料供应拖延、资金不足、工期控制工作没做到位。这种情况一般是承包商同期工程过多，施工力量不足导致的。

6) 业主没有集中供应资金，拖欠工程款，或业主负责采购的材料、设备供应不到位。

7) 设计变更、质量问题的返工、实施方案的修改等，导致的工期延误。

8.3.2 解决进度拖延问题的措施

(1) 基本策略

对已经产生的进度拖延，可以采取如下基本策略。

1) 采取积极措施赶工，调整后期计划，来弥补已经产生的拖延。

2) 没有采取针对性措施，在目前项目进度的基础上，仍然按照原计划安排后续工作。通常情况下，拖延的影响会越来越大。有时刚开始仅仅一两周的拖延，到最后会导致数月拖延。这是一种消极的办法，最终导致工期目标和经济效益，如拖延工期罚款，因不能及时投产无法实现预期收益等。

(2) 项目工期压缩

最早工程项目实践中，项目工期压缩一般在以下情况下发生：

1) 在项目计划阶段，当项目计划总工期大于限定总工期，或计算机网络分析结果出现负时差的情况下，必须进行计划的调整，压缩关键路径的工期。

2) 在项目实施阶段，出现项目工期拖延情况。按照拖延责任不同又分为以下两种。

① 由于承包商责任造成工期的拖延，责任人有责任采用赶工措施，使得工程按照原计划竣工。

② 由于业主责任，或业主应该承担的风险，或不可抗力导致工程延误，业主目标的变化，在工程项目实施过程中要求工程提前竣工，则必须采取措施压缩项目工期。

3) 工程按计划进行，但建筑市场发生变化，或者业主目标变化，在项目实施中要求工程提前竣工，则必须采取措施压缩工期。

8.3.3 可以采取的赶工措施

出现上述情况，都必须进行工期计划的调整，压缩关键路径的工期。

与在计划阶段压缩工期一样，解决进度拖延有很多方法，在以往的讨论和实际工作中，都将重点集中在时间问题上，这是不妥当的。很多措施常常没有效果，最典型的是增加成本，引起现场混乱、质量降低和安全事故等问题。因而，管理者有必要做出周密考虑和权衡，将它作为一个新的计划过程来考虑，必须明确对项目成本预算、资源使用和工程质量等可能产生的影响。

从工程项目总体看，应该选择有效和可以实现的，并且是节约成本的，对项目的实施和对承包商、设备材料供应商等影响比较小的赶工方案。在工程实际中经常采用以下赶工措施：

1) 增加资源投入，如增加劳动力、材料、设备的投入量来缩短关键活动的持续时间，这是最常用的办法。这种办法会带来一些问题，造成费用的增加，造成资源使用效率的降低，加剧资源供应的困难。

2) 重新分配资源和进行劳动组合。如在允许的条件下，减少非关键路径活动资源的投入强度，而将这些资源集中到关键路径上，确保关键路径上关键活动的顺利完成。非关键路径上的活动在其时差范围内适当延长不影响项目的总工期，而关键路径上由于增加了投入，缩短了持续时间，从而缩短了总工期。

3) 采用多班制施工，或延长工作时间。在采用这种措施时，要确保劳动效率不受影响，不影响白天的正常工作为前提。

4) 减少工作范围，减少工作量或删除一些分项工程。

5) 通过对员工培训，或者提高装备的技术水平，优化工序，来提供劳动生产效率。

6) 将原计划由自己承担的某些分项工程分包出去，将原计划由自己生产的构件改为外购。

7) 改变网络计划中各工序的逻辑关系。

① 将正常情况下前后顺序工作改为平行工作。

② 流水作业能够很明显地缩短工期，所以应尽量采用流水施工的方法。

③ 各工序间合理搭接，如采用-2天的搭接，则比不搭接，即 FTS＝0，节约2天时间。见图8-16。

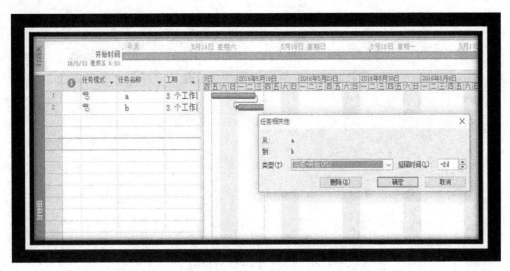

图 8-16　改变工序间的逻辑关系来压缩项目工期

8）修改实施方案，采用技术措施，如将占用工期时间长的现场制造方案改为场外预制，场内拼装。

9）将一些工序合并，特别是在关键路径上按先后顺序实施的工序合并，通过局部调整实施过程和人力、物力的分配，达到缩短工期的目的。

8.3.4　压缩对象的合理选择

压缩对象，也就是被压缩的工序选择，是工期压缩的又一个复杂问题。当然，只有直接压缩关键路径上工序的持续时间，才能压缩总工期。在很多计算机网络分析程序中，实现由项目管理者定义工程活动的优先级别，计算机再按照优先级别顺序压缩工期。

压缩对象的选择（活动优先级别的定义），一般考虑如下因素。

① 一般首先选择持续时间较长的活动。

② 选择压缩成本低的活动。

③ 压缩所引起资源的变化，如资源的增加量，必须增加资源种类、范围、可获得性。尽量不要造成大型设备数量的变化，不要增加难以采购的材料，而且不要造成对计划过大的修改。

④ 可压缩性。无论是某个工程项目的总工期，还是一个活动的持续时间都存在可压缩性或者工期弹性问题。在不缩小工程项目范围的情况下，有些活动由于技术规范要求，资源限制，法律的限制，是不可压缩的，或者经过压缩后慢慢地变成不可压缩的，该工作的工期弹性越来越小，接近最短工期限制。

⑤ 考虑到其他方面的影响。如在工程中选择压缩对象时，经常会遇到在网络中选择前期活动还是后期活动的问题。

8.3.5 实际赶工应注意的问题

在实际工作中,人们常常采取了许多事先认为有效的措施,结果实际效果不佳,常常达不到压缩前期活动;而在项目实施过程中尽量考虑压缩后期活动,以减少影响面。

① 这些计划常常是不周全的。

② 缺少沟通协调,没有将加速的要求、措施、新的计划以及可能引起的问题都通知项目各方。

③ 人们对此前造成拖延问题的影响认识不清。例如由于外界干扰,到目前为止已经造成 2 周的延误,实际上这些影响还会继续扩大。

8.4 工期索赔

工程索赔是当事人在合同实施中,根据法律、合同规定及惯例,对并非自己过错,而是属于应由合同对方承担责任的情况造成,而且实际已经发生了损失,向对方提出给予补偿的要求。索赔事件的发生,可以是一定行为造成,也可以由不可抗力引起;可以是合同当事人一方引起,也可以是任何第三方行为引起。索赔的性质属于经济补偿行为,是合同一方的一种"权利"要求,而不是惩罚。

8.4.1 工期索赔的目的

在工程施工中,常常会发生一些未能预见的干扰事件,使得施工不能顺利进行。工期延长意味着工程成本的增加,对合同双方都会造成损失:业主会因为工程不能及时投入使用而不能实现预计投资目的,减少盈利,同时会增加各种管理费的开支;承包商则会因为工期延长而增加支付工人工资、施工机械使用费、工地管理费以及其他一些费用,如果超出工期,最终可能还要支付合同规定的拖期违约金。因此,承包商进行工期索赔的目的,一个是弥补工期拖延造成的费用损失,另一个是免去自己对已经形成的工期延误的合同责任,使得自己不必支付或者尽可能少支付工期延长的违约金。

8.4.2 工期索赔原因分析

造成工期索赔的原因,主要有如下几个方面。

(1) 业主方面的原因

这里也包括由于工程师的原因造成的工期延误,如修改设计,工程变更,提前占用部分工程。

(2) 客观方面的原因

这些客观的原因无论是业主还是承包商都是无力改变的,如不可抗力事件。

1) 可原谅的拖期。

对于承包商来说，可原谅的拖期是指不是由于承包商的责任造成的工期拖延，一般下列情况属于可原谅的拖期。

① 业主未能按照合同规定的时间向承包商提供施工现场或施工道路。
② 工程师未能按照合同规定的施工进度提供施工图或发出必要的指令。
③ 施工中遇到了不可预见的不利的自然条件。
④ 业主要求暂停施工或由于业主的原因造成的暂停施工。
⑤ 业主和工程师发出工程变更指令，而该指令所述的工程师超出合同范围的工作。
⑥ 由于业主风险或者不可抗力引起工期延误或者工程损失。
⑦ 由于业主过多干涉施工进展，使得施工受到了干扰。

对于可原谅的拖期，如果责任是业主或者工程师，则承包商不仅可以顺延工期，还可以得到相应的经济补偿，这种拖期被称为"可原谅可补偿的拖期"；如果拖期的责任不是业主或者工程师，而是由于客观原因造成的，则承包商可以得到工期延长，但不能得到经济补偿，这种拖期被称为"可原谅不补偿的拖期"。

2) 不可原谅的拖期。

如工期拖延的责任是承包商，而不是业主方面或者客观的原因，则承包商不但不能得到工期的延长和经济补偿，这种延误造成的损失全部归承包商承担。承包商还要选择或者采取赶工措施，增加施工力量，延长工作时间，把延误的工期抢回来；如果任其拖延，则需要承担延期赔偿。

8.4.3 延误的有效期

在实际施工中，单一的原因造成的索赔是很少见的，经常是几种原因同时发生，交错影响，形成所谓的"共同延误"。这种情况要确定延误的责任是比较复杂的，需要具体分析哪一种情况的延误是有效的，承包商可以得到工期顺延，或者还可以同时得到经济补偿。

(1) 确定初始延误

确定初始延误就是在共同延误的情况下判断那种原因是最先发生的，找出初始延误责任人，在初始延误发生作用的期间，不考虑其他延误造成的影响。这时候主要按照初始确定导致延误的责任人。

(2) 初始延误者为业主

如初始延误者是业主或者工程师，在该影响持续期内，如果这个延误在关键路径上，则承包商不仅可以得到相应的工期延长，还可以得到相应经济补偿；如果不在关键路径上，而该线路又有足够的时差可以利用，则承包商不能得到工期延长。如果在非关键路径上，但是线路时差不够用，要经过重新计算，确定合理的工期延长的天数。

(3) 初始延误属于客观原因

如果工期拖延的原因既不是业主，也不是承包商，而是承包商，而且是客观原因时，承包商可以得到工期的延长，但不能得到经济补偿。

8.4.4 工期延误的原因分析

索赔事项对工期的影响有多大，工期延长的索赔值有多少天，一般可以通过对网络计划的分析来确定。

工程的进展是按照原定的网络计划进行。当发生干扰事件后，网络中的某些施工过程会受到干扰，如持续时间延长，施工过程间逻辑关系会发生变化，有新增加的工作等。把这些影响放入原计划中，重新进行网络分析，可以得到一个新的网络工期。新工期与原工期之间的差就是干扰事件对总工期的影响，也就是承包商要求索赔的工期值。

如新的网络计划，得到业主的批准，相应的工期延长得到工程师的同意，则此网络计划成为新的实施计划，再遇到新的干扰事件对工期造成影响，则在新的网络计划基础上重新进行分析，提出新的工期索赔要求。

(1) 工期拖延的影响

在工程项目实施过程中，业主有时会不能按时提供设计图纸、建筑场地等，这些拖延都会造成工程项目推迟或者暂时中断，影响整个工期。

(2) 工程量增加的影响

在工程项目实施过程中，如果工程量超过合同中工程量表中的工程量，承包商为完成工程就要花费更多时间。通常合同里如果约定，承包商应该承担一定范围的工程量增加导致的风险。超过这个范围，承包商可以按照工程量增加的情况要求工期相应顺延。

(3) 新增工程的影响

无论是附加工程还是额外工程，都可能要在网络中加进一个工作，这导致整个网络计划时间的变化，如果是在非关键路径上，对整个项目的工期不会产生影响；如果在关键路径上，必然导致整个项目计算工期的延长。

(4) 业主指令变更施工顺序的影响

业主指令变更顺序会改变网络中原来的逻辑关系，对项目网络计划工期产生影响。因此，有必要对网络计划进行调整，通过对新旧网络计划的比较来确定对实际工期的影响。

(5) 由于业主原因的暂停施工、返工和窝工的影响

业主原因的暂停施工，可以按照工程师的指示和实际工程记录确定工期的延长，也要按照实际记录，通过网络分析确定对工期的实际影响量作为工期索赔的依据。

(6) 业主风险和不可抗力的影响

如果由于受到业主风险和不可抗力的影响导致施工现场的全面停工，则可以按照工程师填写或签认的实际现场的记录，要求延长工期。如果某些分项工程受到影响，则要通过网络分析确定影响的承担。

8.4.5 工期索赔的网络分析

网络分析法是进行工期分析的主要方法，适用于各种干扰事件的工期索赔，并可以利用计算机软件进行网络分析和计算。网络分析就是通过分析干扰事件发生前后的网络计划，对比两种情况下工期计算来确定工期索赔值，是一种科学合理的分析方法。现结合案例来说明网络分析法的计算过程。

【案例 1】 工期延误索赔的网络分析

某业主甲与某承包商乙订立了某工程项目施工合同，同时与某降水公司丙订立了工程降水合同。双方合同规定采用单价合同，每一分项工程的实际工程量增加或减少超过招标文件中的工程量的 10% 以上时调整单价；工作 B、E、G 使用的施工机械以台为己方自备，台班费 400 元/台班，台班折旧费为 50 元/台班。施工开始以前承包商提交了网络计划图并得到工程师批准。合同双方约定 8 月 15 日开工。施工过程中发生如下事件。

① 降水方案错误导致工作 D 推迟 2 天；

② 因涉及变更、工作 E 工程量由招标文件中的 $300m^3$ 增加到 $350m^3$；

③ 在工作 D、E 完成后，甲方指令增加一项临时工作 K，经核准完成该工作需要一天时间。

对上述事件进行分析，可以知道，事件①是由于丙方的错误导致乙方工作 D 推迟，在甲方和乙方的合同中是属于甲方的责任。事件②和事件③是甲方的变更，所以三个事件乙方都有索赔权。那么乙方到底能够得到多少天的工期索赔呢？

现通过网络分析法来进行计算。

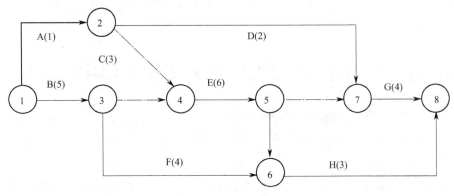

图 8-17 初始网络图

首先，通过网络计算图图 8-17 对原方案的工期进行计算，见图 8-18。

由图 8-18 可见原计划工期为 15 天，关键路径为 1-3-4-5-7-8。

将项目实施过程中产生的延误代入网络图中，就得到图 8-19 的网络图。

经过网络分析可以知道，调整后的工期为 17 天，关键路径是 1-3-4-5-7-8-9。工期延长索赔值为 17－15＝2 天。工作 D 在非关键路径上，虽然工期延长为 2 天，但是对总工

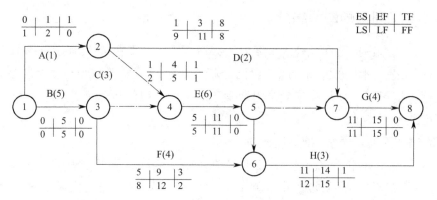

图 8-18 初始网络图的参数计算

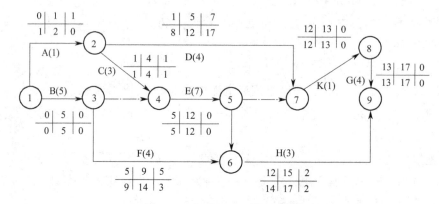

图 8-19 调整后的网络计算图

期无影响。工作 E 和工作 K 都在关键路径上，工期的增加直接影响总工期。

8.5 Project 在进度控制和工期索赔中的运用

Project 为工程项目进度控制和工期索赔提供了快捷、便利的工具。现以上述案例为例，利用 Project 来说明工期索赔的操作。该索赔的步骤如下。

(1) 工程项目进度计划的编制

根据上述案例中工程活动间的逻辑关系和工程活动的持续时间，编制进度计划如图 8-20。

由图 8-20 可见，该项目计算工期为 15 个工作日。

(2) 显示双方号网络图的六大参数。步骤如下。

1) 选取【视图】/【数据】/【表格】/【日程】，将【任务模式】选取为【自动计划】，见图 8-21。

2) 点击【日程】，就可显示双代号网络图的六大参数，见图 8-22。

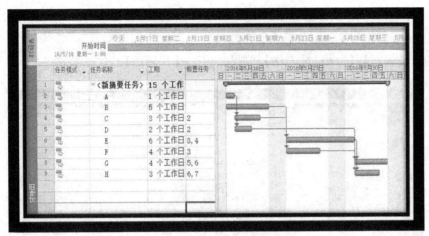

图 8-20 某工程项目横道图

图 8-21 显示双代号图六大参数操作

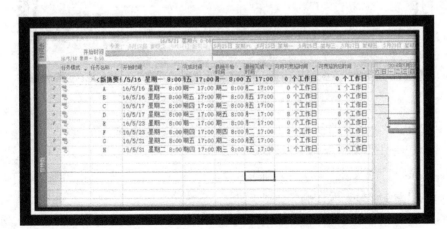

图 8-22 显示某工程项目双代号图六大参数

图 8-22 中,"可用可宽延时间"是指"自由时差",即 FF;"可宽延总时差"是指"工作总时差",即 TF。

3)选取【视图】/【数据】/【表格】/【项】,返回【甘特图】,见图 8-23。

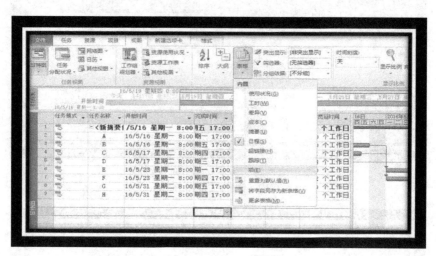

图 8-23 返回甘特图操作

(3)显示关键路径

操作:【格式】/【关键任务】,见图 8-24。

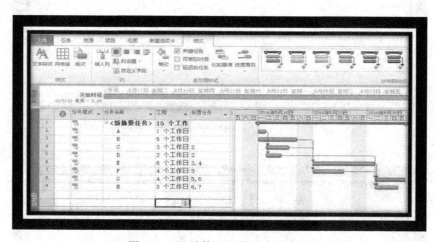

图 8-24 显示某工程项目关键路径

由图 8-24 可见,关键路径为 B-E-G 三个工程活动组成该项目的关键路径。

(4)将项目实际执行的数据代入

根据项目执行情况,活动 D 持续时间由 2 天延长至 4 天,活动 E 由 6 天延长至 7 天;增加活动 K 持续时间为 1 天。操作步骤如下。

1)将实际工期输入相应任务的【工期】中,将增加的活动 K 添加到网络中,见图 8-25。

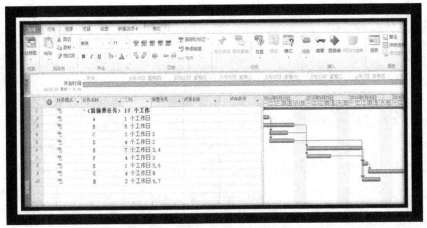

图 8-25　在网络结构中添加活动 K

2) 显示双代号图的 6 大参数，见图 8-26。

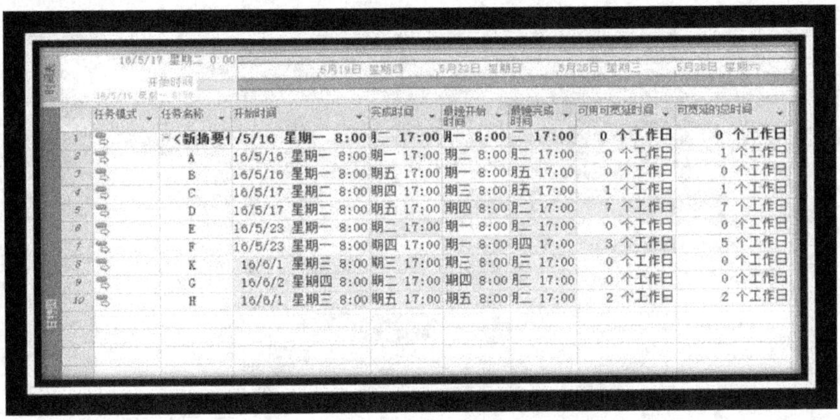

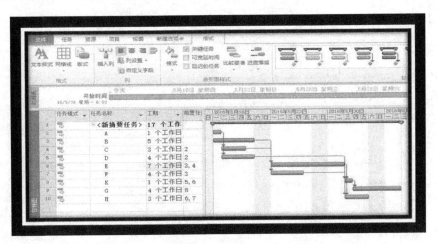

图 8-26　添加活动 K 后 6 大参数的变化

3) 显示项目网络进度计划的关键路径，见图 8-27。

图 8-27　添加活动 K 后的关键路径

由图 8-27 可见，工程活动 B、E、K、G 四个活动组成该项目网络的关键路径。工期延长索赔值为 2 天。

【**案例 2**】 某工程项目的工程活动逻辑关系见表 8-3，总工期为 32 周，实施工程发生了延误。活动 C 由原来的 6 周延长到 7 周，活动 E 由原来的 4 周延长到 5 周，活动 F 由原来的 5 周延长到 9 周，活动 I 经过赶工后由原来的 3 周缩短为 2 周。其中活动 C 和活动 F 的延误是因承包人自身原因造成的，其余均由非承包人责任造成。试分析承包商能否向建设方进行索赔，承包商是否要承担工期延误的责任（假定该工程合同价为 4000 万，日拖延赔偿额为合同价的 0.1%，最高赔偿总额不超过合同价的 15%）。

表 8-3 项目进度安排表

活动	A	B	C	D	E	F	G	H	I	J
活动持续时间/周	5	8	6	2	4	5	1	7	3	8
前置活动	—	A	A	B	B	C、D	E	E	F、G	H、I

结合该案例，我们尝试着用 Project 软件来完成这项索赔工作。具体操作如下。

1) 编制项目进度计划，见图 8-28。

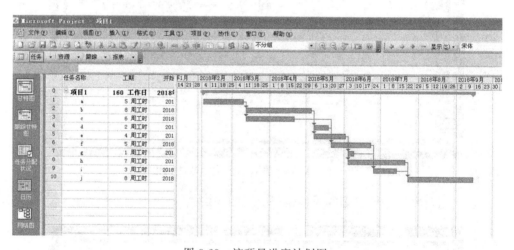

图 8-28 该项目进度计划图

2) 保存比较基准，见图 8-29。

3) 项目的进度跟踪

① 首先分析非承包商责任的工期延误，活动 E 由 4 周延长至 5 周，见图 8-30 和图 8-31。

从 8-31 可以看出活动 E 是关键路径上的关键活动，活动 E 由 4 周延长至 5 周，导致项目工期延长 1 周。这是非承包商责任导致的。

② 承包商责任分析，见图 8-32 和图 8-33。

从图 8-31 和图 8-33 分析，整个项目工期由 160 个工作日（32 周）延长至 170 个工作日（34 周），非承包商责任导致网络工期延长 1 周，因此承包商承担工期延长 1 周的责

第 8 章
工程项目进度计划的跟踪控制

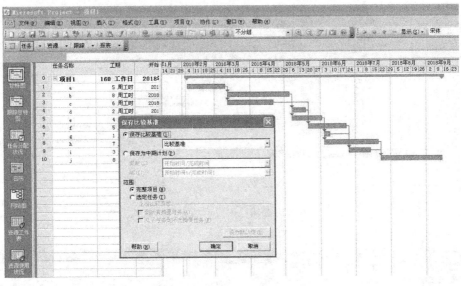

图 8-29 保存比较基准计划图

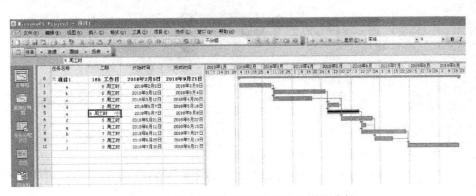

图 8-30 活动 E 延误对网络工期的影响分析

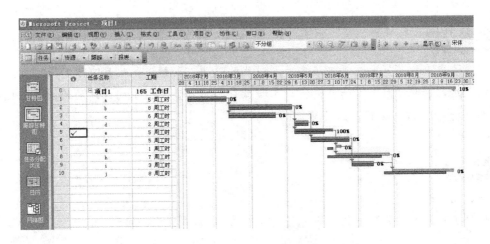

图 8-31 活动 E 对项目工期影响的效果图

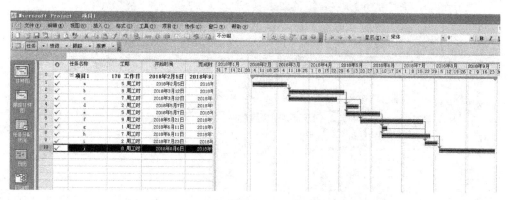

图 8-32 承包商责任延误对网络工期的影响分析

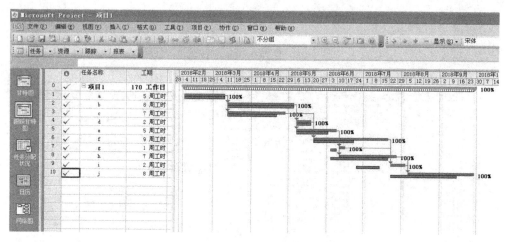

图 8-33 承包商责任对项目工期影响的效果图

任。承包商日拖延赔偿额为 4×5＝20 万元。

本章小结

本章主要介绍了实际进度与进度计划对比的意义，包括工程项目（活动）实际工期与进度的表达，工程项目完成情况分析，工程项目总工期预测；中间计划的修改与优化；工期索赔分析；Project 软件在这些方面的运用。

思考题

一、简答题

1. "工期"和"进度"的联系与区别。
2. 哪些原因导致工程项目工期拖延？
3. 解决工期拖延有哪些主要措施？

4. 试进行如下事件的工期索赔网络分析。

二、操作计算题

某业主与某承包商订立了某工程项目施工合同，同时与某降水公司订立了工程降水合同。双方合同规定采用单价合同，每一分项工程的实际工程量增加或减少超过招标文件中的工程量的10%以上时调整单价；工作B、E、G使用的施工机械一台为己方自备，台班费450元/台班，台班折旧费为60元/台班。施工开始以前承包商提交了网络计划图（图8-34）并得到工程师批准。合同双方约定8月15日开工。施工过程中发生如下事件。

① 降水方案错误导致工作D推迟3天；
② 因涉及变更、工作E工程量由招标文件中的400m³增加到450m³；
③ 在工作D、E完成后，甲方指令增加一项临时工作K，经核准完成该工作需要2天时间。

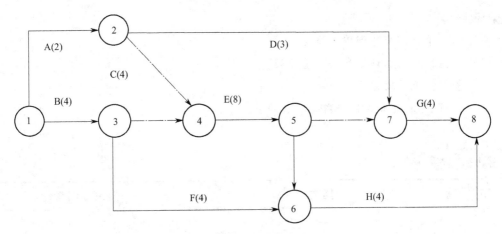

图8-34 初始网络图

试分析承包商到底能够得到多少天的工期索赔？

第 9 章
工程项目成本计划的跟踪控制

教学目标 ▶▶

通过本章学习,应达到以下目标:
(1) 掌握工程成本计划控制的重要性;
(2) 掌握挣值管理方法;
(3) 利用 Project 软件进行挣值管理分析。

学习要点 ▶▶

知识要点	能力要求	相关知识
成本控制	掌握成本控制定义	(1)成本控制重点 (2)成本控制时间区段划分 (3)成本控制的主要工作 (4)实际成本核算
挣值管理	掌握挣值管理方法	(1)三个关键中间变量 (2)两个差异分析变量 (3)两个指数变量 (4)两个预测变量 (5)项目成本预测的方法

基本概念 ▶▶

项目成本控制、挣值管理

9.1 项目成本控制概述

9.1.1 项目成本控制定义

项目成本控制（Project Cost Control）是按照事先确定的项目成本预算基准计划，通过运用多种恰当的方法，对项目实施过程中所消耗的成本费用的适用情况进行管理控制，以确保项目的实际成本限定在项目成本预算范围内的过程。

项目成本控制事实上是对项目成本的管理，其主要目的是对造成实际成本与成本基准计划发生偏差的因素施加影响，保证其向有利的方向发展，同时对与成本基准计划已经发生偏差和正在发生偏差的各项成本进行管理，以保证项目的顺利进行，项目成本控制主要包括如下方面的内容。

① 检查成本实际执行情况。
② 发现实际成本与计划成本的偏差。
③ 确保所有正确的、合理地、已经核准的变更都包括在项目成本基准计划中，并把变更后的项目成本基准计划通知相关的项目干系人。
④ 分析成本绩效从而确定需要采取纠正措施的活动，并且决定要采取哪些有效的纠正措施。

项目成本控制的过程必须和项目的其他控制过程紧密结合，防止单纯控制项目成本而出现项目范围、决定、质量等方面的问题。

有效的成本控制的关键是及时分析成本的绩效，尽早发现成本无效和出现偏差的原因，以便在项目成本失控之前能够及时采取纠正措施。项目成本一旦失控，要想在项目成本预算的范围内完成项目就变得非常困难。

项目成本控制的主要工作如表 9-1 所示。

表 9-1 项目成本控制的主要工作

依据	工具和方法	结果
成本基准计划	偏差分析法（挣值分析）	成本估算的修正
成本管理计划	费用变更控制法	成本预算的修改
执行情况报告	补充计划编制法	纠正措施
变更申请		完成项目所需成本估计
		经验教训

9.1.2 项目成本控制的作用

项目成本控制的作用主要在于：
① 有助于提高项目的成本管理水平；

② 有助于项目团队发现更为有效的项目建设方法，从而可以降低项目的成本；
③ 有助于项目管理人员加强经济核算，提高经济效益。

9.1.3　项目成本控制的依据

(1) 成本基准计划

项目成本基准计划将项目的成本预算与进度预算联系起来，可以用来测量和监督成本的实际情况，也是进行项目成本控制最基础的依据。

(2) 成本管理计划

项目成本管理计划提供了如何对项目成本进行事前控制的计划和安排，是确保在预算范围内实现项目目标的指导性文件。

(3) 执行情况报告

执行情况报告提供了项目实施过程中有关成本方面的信息，它的主要内容反映了项目各个阶段和各项活动是超过了预算还是仍在预算范围内。另外，执行情况报告还可以提醒项目管理人员将来可能会发生问题的事项。

(4) 变更申请

变更申请是项目的相关干系人以不同的形式提出有关更改项目工作内容和成本的请求，也可能是要求增加预算或减少预算的请求。

9.2　实际成本与预算的对比

9.2.1　工程项目成本计划控制的重要性

工程项目成本控制是指通过控制手段，在达到预定工程功能和工期目标的同时优化成本开支，将工程项目总成本控制在预算范围内。工程项目成本控制不仅在整个工程项目管理中，而且在整个企业管理中都有着重要的地位，人们追求企业和项目的经济效益，项目的经济效益一般通过盈利的最大化和项目成本的最小化来实现。尤其当承包单位通过投标竞争取得工程，签订承包合同，同时确定了合同价格，承包单位的工程经济目标完全通过成本控制来实现。在工程实践中，项目成本控制常常被忽视，使得成本处于失控状态，很多项目管理人员只有在工程项目结束才知道实际开支和盈亏。

9.2.2　工程项目成本控制的特点

1) 工程项目参加者对成本控制的积极性和主动性是与他们对工程项目承担的责任相联系。如承包单位，对工程项目成本的责任由合同确定，不同的合同种类有不同的成本控制积极性。如采用成本加酬金，他们就没有成本控制的积极性，如采用单价合同或总价合同，他们就会严格控制成本。

2）工程项目成本控制的综合性。工程项目成本目标只有与质量目标、进度目标、效率、工作量要求、消耗等相结合才有价值。

① 工程项目成本必须与项目的质量要求、进度、工程范围、工程量等同时落实到责任人，作为项目业绩评价的尺度。

② 在工程项目成本分析中必须同时分析进度、效率、质量状态，才能得到实际信息，否则容易产生误导。

③ 不能片面强调项目成本目标，如为降低成本，而牺牲项目质量，甚至使用劣质材料、价格低廉的设备，结果损害工程的整体功能和效益。

④ 项目成本控制必须与质量控制、进度控制、合同控制同步进行。工程实践证明，成本的超支一般并非成本控制本身，而是由于质量标准的提高、进度的调整、工程量的增加、业主由于自身的原因造成的工程索赔、不可抗力事件等原因引起的。

3）工程项目成本控制的周期不可太长。一般可按月进行核算、对比，而工程实施中的控制以近期成本为主，只有这样，才能提高控制的准确性和详细强度。在工程项目管理的职能中成本涉及的内容多、信息广。因此，信息处理量是最多的。

9.2.3 成本控制时间区段的划分

要控制项目成本必须要有一个有效的控制系统，定期的计算工程量和实际发生的成本，并按短期控制的结果诊断整个工程成本状况，预测工程完工成本。而在工程实践中，成本超支常常不能及时被发现，只有不断地对比分析才可以缩短预警时间。工程项目成本的对比分析，通常在控制的期末，或阶段结束期末进行对比。按照工程项目控制要求可将项目控制时间分为三个区间。如图 9-1 中的 C。

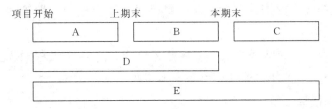

图 9-1 项目成本控制时间区段划分

A—上期末实际控制的结果；B—本期的实际完成值；C—项目控制期末到项目结束的剩余成本预测值；D—到本期末项目全部实际控制结果；E—整个项目的总成本预测值。

进行项目成本控制需要抓住 B 段（该阶段内实际成本信息）和 C 段（项目后续活动剩余成本预测信息）。

9.2.4 项目成本控制的主要工作

在工程实践中，人们对项目成本控制工作的界限划分是不同的，在国外的很多工程项目设有成本工程师承担具体的成本控制工作，一般是由一个经济师承担，该经济师一般精通预算、结算和技术经济方面的专家。其主要工作如下。

1）项目成本计划工作。通过将项目成本计划分解，提出设计、采购、施工方案各种费用的限额，并按照限额控制资金的使用。

2）项目成本监督

① 各项费用的审核，确定是否支付工程进度款，监督已经支付的项目是否已经完成，并确保每月按照工程状态定时定量支付工程款。

② 编写实际成本报告。

③ 对各项工作进行成本控制。

④ 开展审计活动。

3）项目成本的跟踪，编写详细的项目成本分析报告。

4）项目成本诊断工作，包括以下两点。

① 超支量及原因分析。

② 剩余工作所需成本预算和工程成本趋势分析。

9.2.5 实际成本核算

（1）项目成本结构和成本数据

业主和承包商的工程项目成本核算分项是不同的，因此他们有不同项目成本结构和成本数据。

就承包商来说，有以下 3 种数据。

1）分项工程承包数据，包括：该分项工程的直接费；工地管理费和总部管理费分摊，一般按照直接费承包比例计算。

2）整个工程的成本数据，包括：工程直接费；该工程的工地管理费核算；有企业分摊下来的经营管理费用。

3）企业成本数据。企业成本数据首先从宏观上汇集各个工程的人工费、材料费、机械费、工程外包费用、工地管理费用之和，即工程工地总成本。

（2）实际成本核算过程

1）项目一旦开工就必须记录各分项工程中消耗的人工、材料、机械台班及费用，这是成本控制的基础工作。

2）本期内工程完成状态的度量。在这里已经完工的度量比较简单，困难的是跨期的分项工程，即已经开始但还没有结束的分项工程，因为实际工程进度是作为项目成本花费所获得的已经完工产品，其度量的准确性直接关系到成本核算、成本分析和趋势预测的准确性。在实际项目成本核算时，对已经开始但没完成的工作包，其已经完成成本及完成程度的客观预测和项目执行情况的诊断。

3）工程工地管理费及总部管理费开支的汇总、核算和分摊。

4) 各分项工程以及总工程的各个费用项目核算及盈亏核算，提出工程成本核算报表。在工程中许多大宗材料已经领完但没有用完前，对已经消耗的估计是非常困难的，而且人为的影响因素大。这必然导致实际成本核算的不准确。

(3) 项目成本开支监督

项目成本控制要着力于项目成本开支前和开支中，因为当成本超支时，损失已经形成，无法挽回。在这种情况下人们对超支的成本经常企图通过在其他分项工程上的节约来挽回，这必然损害该工程的质量和工期。

1) 落实项目成本目标，不仅要落实一般的分项工程及项目单元的成本目标，而且要落实资源的消耗和工作效率指标。如下达与工作量相应的用工定额、费用指标和用料定额。

2) 开支的审查和批准，特别是各种费用开支，即使已经作了计划仍然需要加强事前批准，事中监督和事后监督。

3) 签订各种外包合同，必须要在合同价格方面进行严格控制，包括价格水平、付款方式和付款期限等。在工程实践中还应严格控制各款项的支出。

9.3 项目成本控制的方法

项目成本控制是一个复杂的系统工程，它包括很多方法，在此我们将分别讨论项目成本控制的三种方法，即项目挣值管理（Earned-Value-Management）、费用变更控制法和补充计划编制法。

9.3.1 项目挣值管理（Earned Value Management）

项目挣值管理（Earned Value Management，EVM）是项目管理的一种方法，主要用于项目成本和进度的监控。挣值通过项目开始时的计划与所完成的工作进行比较，给出了一个项目何时完工的估算，通过从项目已经完工的部分进行推算，项目经理可以估计出项目完工的时候，将会花费多少资源。

挣值管理方法不能区别基于项目约束（如项目的关键链）的进度和基于非约束（如项目路径网络中的其他路径）的进度，这在某些时候会造成项目经理为了追求更好的挣值测量，而以关键任务成本来急于完成非关键的任务，导致项目工期的推延。这是一个局部最优的例子，问题在于缺乏局部测量与整体测量的从属关系。为了在项目中应用挣值方法，项目经理一般需要下列数据：工作分解结构（WBS）——以层次化分解的所有任务的列表；项目主进度计划（PMS）——关于哪些任务将完成以及谁完成的甘特图；计划完成的工作的预计成本（计划值）——每一个周期预计当前完成的工作的预算；实际完成的工作的预计成本（挣值）——每一个周期当前实际完成的工作的预算；实际完成的工作的实际成本（实际成本）——每一个周期工作的实际成本；项目总预算（BAC）——预计用于完成项目所花费的总预算。

对于挣值分析的方法，需要掌握"3222"原则，即3个关键中间变量、2个差异分析变量、2个指标变量和2个预测变量。

9.3.2　3个关键中间变量

（1）计划值

计划值（PV，Plan Value）又叫计划工作量的预算费用（BCWS，Budgeted Cost for Work Scheduled），是指项目实施过程中某阶段计划要求完成的工作量所需的预算工时或费用。

计算公式

$$PV = BCWS = 计划工作量 \times 预算定额 \quad (9-1)$$

式中，PV主要反映进度计划应当完成的工作量，而不是反映应消耗的工时或费用。

（2）实际成本

实际成本（AC，Actual Cost）又叫已完成工作量的实际费用（ACWP，Actual Cost for Work Performed），指项目实施过程中某阶段实际完成的工作量所消耗的工时或费用。主要反映项目执行的实际消耗指标。

（3）挣值

挣值（EV，Earned Value）又叫已完成工作量的预算成本（BCWP，Budgeted Cost for Work Performed），指项目实施过程中某阶段实际完成工作量及按预算定额计算出来的工时或费用之积。计算公式

$$EV = BCWP = 实际完成百分比 \times 该分项工程预算成本 \quad (9-2)$$

9.3.3　2个差异分析变量

（1）项目进度偏差

项目进度偏差（SV，Schedule Variance）等于挣值与预算成本的差异。计算公式

$$SV = EV - PV \text{ 或者 } SV = EV - PV = BCWP - BCWS \quad (9-3)$$

式中，SV是指检查日期EV和PV之间的差异。

当SV为正值时，表示进度提前；

当SV为负值时，表示进度延误；

当SV等于零时，表示实际与计划相符。

（2）项目成本偏差

项目成本偏差（CV，Cost Variance）等于挣值与实际成本的差异。计算公式

$$CV = EV - AC = BCWP - ACWP \quad (9-4)$$

当 CV 为正值时，表示实际消耗的人工或费用低于预算值，即有结余或效率高；
当 CV 为负值时，表示实际消耗的人工或费用超出预算值或超支；
当 CV 等于零时，表示实际消耗的人工或费用等于预算值。

9.3.4　2个指数变量

(1) 项目成本绩效指数

项目成本绩效指数（CPI，Cost Performed Index）等于挣值与实际成本的相对关系，它衡量的是正在进行的项目的成本效率。计算公式

$$CPI = EV/AC = BCWP/ACWP \qquad (9\text{-}5)$$

当 CPI>1 时，表示低于预算，即实际费用低于预算费用；
当 CPI<1 时，表示超出预算，即实际费用高于预算费用；
当 CPI=1 时，表示实际费用与预算费用吻合。
CPI 的值越大，说明项目的实际成本相对于预算会越发节省。

(2) 项目进度绩效指数

项目进度绩效指数（SPI，Schedule Performed Index）等于挣值与预算成本的相对关系，它衡量的是正在进行的项目的完工程度。计算公式

$$SPI = EV/PV = BCWP/BCWS \qquad (9\text{-}6)$$

当 SPI>1 时，表示进度超前；
当 SPI<1 时，表示进度延误；
当 SPI=1 时，表示实际进度与计划进度相同。
SPI 的值越大，说明项目的实际进度越发会相对提前于计划进度。

9.3.5　2个预测变量

(1) 完工尚需估算

完工尚需估算（ETC，Estimate to Completion）指完成项目预计还需要的成本。预测 ETC 的大多数技术是根据项目迄今为止的实际绩效对原始估算进行一些调整。

(2) 完工估算

完工估算（EAC，Estimate at Completion）指规定的工作范围完成时项目的预计总成本。在预测 EAC 通常用的技术是按照项目迄今的实际绩效调整原始的成本估算，通常表示为 EAC=迄今实际成本+ETC。

9.3.6　项目成本预测的方法

在分析整个项目的实际成本绩效的基础上，就可以利用挣值去预测项目或分项工程的

未来完工成本了。预测项目未来完工成本（EAC，Estimate at Completion）的方法有3种。

1）假定项目未完工部分将按照目前的效率进行的预测方法，这种方法的计算公式

$$项目未来完工成本＝总预算成本/成本绩效指数 \tag{9-7}$$

即 EAC＝TPV/CPI，其中 TPV 表示项目总预算成本

2）假定项目未完工部分将按照计划规定的效率进行的预算方法，使用这种方法的计算公式

$$项目未来完工成本＝已经完成作业的实际成本＋（总预算成本－挣值） \tag{9-8}$$

即 EAC＝AC＋(TPV－EV)

3）重估所有剩余工作量的成本做出预测的方法，这是一种不做任何特定的假设，重新估算所有剩余工作量的成本，并依次做出项目成本和工期预测的方法。这一方法要将重估的项目成本与已经完成作业的实际成本相加得到预测结果。这种方法的公式

$$项目未来完工成本＝已经完成分项工程的实际成本＋重估剩余工作量的成本 \tag{9-9}$$

【案例1】 某项目计划工期为4年，预算总成本为800万元。在项目的实施过程中，通过对成本的核算和有关成本与进度或记录得知，在开工后第二年年末的实际情况是：开工后二年末实际成本发生额为200万元，所完成工作的计划预算成本额为100万元。与项目预算成本比较可知：当工期过半时，项目的计划成本发生额应该为400万元。试分析项目的成本执行情况和计划完工情况。

由已知条件可知：BCWS＝400万元；ACWP＝200万元；BCWP＝100万元。

CV＝BCWP－ACWP＝100－200＝－100，成本超支100万元；

SV＝BCWP－BCWS＝100－400＝－300，进度落后300万元；

SPI＝BCWP/BCWS＝100/400＝25％，二年只完成了二年工期的25％，相当于只完成了总任务的1/8。

CPI＝BCWP/ACWP＝100/200＝50％，完成同样的工作量实际发生成本是预算成本的2倍。

【案例2】 某项目由四项活动组成，各项活动的时间和成本如表9-2所示，总工时为4周，总成本10000元，第3周末的状态见表9-2。

表9-2 项目计划及第3周末项目计划执行情况

活动	预计时间和成本	第1周	第2周	第3周	第3周末状态
计划	1周,2000元				活动已完成,实际成本2000
设计	1周,2000元				活动已经完成,实际支付成本2500
编程	1周,3000元				活动仅完成50％,实际支付成本2200元
测试与实施	1周,3000元				没开始

要求回答以下问题。

① 费用偏差（CV）是多少？
② 进度偏差（SV）是多少？
③ 进度绩效指数（SPI）是多少？
④ 成本绩效指数（CPI）是多少？
⑤ 进度绩效指数（SPI）和成本绩效指数（CPI）说明了什么？
⑥ 项目完工成本预测。

解：

① BCWS(预算成本)＝第 1 周(2000)＋第 2 周(2000)＋第 3 周(3000)＝7000 元

BCWP(挣值)＝第 1 周(2000)＋第 2 周全部完成(2000)＋第 3 周完成 50%(1500)＝5500 元

ACWP(实际成本)＝第 1 周(2000)＋第 2 周(2500)＋第 3 周(2200)＝6700 元

CV(成本偏差)＝BCWP－ACWP＝5500－6700＝－1200 元

② SV(进度偏差)＝BCWP－BCWS＝5500－7000＝－1500 元

项目成本处于超支状态，项目实施落后于计划进度。

③ SPI＝BCWP/BCWS＝5500/7000＝0.7857

④ CPI＝BCWP/ACWP＝5500/6700＝0.8209

⑤ 这两个比例都小于 1，说明该项目目前处于不利状态：完成该项目的成本效率和进度效率分别为 82% 和 79%，即该项目投入了 1 元钱仅仅获得 0.82 元的收益，如果说现在应该完成项目的全部工程量，但目前只完成了 79%。

⑥ 项目完工成本预测：EAC＝10000/0.8209＝12181.75（元）。

成本超支的可能因素有很多，如合同变更、成本计划编制不当、数据不准确、不可抗力事件发生、返工事件发生和管理实施不当等。当发现成本已经超支时，期望不采取措施成本就能自然降下来是不可能的；而且，要消除已经超支的成本则需要以牺牲项目某些方面的绩效为代价。通常用来降低成本的相应措施有重新选择供应商、改变实施过程、加强施工成本管理等。

从案例 2 我们还可以看出，无论是 CPI 指标还是 CV 指标，它们对于同一个项目在同一时点的评价结果是一致的，只是表示的方式不同而已。CPI 指标反映的是相对量，CV 反映的绝对量，同时使用这两个指标能够较为全面地评价项目当前的成本绩效状态。

为了更直观地反映当前（截至第 3 周末）每个费用所占整个项目的比例，在此引入百分比方法并采用柱状图来表示，如图 9-2 所示。

从图 9-2 可以明显地看出：

① 截至第 3 周末，计划完工进度预算应经花费了项目总预算的 70%；
② 截至第 3 周末，实际支出已经占了项目总预算的 67%；
③ 截至第 3 周末，项目实际工作的挣值仅占总预算的 55%。

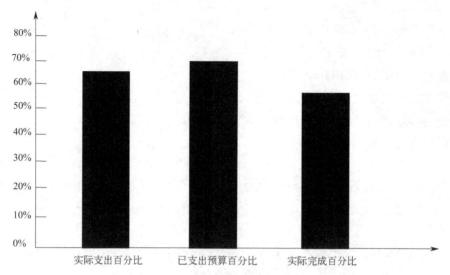

图 9-2 第 3 周末项目的完成状况图

从上面的 3 个百分比数据中同样可以看出,投入了总预算的 67%,获得了 55% 的价值;应当完工进度预算为总预算的 70%,实际完工进度预算(挣值)却只有总预算的 55%,这同样表明了该项目不但成本超支而且进度也延迟。

【案例 3】 某公路修建项目,预算单价为 400 元/m,计划用 30 天完成,每天 120m。开工后 5 天测量,已经完成 500m,实际付给承包商 35 万元。计算:

① 费用偏差(CV)和进度偏差(SV)是多少?说明了什么?

② 进度执行指数(SPI)和成本执行指数(CPI)是多少?

解:$BCWS = 5 \times 120 \times 40 = 24$(万元)

$BCWP = 500 \div (30 \times 120) \times (30 \times 120) \times 400 = 20$(万元)

$ACWP = 35$(万元)

$CV = 20 - 35 = -15$(万元)< 0

$SV = 20 - 24 = -4$(万元)< 0

$CPI = 20 \div 35 = 0.57 < 1$

$SPI = 20 \div 24 = 0.83 < 1$

由 SV 和 CV 都小于 0,同时 CPI 和 SPI 都小于 1,可以看出该项目成本超支,进度延误。

9.3.7 费用变更控制法

项目费用变更控制法规定了改变成本基准计划的步骤,它主要包括一些书面的工作、跟踪系统和成本变更控制系统的成本水平,从而对项目的成本进行有效的控制。

项目费用变更控制法按照如下步骤进行成本控制。

① 由项目干系人提出项目成本费用变更申请。

② 核准成本费用变更申请。项目的管理者对变更申请进行评估，然后提交项目业主，由他们核准是否变更成本基准计划。

③ 变更项目成本费用预算。成本费用变更申请批准后，就必须对相关活动的成本费用预算进行调整，同时对成本基准计划进行相应的修改。

在采用项目费用变更控制法时，必须要注意项目成本变更控制系统应该和整体变更控制系统相协调，项目成本变更的结果也要和其他的变更结果相协调。

9.3.8 补充计划编制法

项目一般都不可能按照原先制定的计划准确无误地进行，当项目存在可预见的变更时，就需要对项目的成本基准计划进行相应的修订或提出替代方案的变更说明。

9.3.9 项目成本控制的结果

(1) 成本估算的修正

随着项目的进展，项目管理者要根据实际的执行情况修改和更新原有的项目成本估算并通知有关的项目干系人。

(2) 成本预算的修改

成本预算的修改是对原有的成本预算计划和成本基准计划进行必要的更改和调整。

(3) 纠正措施

纠正措施指采取措施使得项目未来的活动所花费的实际成本控制到项目计划成本以内所做的努力。

(4) 经验教训

应记录下产生偏差的原因、采取纠正措施的理由和其他的成本控制方面类似的教训，这样记录下来的教训可以成为项目组织其他项目历史数据的一部分。

9.4 Project 在工程项目成本控制中的运用

利用 Project 软件来进行挣值管理，进行项目诊断提供了一种非常便利的手段。现以【案例 2】为例，来说明如何利用 Project 软件来进行挣值管理。具体操作步骤如下。

1) 将项目任务输入【甘特图】的【任务】中，并建立任务间逻辑关系，【任务模式】选【自动计划】，项目进度安排如下，结果如图 9-3 所示。

2)【视图】/【数据】/【格式】/【表格】/【成本】，在【成本】中输入项目各个活动预算成本，见图 9-4。

3) 然后回到【甘特图】，操作如下：【视图】/【数据】/【格式】/【表格】/【项】。

4) 选取【项目】/【日程】/【设置比较基准】，操作结果见图 9-5。

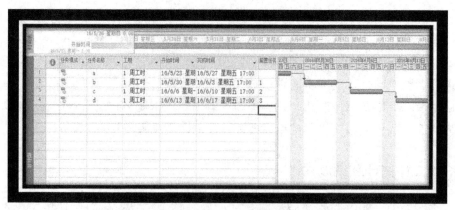

图 9-3 在甘特图中输入任务名称及建立活动间逻辑关系

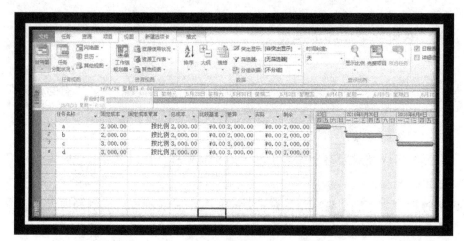

图 9-4 在成本列表中输入任务计划成本

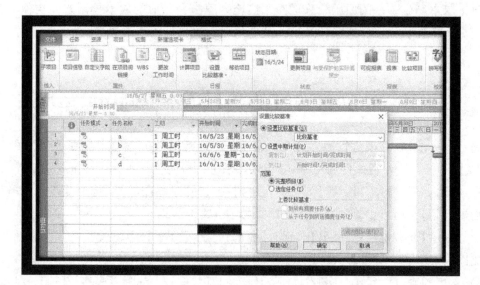

图 9-5 将项目计划设置为比较基准

5) 重复步骤 2），显示项目成本，见图 9-6。

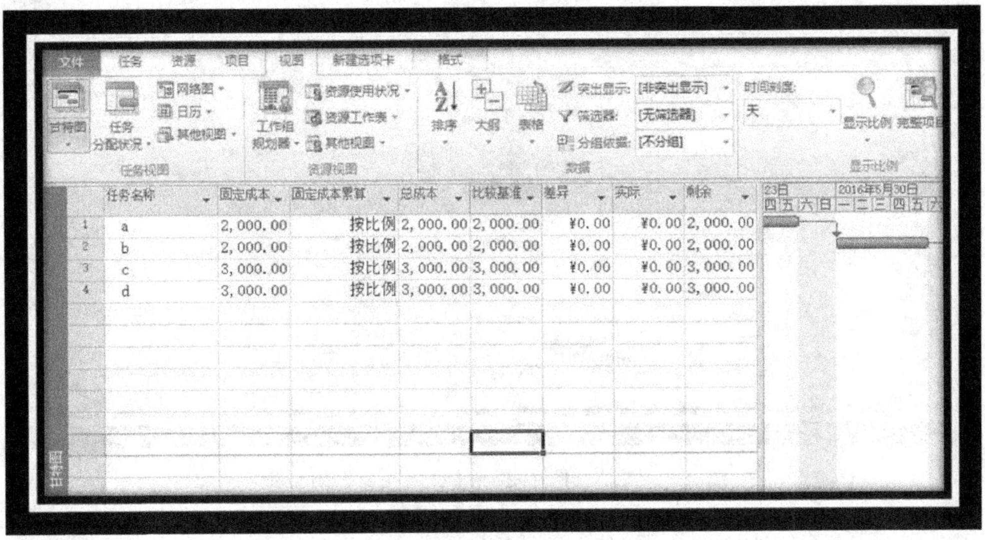

图 9-6　在成本列表中显示成本比较基准

从图 9-6 中可以看出，【比较基准】中，出现了数据，即将【总成本】中的数据作为后面与实际成本比较的基准。

6) 重复步骤 3），返回到【甘特图】。
7) 选取【任务】/【日程】/【跟踪时标记】/【更新任务】，如图 9-7 所示。

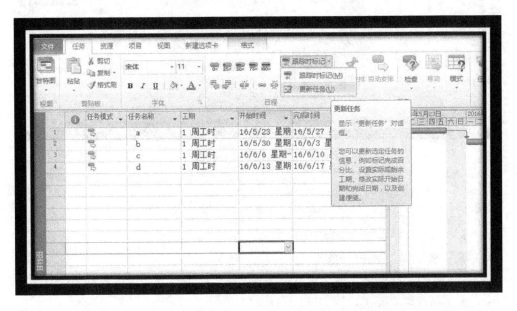

图 9-7　在甘特图中选择【更新任务】

由图 9-8 可见，在点击【更新任务】后，弹出【更新任务】对话框。

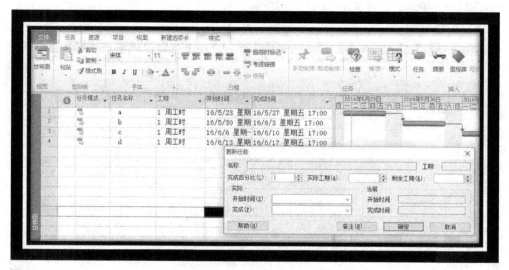

图 9-8　在甘特图中弹出【更新任务】对话框

8）逐步更新各个任务，首先更新 a 任务，见图 9-9。

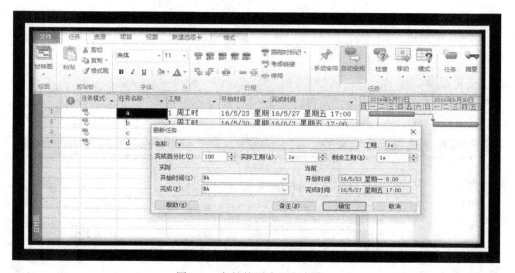

图 9-9　在甘特图中更新任务 a

同样操作，其结果见图 9-10。

根据题意，任务进行到第三周末，也就是在第三周末进行项目成本的诊断和预测，第三周末的时间为 2016 年 6 月 10 日 17：00。

9）重复步骤 2），显示项目成本。

10）在【实际成本】输入前，要完成以下操作：【文件】/【选项】/【日程】，选取取消【Project 自动计算实际成本】，见图 9-11。

然后在【实际成本】输入工程承包实际数据，如图 9-12 所示。

11）选取【视图】/【数据】/【表格】/【其他表格】后，在【其他表】对话框中选取【挣

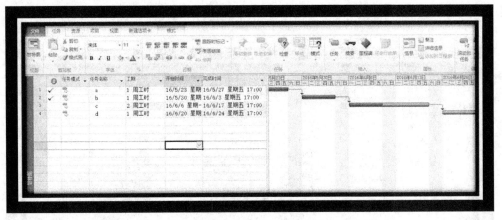

图 9-10　在甘特图中依次更新任务 b、c

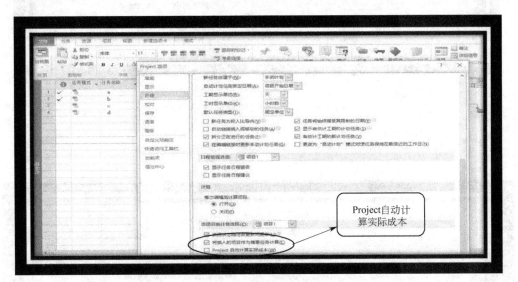

图 9-11　输入实际成本前取消【Project 自动计算实际成本】

	任务名称	固定成本	固定成本累算	总成本	比较基准	差异	实际	剩余	添加新列
1	a	2,000.00	按比例	2,000.00	2,000.00	¥0.00	2,000.00	¥0.00	
2	b	2,000.00	按比例	2,500.00	2,000.00	¥500.00	2,500.00	¥0.00	
3	c	3,000.00	按比例	3,700.00	3,000.00	¥700.00	2,200.00	1,500.00	
4	d	3,000.00	按比例	3,000.00	3,000.00	¥0.00	¥0.00	3,000.00	

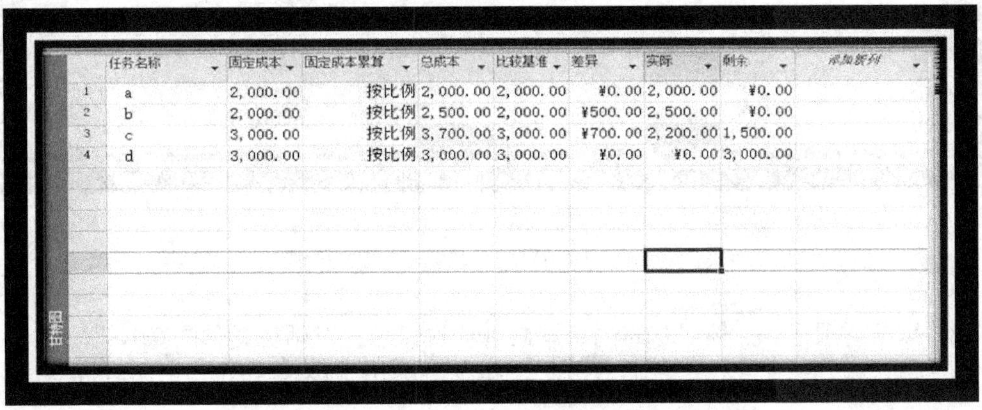

图 9-12　在成本列表中输入任务实际成本

值】，如图 9-13 所示。

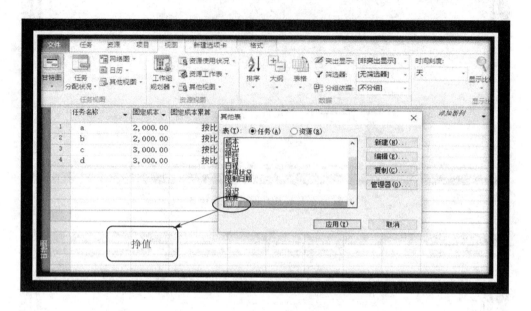

图 9-13　在其他表中选取【挣值】

点击【应用】后，显示挣值参数表格，如图 9-14 所示。

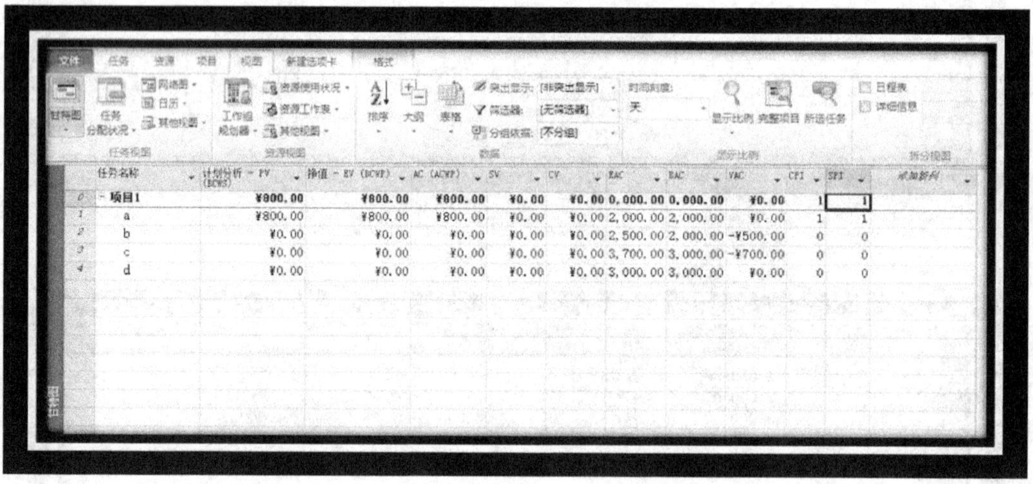

图 9-14　在甘特图中显示挣值分析情况

12) 点击【项目】/【项目信息】，弹出【项目信息】对话框，如图 9-15 所示。

在"项目 1"的项目信息对话框中，在状态时期中，输入第三周末的时间，即 2016 年 6 月 10 日 17：00。显示结果如图 9-16 所示。

从以上过程及结果可见，用 Project 软件分析的结果与【案例 2】的结果是一样的。

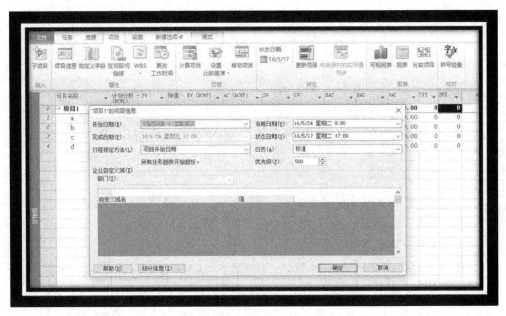

图 9-15　在弹出项目信息对话框并在状态日期中填写第三周末的时间

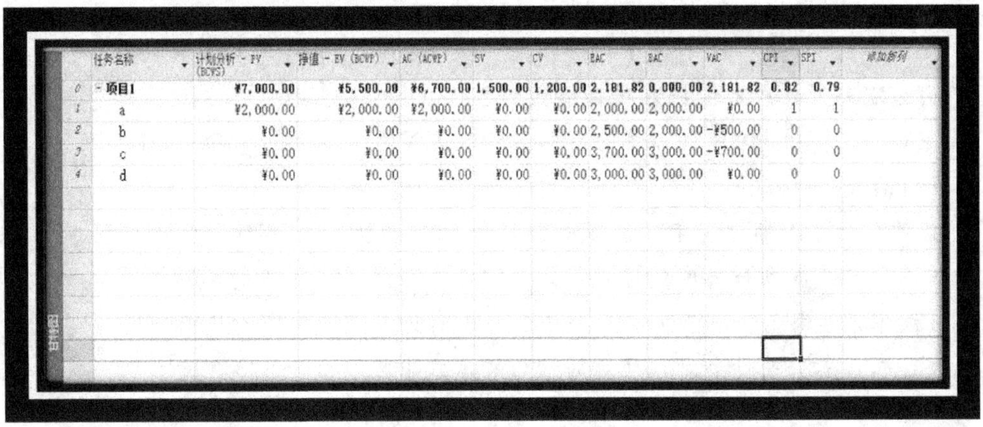

图 9-16　显示挣值分析的结果

本章小结

本章主要介绍了工程项目成本计划控制，重点介绍了挣值管理方法，包括：①三个关键中间变量；②两个差异分析变量；③两个指数变量；④两个预测变量；⑤项目成本预测的方法以及 Project 软件在项目成本计划控制中的运用。

思考题

一、单选题

1. 如已知 BCWS＝220 元，BCWP＝200 元，ACWP＝250 元。如根据挣值分析法，

则此项目的 SV 和项目状态是（　　）。

　　A. 20 元，项目提前完成

　　B. －20 元，项目比原计划滞后

　　C. －30 元，项目提前完成

　　D. 800 元，项目按时完成

2. 如已知 BCWS＝220 元，BCWP＝200 元，ACWP＝250 元。则此项目的 CPI 和项目的成本绩效是（　　）。

　　A. 0.2，实际成本与计划一致

　　B. 0.8，实际成本比计划成本低

　　C. 0.8，实际成本超过计划成本

　　D. 1.2，实际成本比计划成本低

3. 如已知 BCWS＝220 元，BCWP＝200 元，ACWP＝250 元。则此项目的 CV 是（　　）。

　　A. 30　　　　　B. 50　　　　　C. －30　　　　　D. －50

4. 如果一个工作包原计划花费 1500 元于今天完成，但是，则今天花费了 1350 元却只完成了 2/3，则成本偏差是（　　）。

　　A. 150 元　　　　B. －350 元　　　　C. －150 元　　　　D. －500 元

5. 通过观察累积成本曲线，项目经理能监控（　　）。

　　A. EV　　　　　B. CV　　　　　C. PV　　　　　D. CPI

二、计算题

1. 某项目计划工期为 4 年，预算总成本为 1200 万元。在项目的实施过程中，通过对成本的核算和有关成本与进度或记录得知，在开工后第二年年末的实际情况是：开工后二年末实际成本发生额为 400 万元，所完成工作的计划预算成本额为 150 万元。与项目预算成本比较可知：当工期过半时，项目的计划成本发生额应该为 600 万元。试分析项目的成本执行情况和计划完工情况。

2. 某项目由四项活动组成，各项活动的时间和成本如表 9-3 所示；总工时为 4 周，总成本 12000 元，以下是第 3 周末的状态。

表 9-3　项目计划及第三周末项目计划执行情况

活动	预计时间和成本	第 1 周	第 2 周	第 3 周	第 3 周末状态
计划	1 周,2000 元				活动已完成,实际成本 2000
设计	1 周,3000 元				活动已经完成,实际支付成本 2500
编程	1 周,4000 元				活动已经完成,实际支付成本 4200 元
测试与实施	1 周,3000 元				没开始

要求回答以下问题。

（1）费用偏差（CV）是多少？

(2) 进度偏差（SV）是多少？

(3) 进度绩效指数（SPI）是多少？

(4) 成本绩效指数（CPI）是多少？

(5) 进度绩效指数（SPI）和成本绩效指数（CPI）说明了什么？

(6) 项目完工成本预测。

(7) 用 Microsoft Project 检验挣值分析的结果是否一致？

3. 某公路修建项目，预算单价为 400 元/m。计划用 300 天完成，每天 120m，开工后 5 天测量，已完成 500m，实际付给承包商 35 万元。计算：

(1) 费用偏差（CV）和进度偏差（SV）是多少？说明了什么？

(2) 进度执行指数（SPI）和成本执行指数（CPI）是多少？说明了什么？

4. 图 9-17 是某豪华别墅装修项目的网络图。

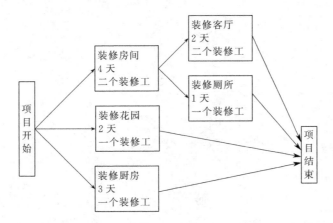

图 9-17 某豪华别墅装修项目网络图

要求：

(1) 绘制资源需求甘特图。

(2) 当该项目只有 3 个装修工时，如何进行该项目的资源平衡？

(3) 试用 Project 解决该项目的资源平衡问题。

第 4 篇
工程项目信息沟通

第 10 章
工程项目信息管理

教学目标 ▶▶

本章主要讲述工程项目信息管理的基本概念和相关知识。通过本章的学习,应达到以下目标。

(1) 了解工程项目信息的概念和基本要求;
(2) 掌握工程项目信息管理的概念和特点;
(3) 掌握工程项目文档资料管理;
(5) 了解工程项目管理信息化的内涵与管理信息系统(PMIS);
(6) 掌握工程项目信息管理中 Project 的合理运用。

学习要点 ▶▶

知识要点	能力要求	相关知识
工程项目信息管理	掌握工程项目信息管理 掌握工程项目文档资料管理 了解工程项目信息基本概念	(1)工程项目信息基本要求 (2)工程项目信息管理 (3)文档资料管理
工程项目管理信息化	了解工程项目管理信息系统 掌握 Project 软件在项目信息管理的合理运用	(1)工程项目管理信息系统 (2)Project 对项目信息分组 (3)Project 对项目信息筛选 (4)Project 对项目信息排序

基本概念 ▶▶

工程项目信息、工程项目信息管理、工程项目文档管理、工程项目管理信息系统。

10.1 工程项目信息管理概述

10.1.1 工程项目信息的概念

早在远古时期，为了狩猎和农业劳动中的沟通协调需要，我们的祖先创造了人类语言，而为了便于记载、保存和传播，又进一步发展出了文字。语言和文字的诞生，只是人类社会经历的四次信息革命中的前两种。印刷技术以及电信、电视、电话和计算机的出现便是信息革命中的后两种。可见，信息始终是客观存在的，但它伴随着人类社会、政治、经济、军事和文化活动演变而不断扩大所涵盖的范围，是一个不断更新的动态范畴。

由于表现形式多样，可以是：声音、图片、温度、体积、颜色等。再加上分类繁多，可以是：电子信息、财经信息、天气信息、人员信息等，目前尚难用统一文字对信息进行准确定义。信息（Information）一词最早来源于拉丁文，意思是指解释或陈述。随着信息在各个领域的广泛应用，人们从信息的研究和利用角度将其定义为：经过加工处理能对人们各项具体活动有参考价值的数据资料。信息论的开创者，著名的美国数学家香农提出"信息是不确定性的消除"。控制论的奠基人，另一位美国数学家诺伯特·维纳认为"信息是我们在适应外部世界，控制外部世界的过程中同外部世界交换内容的标示"。因此，要对工程项目信息作一个严谨而恰当的定义，就必须充分认识工程项目信息管理的目标性，把握有价值的工程信息本质并结合项目管理的实际需要。基于此，本书对工程项目信息的定义是：随着项目生命周期的进展，工程项目与外界以及项目内部之间，采用输入和输出方式所进行的一切必要交换内容的有效表达和合理标识。

10.1.2 工程项目信息的要求和类别

为了适应现代工程项目日趋复杂的项目环境，信息必须满足项目管理的需要，要有利于项目系统的正常运行，不造成信息泛滥和误解，工程项目信息应符合的基本要求有：

(1) 客观真实性

为了保证工程项目管理的科学有效，减少错误决策带来的负面影响，所有工程项目信息应是对项目实际的客观反映，信息来源必须准确、可靠，执行过程也需要建立确保信息客观、有效的保障机制。

(2) 可存贮、可加工和可传递性

随着工程项目进展，项目信息的数量将急剧增加，所有信息通过各种方式都必须能够有效存储并便于日后查询。统计资料显示，一个大型工程项目仅在实施过程便可产生数十吨的纸质文档。另外，工程项目信息来源广泛，可能来自建设、勘查、设计、施工、监理和材料、设备供应单位，可能来自建筑、结构、给排水、暖通、强弱电等不同专业。而信息的可加工性可以有效解决上述信息的收集与整理工作。通过所有信息在形式上的合理转换，例如将信息从一种载体转换成另一种载体，采用统计方法进行数据降维、加工处理等，便于项目管理者利用。同时，工程项目信息能通过各类媒体如网络、电话等通信工具传递，有效缩短传递时间，同时还能提高信息传递质量，扩大传播范围。

(3) 适应动态变化需要的共享性

工程项目信息与生命周期密切相关，可能来自前期策划、勘察设计、实施及运营等各个阶段，由于每个过程存在大量的不确定因素，使得工程项目信息始终处于动态变化之中。以工程造价文件为例，同一个工程项目中存在估算、概算、预算和结算等不同准确度的多份文件。为使项目信息方便不同使用者的需要，所有信息应适应工程项目的全生命周期动态变化，易于共享且信息本身并不因此出现任何损耗，满足不同工程项目参与方对同一信息有着不同的信息处理和应用要求。同时，这也充分说明对工程项目信息进行全生命周期动态管理的必要性。

(4) 复杂系统性

在工程项目决策、实施和运行过程中，大量的信息将在项目不同阶段、不同地点发生、处理和应用，这些数据信息与建设、勘察设计、监理和施工单位等不同参与方的项目管理活动密切相关，包括项目组织类、管理类、经济类、技术类和法规类等各种信息，具有一定的复杂性。同时，工程项目信息的收集、加工、传递及反馈是一个发生在不同时空的连续闭合环路，具有显著的系统性。

同时，为了便于对工程项目信息有效分析和利用，还应依据不同标准对其进行科学分类。

(1) 按信息的内容属性划分

工程项目信息按内容属性可分为技术类信息、经济类信息、管理类信息、法律类信息等，例如技术类信息包括前期策划信息、设计信息、施工技术信息、竣工验收信息等，经济类信息包括工程造价信息和财务信息等，如人工成本、材料价格、设备租赁、银行贷款情况等，而管理类信息则包括项目组织结构、职能分工、岗位责任、工作流程等，法律类信息主要指项目实施过程涉及的法律、法规、规章、规范和标准等。

(2) 按信息产生过程划分

工程项目信息随项目生命周期不断产生，按产生过程划分可分为决策阶段信息、设计阶段信息、招投标阶段信息、施工阶段信息、运营阶段信息等。决策阶段信息包括决策分析报告、可行性研究、审批报告等，设计阶段信息包含设计任务书、方案说明、设计文件、三维模型等，招投标阶段信息包括招标文件、投标书、控制价与合同等，施工阶段信息包括施工方案、工程资料、工程款支付、变更与索赔和分包合同等。运营阶段信息主要是项目的技术状态信息和经营状态信息等。

(3) 按信息来源划分

工程项目信息按来源可分为内部信息和外部信息。内部信息是指工程项目本身以及项目组织在各个阶段、各个环节、相关部门发生的信息，如工程概况、组织机构、设计文件、施工方案、合同结构、资料编码、例会制度和目标管理等。外部信息是指对工程项目开展有影响的外部环境信息。例如项目外部原材料供应情况，技术进步速度和方向，政府颁布的有关政策、法规，国际、国内建筑市场和资本市场变化，物价指数，新材料、新技术和新工艺的应用，施工企业情况等。

(4) 按信息产生时间不同划分

工程项目信息按产生时间不同可分为历史信息、实时信息和预测信息。历史信息是指过去已经发生的信息，这类信息虽已被使用过，但可帮助管理人员进行借鉴并得到启发，仍具有一定价值，需将其妥善保存。实时信息是指反映项目当前活动实际状况及外部环境特征的信息，此类信息时效性较强，是项目信息管理的重点对象，对项目目标的控制活动具有非常重要作用。预测信息是指在充分利用上述两种信息的基础上，借助科学的预测方法、数学模型和决策者经验，对包括项目风险在内的不确定因素做出预判和提前准备工作，对项目最终成功也具有重要意义。

10.1.3 工程项目信息管理的概念和程序

工程项目信息数量庞大且类型复杂，既有结构化的信息，如数据信息等，也有非结构化或半结构化的信息，如工程照片以及影像等，再加上项目本身周期长、接口多、协调多等特点，进行高效的信息管理有利于项目经理科学决策，对降低成本、提高工作效率和创新能力，改善工程项目管理绩效，增强企业市场竞争力也具有非常重要的作用。从这个意义上说，工程项目信息管理就是指对工程项目信息的收集、整理、处理、储存、传递与应用等一系列工作的总称，即把工程项目信息作为管理对象进行科学管理。通过对工程项目信息的系统管理，使各种信息能方便地为建设、设计、施工和监理等不同方所获取、存储、处理，并通过有计划的信息沟通交流，使管理者能在及时准确的信息条件下科学决策。

显然，为了实现工程项目信息有效管理的目的，就要设计一整套合理有序信息管理程序或者工作流程。一般来说，工程项目信息管理的主要环节包括信息的收集、加工、整理、传递、检索和存储。

(1) 工程项目信息的收集

工程项目信息收集首先要开辟各种来源，明确信息采集途径，采取有效的信息采集的方法。如前所述，工程项目信息的来源可分为项目内部产生和外部环境产生，而常用的信息收集方法主要有两大类。第一类是直接到信息产生的现场去调查研究，例如各类询问或问卷法，观察法和实验法等，另一类则是文献资料收集法，例如收集公开发行的报纸、杂志和书籍，收集行业和地方的专业资料、新产品、新技术动态等。此外，由于工程项目各参与方对信息收集的目的不同，也有不同的来源和收集方法，为了方便信息传递和存储等方便，必须要求各方对相同数据或信息应规范统一。

(2) 工程项目信息的加工、整理

工程项目信息的加工、整理主要是借助一定的设备、技术和手段，对已获原始数据进行筛选、分析、核对、排序、判定、汇总和归档，最后编辑成真实可靠的信息资料，以不同形式的文件提供给不同需求的管理人员使用。在信息加工时，有时还可能根据不同的管理需求，采用不同的分析计算方法分层进行加工，并定期或不定期地对动态数据进行必要的及时更新。

（3）工程项目信息的传递和检索

在对所收集的工程项目信息进行分类加工处理后，要及时传递给需要使用信息的部门或个人，为了达成这一目标，要求建立起一套规范的信息传递制度，并尽量使之标准化，例如各种信息传递的专人负责制，必要的信息分级管理制，以及专用通信和例会制等。同时，为了保证不同密级信息对应不同层级的管理者，还须按一定规则和方法设定合理的信息权限，便于各管理层在对应的层级检索到想要的信息，一般可通过管理信息系统软件来实现，也方便了人们获取所需信息。

（4）工程项目信息的存储

工程项目信息体量巨大且复杂多变，一般需要构建相应的管理信息系统以数据库形式进行存储。各种信息按类别以文件的形式统一组织，组织的方式必须规范化。例如同一工程项目可按照投资、进度、质量、安全、环保等不同目标组织，其中具体情况根据需要还可进一步细化。此外，各类信息要尽可能统一存储方式，有国家技术标准的尽量采用统一代码，各类文件命名也应规范化，同一数据来源应尽量共享，确保信息准确便于查找，减少数据的冗余。

10.2 工程项目管理信息系统

10.2.1 工程项目管理信息系统的概念

作为工程项目计划和控制过程中有效沟通的最基本条件，规范的信息管理对项目成功起着极为关键的作用。随着工程项目规模日趋庞大、技术愈加复杂，项目信息沟通的数量也迅速加大，信息沟通的快捷和方便成为必然，工程项目管理信息系统正是为了适应这种需要而产生的一种信息管理手段。在项目管理中，信息、信息流和信息处理各方面的总称就是工程项目管理信息系统（Project Management Information System，PMIS）。它是将各种管理职能和管理组织沟通起来并协调一致的神经系统。

工程项目管理信息系统具有一般信息系统的所有特性，它通过对项目管理专业业务的流程电子化、格式标准化及文档资料的集中化管理，提高了管理工作质量和效率，基本模式如图10-1所示。

为了适应不同的工程项目实际需要，工程项目管理信息系统必须经过专门的策划和设计，并在工程项目实施过程中进行控制运行和数据维护。

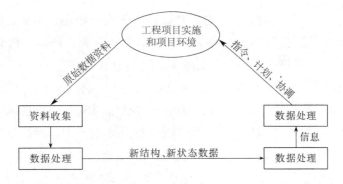

图 10-1 工程项目管理信息系统基本模式

10.2.2 工程项目管理信息系统的构建准备

工程项目管理信息系统是在项目组织模式、项目管理流程和项目实施流程基础上建立的，它们之间互相联系又互相影响，因此项目管理信息系统建立要明确以下几个问题。

(1) 信息需求

项目经理为了决策、计划和控制需要那些信息？以什么形式？何时，从哪些渠道获得？上层系统和周边组织随项目生命周期进展需要什么信息？不同层次的各级管理者对应其项目职责或职能需要什么信息？信息的精度、格式和综合性有何要求？总而言之，工程项目管理者的信息需求必须针对其在项目组织中的职责、权力和目标设计的，即他要完成自己的任务需要哪些信息，他有责任向其他人提供哪些信息。

(2) 信息负责

工程项目实施过程中，将出现大量的数据资料，例如领料单、任务单、各种指令和报告、施工（监理）日志和签证、变更联系单等，为了保证信息的客观性和可追溯性，必须确定谁来负责原始数据收集，谁来进行加工处理等。

(3) 信息索引

为了将来在管理信息系统查询、调用方便，所有信息必须分类、编目，构建工程项目的文档资料系统。

10.2.3 工程项目管理信息系统的基本描述

工程项目管理信息系统是以项目管理组织、项目管理流程和工作流程为概念基础，通过客观反映它们内部以及它们之间的信息和信息流而搭建起来的。因此，加强项目管理组织、项目管理流程和工作流程的信息标准化、工作程序化、规范化，是能够建立工程项目管理信息系统的前提条件。

对工程项目管理信息系统的基本描述也正是围绕着这几方面进行。

(1) 工程项目参与方的信息流通

工程项目的信息流是指各参与方之间的信息流通。在系统中，每个参加者为信息系统网络上的一个节点，负责具体信息的收集（输入）、传递（输出）和加工处理工作。同时，参与方各自不同层级的项目管理者，应给出这些信息的内容、结构、精确度等具体情况，方便其他管理人员通过管理信息系统进行检索、提取和传递等。

例如，在工程项目实施过程阶段，建设单位项目负责人需要如下信息辅助决策：①项目实施情况月报，包括项目质量、成本、进度总报告；②项目成本和支出报表，承包商一般根据业主规定格式，按分部工程制作相应报表；③供审批用的各种设计方案、计划、施工方案、施工图纸、建筑模型等；④决策所需的专门建议等；⑤各种法律、法规、规章、规范，合同以及其他有关资料等。业主根据上述信息，进行：①各种指令，如设计变更要求、施工变更要求等；②审批来自承包商、监理和设计单位的各种计划、方案和报告等；③向企业管理层提交工程项目实施进展情况报告；④对影响工程项目的不可抗力事件的索赔请求答复等。

（2）工程项目管理职能的信息流通

工程项目管理职能的信息流通就是各职能部门之间的沟通协调，便于他们顺利完成各自职责。工程项目管理系统本身是一个复杂的大系统，由许多为专门管理职能服务的子系统构成，例如合同管理信息子系统、成本管理信息子系统（如图10-2所示）、质量管理信息子系统、进度管理信息子系统、材料管理信息子系统和设备管理信息子系统等。最后，这些用于服务不同职能部门信息管理问题的子系统，再加上解决它们之间信息流通的链接程序，便共同构成了工程项目管理信息系统。

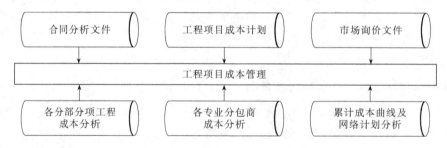

图 10-2 工程项目成本管理信息子系统

图10-2中每个节点不仅仅是表示各个项目管理职能工作本身，而且代表了其中的信息处理过程，而每一根箭线不仅表示项目管理职能的指向，也代表了其中的信息流通过程。在每个子系统中，各种信息的结构、内容、载体和时间等都需要专门的设计和规定。

（3）工程项目工作过程的信息流通

工程项目的工作过程既可表示项目的工作流程，也可从另一个侧面表示了项目的信息流向，为了便于应用工程项目管理信息系统，对所有工作应进行专门设计的内容有：各工作阶段的信息输入、输出和处理过程及信息的内容结构、要求、负责人等。例如，图10-3所示的工程项目在计划阶段的工作过程。

在图10-3中的每一个环节都将产生信息流通，整个工作流程便形成了工程项目计划管理信息系统。如果按照工程项目的生命周期来进行工作开展，则可以划分为可行性研究信息系统，计划管理信息系统，实施控制信息系统与后评价信息系统等。

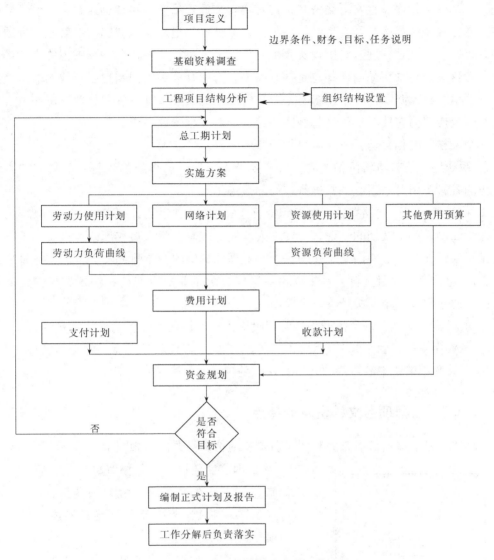

图 10-3　工程项目计划阶段的工作流程

10.3　工程项目文档管理

10.3.1　文档管理的任务与基本要求

在工程项目实际工作中，许多信息都离不开文档系统支持。所谓文档管理是指对作为信息载体的资料进行有序的收集、加工、分解、编目、存档，并为工程项目各参与方提供专用的和常用的信息过程。文档系统是管理信息系统的基础，也是管理信息系统能够有效率运行的必要前提。

常常听到一些项目经理感叹项目资料实在太多、太复杂，各种零乱的文件在办公室汗牛充栋，却杂乱无序。也常听到资料员常常抱怨文件柜虽多，可要迅速找到一份领导想要的文件却往往要花很多时间，有时时间长了，甚至不知道从哪里找起。这就是工程项目管理中缺乏有效的文档管理系统的现实表现。事实上，每一位去过各种图书馆的人们都会发现，尽管这里资料堆积如山，却总是井然有序，想在几分钟内找到自己要找的书是轻而易举的一件事，这就归功于图书馆都有一个功能强大的文档管理系统。显然，每一位合格的项目经理也应努力在项目上建立起像图书馆一样的文档管理系统。

一个合格的文档管理系统应满足如下基本要求。

① 系统性。所有与项目相关的，将来要录入管理信息系统的资料，都必须按照事先给定出的各种类别对号入座，并进行统一的系统化管理。

② 独特性。每个文档有独立的标识或标志，能够互相区别，通常以编码方式实现。

③ 责任制。每个文档的管理责任要逐人落实，即有专门人员和部门负责文档工作。

工程项目文档和资料通常是集中保管、处理和提供的，常见的文档可能有三种形式。

① 企业保存的项目资料，是指项目经理提交给企业上层管理者的各类报告、报表和请示等，通常保存在企业文档管理系统中。

② 项目集中文档，是指需要项目组织设专人在专门场所保管的文档资料。

③ 各部门文档，由企业各相关职能部门保管的本部门与项目有关的文档资料。

④ 所有文档资料来源可靠，客观真实，处理得当，未丢失信息。

10.3.2 工程项目文档资料的特点

文档资料是工程项目信息的载体，通常有两种资料数据，如图10-4所示。

① 内容性数据。它是指资料具有实质内容，例如施工图纸、往来信函、合同条款等，内容丰富、形式多样，往往有专业术语和措辞描述，其内容是随项目进展而可变的。

② 说明性数据。它是指为了方便文档的编目、存档、查询和调取，对内容性数据的说明和解释，或对一些特征加以区别，其内容一般不会变化。

另外，由于工程项目的文档资料量大、面广且形式多样，为了便于管理需合理登记分类。

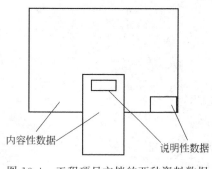

图10-4 工程项目文档的两种资料数据

10.3.3 工程项目文档管理系统构建

文档资料通常会根据其内容性数据的性质来划分类别。工程项目实施中经常需建立一些重要的文档资料，例如工程合同及其附件，合同资料、往来信件、会议纪要、各种原始文件和凭证（施工日志、隐蔽工程检查记录）、工作联系单、领（用）料单、各种报表

(如月报、季报、进度报告)、索赔报告、各种检测、监测、鉴定报告和验收记录等，故建立完整的文档管理系统需要做好以下两个步骤：

(1) 对资料按特征进行编码

有效的文档管理是以较强表达能力的资料特征编码，并满足用户使用方便为前提的。在正式开始前就应专门研究和建立适应该项目需要的文档编码体系。最简单的数字序号当然也是编码形式之一，但它缺乏足够的表达能力，难以显示对应数据资料的特征。因此，合格的项目编码体系应至少满足以下基本要求：①对各种资料都适用的统一编码体系；②能区分资料的类别和特征；③根据需要，能"随意扩展"；④数据的人工处理和计算机处理效果无差异。

同时，工程项目信息管理中的文档资料编码通常应包含以下信息：①有效范围。说明资料的使用范围，例如属于某子项目或功能等；②资料种类。例如表明是图纸、信件还是纪要等不同外部形态的资料，是技术的还是商务的等；③内容和对象：资料的内容和对象是编码的重点。对一般项目，可用项目工作分解结构（WBS）的结果作为资料的内容和对象。但有时项目工作分解结构可能是按功能划分，并不完全适用，这时就要专门设计文档结构。④日期/序号：为了区分范围、种类和对象都相同的资料，可通过日期或序号来表达。当然，对于不同规模的工程项目来说，上述要求也不尽相同，例如对只包含一个单位工程的小项目，对有效范围的要求就完全可以省略，而对规模较大的项目则应尽可能详尽。下面以某工程项目的11位数字编码为例，来说明对每部分信息编码如何设计和定义，如图10-5所示。

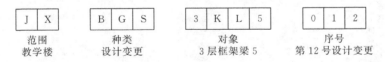

图 10-5　某工程项目文档资料编码体系

(2) 对文档资料建立索引系统

为了文档资料使用的方便，提高管理效率，必须建立资料的索引系统，它类似于图书馆的书目索引。

项目资料的索引一般采用表格形式，并在项目实施前就进行专门设计。表格中的内容应能完整反映资料的各种特征信息。不同种类的资料可以采用不同的索引表，当其需要被查询或被使用时，只需"按图索骥"即可。例如，信件索引可包括如下内容：信件编码、文档号、主要内容、来（回）信人、来（回）信日期、备注等。索引与文档的对应关系如图10-6所示。

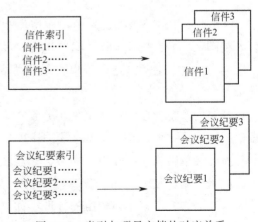

图 10-6　索引与项目文档的对应关系

10.4 Project 在工程项目信息管理中的运用

10.4.1 应用 Project 对工程项目信息分组

以 Project 2010 为例来进行说明。在 Project 2010 中，信息分组是按照实现给定的分组依据，例如任务持续时间、完成日期、优先级和资源分配等，来组合或重新排列工程项目中的任务或活动。工程项目信息分组不仅能对原始信息进行排序，还能自动计算信息的分类总计，而且不会改变项目计划的原始结构，而只是重新组织和计算了项目数据。通过信息分组能够为项目管理人员查看每个工作及其对应的资源数据提供很大方便，便于对数据进一步分析和与其他人员沟通。

在 Project 2010 中，要对任务信息分组需在任务类视图上使用分组依据，要对资源进行信息分组，则需在资源类视图上使用资源类分组依据。具体操作如下：打开项目文件，在"甘特图"视图下点击"识图"菜单下"分组"的工具条，用既可以使用默认的预设分组依据，也可以按照实际需要新建分组依据，然后选择弹出菜单中的"限制类型"，则可将任务按不同的限制类型分组显示，如图 10-7 所示。

图 10-7 对任务按不同的限制类型分组显示

类似地，Project 2010 为用户在资源也提供了若干个预设分组依据。首先点击工具栏"视图"，再点击"其他视图"选择"资源工作表"视图，同样可使用默认的预设分组依据，例如"资源类别"，也可以根据需要新建分组依据，分别如图 10-8 和图 10-9 所示。

如果用户希望在网络图上使用分组功能，同样也可点击工具栏"视图"，再点击"网络视图"选择分组依据，具体步骤相同本文不再赘述。如果要取消分组，点击"分组依据"弹出菜单中的"不分组"即可，参照图 10-7 所示。

由此可见，应用 Project2010 中对信息分组，关键在于分组依据的设定。而分组依据是根据设定的域内容作为分组的标准。如果使用的域属于数值、日期或成本等信息，还可以设定分组的间隔。首先点击"分组依据"中的"其他组"，如图 10-10 所示。

图 10-8　选择资源工作表视图

图 10-9　选择资源分组依据

图 10-10　选择其他组对话框

在"其他组"对话框中列出了所有预定义的任务类（任务类视图下）和资源类（资源类视图下）分组，选中要编辑的组，例如"任务完成情况"，再点击"编辑"按钮，如图 10-11 所示。点击"定义分组间隔"按钮，出现如图 10-12 所示对话框，默认设置为按项目中任务完成百分比 0%，1-99%，100%三个间隔分组，在"定义分组间隔"用户可以根据需要任意修改，例如本文选择了 0%，1%～25%，26%～50%，51%～100%四个间隔来分组，如图 10-12 所示。

图 10-11　选择定义分组间隔对话框

图 10-12　用户自定义分组间隔

10.4.2　应用 Microsoft Project 对工程项目信息筛选

在工程项目信息管理实际工作中，有时项目经理希望只查看任务相关的特定类型信息时，例如只查看里程碑事件。由于一个任务往往涉及很多相关信息，为了达成这一目的，Project 2010 提供了筛选功能。通过任务筛选器，便可隐藏任务其他信息，只显示用户需要的信息。

(1) 常用的任务类筛选器

在任务类视图下，如"甘特图"和"网络图"视图等，点击工具栏"视图"，再点击"筛选器"按钮，弹出菜单中 Project 2010 列出了 10 个预设的任务类筛选器，如图 10-13 所示。下面简介部分常用筛选器的作用。

图 10-13　选择需要的任务筛选器

1) 关键：只显示处于关键线路上的所有任务。

2) 里程碑：只显示被标志或定义为里程碑的任务。

3) 任务范围：属于交互式筛选器，提示用户输入两个标识号，然后只显示在这两个标识号之间的所有任务，包括标识号本身。

4) 日期范围：属于交互式筛选器，类似于银行资金的查询功能，然后显示工作分配在第一个日期之后开始，第二个日期之前完成的所有任务和资源。

其他如使用资源、未完成的、延迟的和已完成的任务等，定义方法类似。

如果上述预设筛选器都不能满足需要，Project 2010 还特别提供了其他筛选器。用户只需点击"其他筛选器"按钮启动"其他筛选器"对话框，如图 10-14 所示。

下面简介部分其他筛选器的作用。

1) 进行中的任务：筛选出所有已经开始但尚未完成的任务。

2) 进度落后的任务：筛选出所有落后于原来计划进度且尚未完成的任务。

3) 成本大于……：显示那些工作分配的成本超过了设定值的任务和资源。

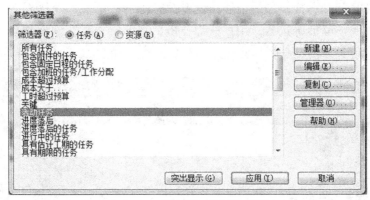

图 10-14　选择其他筛选器对话框

4）资源组：一种交互式筛选器，提示用户输入资源组的名称，然后只显示与该组资源有关正在进行的任务。

未介绍的其他筛选器如包含固定日程的任务、进度落后的任务等，其使用方法类似。

（2）常用的资源类筛选器

筛选资源信息时，需要先进入资源类型的视图，然后点击"筛选器"按钮，弹出相应菜单。Project 2010 也列出了 10 个预设的资源筛选项，如图 10-15 所示。下面简介部分常用的资源筛选器：

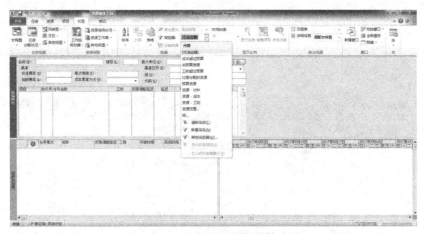

图 10-15　选择需要的资源筛选器

1）成本超过预算：筛选出按当前计划成本超过比较基准成本的资源。

2）过度分配的资源：筛选出所有在日程排定中有超负荷工作情况的资源。

3）资源范围：筛选出在给定两个标号之间的所有资源。

4）资源—工时：筛选出所有工时类资源。

5）资源—材料：筛选出所有材料类资源。

未介绍的其他筛选器如非预算资源、资源—成本等，其使用方法类似。

与任务类信息筛选一样，如果上述预设资源筛选器都不能满足需要，Project 2010 同样也提供了资源类的其他筛选器。用户只需点击"其他筛选器"按钮启动"其他筛选器"对话框，再选中所需要的筛选器后点击"应用"即可，如图 10-16 所示。

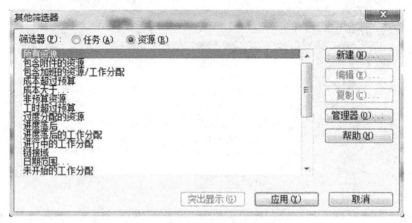

图 10-16　选择资源的其他筛选器

10.4.3　应用 Project 对工程项目信息排序

为了满足工程项目管理实际工作中对任务或资源的信息整理需要，除了筛选功能，Project 2010 还提供了依据某设定条件进行排序的功能，例如任务编号、开始时间和资源名称等。如果项目管理者需要按照某种顺序查看任务使，这一功能将非常实用。在 Project 2010 中，选择视图工具栏，然后点击"排序"按钮，在弹出菜单中选择"排序依据"，用户可以根据需要在主要关键字、次要关键字和第三关键字分别输入内容进行排序，如图 10-17 所示。

图 10-17　选择排序依据

在关键字下的列表框中可以把标识号、比较基准、成本或开始、完成时间等作为关键字。

(1) 对项目任务进行排序

在任务类视图下，如"甘特图"和"网络图"视图等，点击工具栏"视图"，再点击"排序"按钮，弹出菜单中 Project 2010 列出了 5 个预设的排序依据：按任务开始/完成时间、按优先级、按成本和按标识号，如图 10-18 所示。

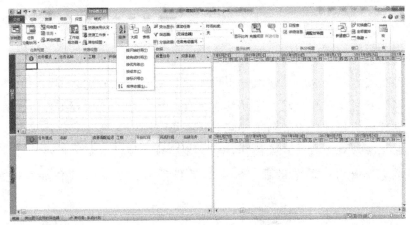

图 10-18　对项目任务进行排序

(2) 对项目资源进行排序

在资源类视图下点击工具栏"视图"，再点击"排序"按钮，Project 2010 列出了 3 个预设的排序依据：按成本、按名称和按标识号，如图 10-19 所示。

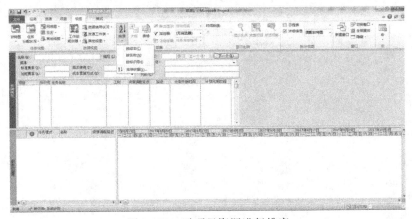

图 10-19　对项目资源进行排序

当然，用户选择排序时既可以选择"升序"，也可以选择"降序"重新进行排列。

本章小结

本章对工程项目信息和工程项目信息管理的概念进行了基本介绍。对工程项目信息，主要讲解了工程项目信息的定义、分类和基本要求等；而在分析和论述工程项目信息管理时，主要讲解了项目信息管理的概念和程序、在此基础上引入了工程项目管理信息系统的概念和基本构建工作，并强调了工程项目各参与方在实施过程中进行规范的文档管理的重要性，最后简介了 Project 软件在工程项目信息管理中如何运用。通过上述内容学习，将使同学们对工程项目信息管理的重要性有较为全面的认识，也熟悉并掌握了运用相应的工程项目管理软件的基本技能。

思考题

1. 什么是信息？什么是信息管理？
2. 什么是工程项目信息？工程项目中有哪些信息来源，如何分类？
3. 什么是工程项目信息管理？你了解现代信息技术对工程项目管理的影响吗？
4. 建设单位也需要进行有效的工程项目信息管理吗？为什么？请给出你的理由。
5. 什么是工程项目管理信息系统？建立它需要做好哪些准备工作？
6. 请通过资料查询，列举出目前常用的工程项目信息管理软件名称，并进行简单介绍。
7. 请说明工程项目文档资料的特点？为什么需要设计有效的工程项目文档资料管理系统。
8. 请你谈谈，施工单位如何在施工现场进行有效的工程项目信息管理？

第 11 章

工程项目沟通管理

教学目标 ▶▶

本章主要讲述因项目和项目组织的特殊性而带来的沟通困难，项目组织协调和沟通是一个信息流动的过程，是一个多界面沟通的复杂过程。通过本章的学习，应该达到如下目标。

(1) 了解工程项目协调和沟通的基本概念。
(2) 掌握工程项目沟通管理的概念和主要影响因素。
(3) 掌握工程项目的协调和沟通方式。
(4) 掌握工程项目沟通管理中 Project 的合理运用。

学习要点 ▶▶

知识要点	能力要求	相关知识
工程项目沟通与沟通管理	了解工程项目沟通基本概念 掌握工程项目常见的几种重要沟通管理 掌握工程项目沟通方式	(1) 通过项目沟通可以实现的目的 (2) 项目争执 (3) 影响项目沟通主要因素
工程项目沟通管理信息化	掌握 Project 软件在工程项目沟通管理中的合理运用	(1) 应用 Project 生成项目报表 (2) 应用 Project 发送电子邮件功能进行项目沟通

基本概念 ▶▶

工程项目协调与沟通、工程项目沟通方式、正式沟通、非正式沟通

11.1 工程项目沟通管理概述

11.1.1 工程项目协调与沟通的概念

从管理学看，协调是指"对相继的和同时的互依活动的调和过程"，即"完成目标各活动间的相互依赖关系进行管理"。工程项目协调是为了解决项目组织内外部的各单位、部门和成员矛盾，使个人与组织目标一致，减少冲突，其本质是一种用以解决项目各界面的冲突问题，可使各方面矛盾居于统一的项目目标和提升管理效率的方法。在各种协调中，项目的组织协调居于核心地位，它对维持工程项目各目标之间、项目各子系统之间和子系统内部的平衡至关重要。项目经理（本书的项目经理主要是指承包商的项目经理，下同）是协调中心和沟通桥梁，需要在项目目标的规划、实施和控制等运作过程中开展大量的协调工作。

沟通正是项目组织协调的重要手段，也是解决组织间或成员间信息障碍的有效方法。通过成员或组织之间沟通，不但可以解决协调的问题，如项目目标、技术、管理方法和管理程序之间的矛盾，而且还可以解决各参与者心理的和行为的障碍，减少争执、纠纷。从过程来看，沟通与协调是一个问题的两个阶段，沟通是实现思想、观点的交流，达到信息的有效传递和分享，而协调是在信息沟通后而达成的一致性认识。由此可见，沟通和协调的共同目的是为了实现项目内、外部组织和成员对项目的一致性认识。反过来看，项目内、外部组织和成员对项目的一致性认识效果，又直接受到项目成员有效沟通程度影响。

在工程项目中，每个人都需要有效沟通。通过沟通，他能向上级、给下属提供信息，给同事给出建议，说服项目其他参与人和利益相关者，同时也得到各方的信息反馈。因此，成功的沟通对工程项目能否成功极为重要，有效的项目沟通是为了实现以下目的。

1）明确总目标，使工程项目参与者对项目总目标达成共识。项目经理是组织实施项目，全面履行合同的人。他一方面要研究业主的总目标、期望以及对项目成功的检验标准，另一方面要通过有效的沟通，使得项目参与各方把总目标作为行动指南，以便在行动上保持一致，共同实现工程项目的总目标。

2）有效地激励项目参与各方。不同的项目参与方，他们各自的目标可能并不相同，难免存在一些组织矛盾或纠纷，通过有效的沟通可以加强各方之间的相互理解，建立和保持良好的项目合作精神。

3）提高项目组织内部成员之间的信任度，提高项目管理工作效率。

4）增强项目情况透明度，改善项目成员人际关系。当工程项目遇到困难时，如成本严重超支，项目进度严重滞后，通过有效沟通可以增强项目组织成员的信心，便于识别出当前存在问题的原因，采取措施共同努力对项目合理"纠偏"。

11.1.2 工程项目沟通管理的特点

有效的沟通管理是工程项目保持顺利进行的润滑剂，其涉及面广，属于综合性管理过程，主要特点如下。

1) 工程项目沟通首先是信息的交换和共享的过程。

2) 工程项目沟通又是工程项目的组织过程，工程项目要很好的解决沟通问题，如专业工作流程和管理工作流程的设置等。

3) 工程项目沟通还是心理和组织行为的过程。

4) 沟通管理贯穿于工程项目的整个生命周期，当项目启动、计划、实施发生变更时都需要及时进行沟通，当项目发生冲突和问题需要解决时也需要沟通。

11.1.3 工程项目沟通管理的困难

尽管现代通信工具加上科学的信息收集、储存和处理手段，降低了沟通管理在技术和时间上的障碍，但由于项目组织的特殊性，工程项目沟通管理仍然存在很大困难。

1) 现代工程项目规模大，项目组织关系复杂，信息量大，沟通渠道或沟通路径多，需要建立复杂的沟通网络才能使信息沟通流畅。

2) 现代工程项目技术复杂，参与方多，需要高度的专业分工，有时甚至出现不同国家和不同文化背景的项目成员共同合作的问题。文化、心理、风俗和语言的不同都可能对项目沟通产生一定的障碍。

3) 工程项目成功需要统一的目标性，但项目参与方来自于不同企业和组织，有着不同的利益考虑，需要项目经理在沟通过程中不仅关注项目总目标，也要顾及各方利益，保持不同主体间的利益平衡，激励他们发挥各自优势，共同合作。

4) 工程项目组织是临时性组织，项目组织人员归属感不强，对项目忠诚度不高，项目组织很难像企业一样形成自己的组织文化，加大了工程项目沟通的难度。同时，人们在工作中容易出现短期行为，而不顾长远的利益。

5) 工程项目组织容易受到企业组织、项目周边组织和其他参与方的影响，为了使项目顺利实施，需要其不断调整自身行为方式以适应项目环境，给沟通管理增加了困难。

6) 合同作为连接工程项目组织间工作关系的纽带，是各参与方的最高行为准则。然而，在项目实施前不可能任何问题都考虑到，合同的天然不完备性必然导致漏洞和矛盾，使得项目各参与方都站在自己的角度分析和解释合同，容易引起项目组织间的争执和冲突，也给项目沟通管理工作增加了很大困难。

11.2 工程项目中常见的几种重要沟通

在工程项目实施过程中，项目经理是工程项目协调沟通的中心，因此围绕着项目经理和项目经理部通常有一些必不可少的界面沟通，同时也是工程项目集中最重要的沟通。

11.2.1 项目经理与业主的沟通

业主作为项目的所有者，行使项目的最高权力，对工程项目承担全部责任，但业主并不直接具体管理项目，而是宏观决策和总体控制，项目经理必须服从业主的决策和指令。显然，取得业主支持是项目经理获得项目成功的首要条件，而了解业主需求并加强与业主单位的沟通，克服沟通中可能存在的诸多障碍，是项目经理必须认真做好的重要工作，具体如下。

1）项目经理必须理解项目总目标和业主的意图，认真分析合同文件。

2）项目经理应尽可能让业主全程参与项目，采取各种措施加强与业主的沟通。

① 多向业主解释，帮助业主理解项目，尤其是项目计划的执行情况，使其掌握项目管理方法，减少业主对项目的非程序性干扰。另外，业主的过程参与能加深其对项目开展所遇到困难的认识，从而积极配合项目经理的工作。尤其是当项目与周边组织或政府部门产生矛盾时，项目经理应更充分的通过业主参与来解决问题。

② 决策时要多考虑业主的期望，了解业主所面临的困难和项目意图。

③ 项目经理应该向业主多提供充分的项目信息，让他了解项目的全貌、项目实施情况，以便业主在决策时理解方案利弊，减少对项目目标的影响。

④ 不断强化项目的计划性和预见性，让业主了解其非程序干预的后果。项目经理与业主之间沟通越多，双方期望就越清晰，争执就越少。

⑤ 项目实施过程中，有时会遇到业主相关部门对项目的指导、干预，常常会妨碍项目正常实施。项目经理应该认真倾听，耐心解释，但不应该让他们直接指导项目的实施或直接指挥项目团队成员，否则会存在重大的隐患。

11.2.2 项目经理与其他承包商的沟通

这里其他承包商指工程项目的专业分包单位、劳务分包单位和供应商等，他们大多与承包商有直接合同关系，也是工程项目的具体参与者。项目经理与他们沟通应注意如下几方面。

1）项目经理应该让他们了解项目总目标、阶段目标以及各自目标等，应增加项目透明度，这个工作不仅体现在各类交底和合同签订过程中，而且应贯穿于项目整个实施过程。

2）项目经理应加强与其他承包商的现场管理人员沟通，向他们解释施工方的项目管理程序、目前的阶段性目标、合同条款和相关计划等，在发出工作联系单后要做出具体说明，防止其他承包商产生误解，尽量增加多种形式的沟通渠道。

3）项目经理应该采取措施激励其他承包商及时反馈项目相关状况的信息、结果和困难，以便发现他们对项目计划、控制是否存在误解，或有对立情绪，消除可能的干扰。实践证明,其他项目商对项目了解越多、越深刻,项目中的争执也会越少。

4)项目经理与其他承包商的沟通要依据项目计划、合同和各类变更资料、与工程有关的法律法规等,可采用的形式包括各类交底、协调会、例会、和项目进展报告等。

11.2.3 项目经理部内部的沟通

一般而言,项目经理领导的项目经理部是项目组织管理的核心,它直接控制资源和完成项目具体工作。在项目经理部的内部沟通中项目经理起着核心作用,如何协调各项工作和激励项目经理部成员是项目经理的重要工作。项目经理部成员来源复杂,有不同专业背景。特殊情况下,有的专职为本项目工作,有的还同时承担多项目工作,因此应注意以下几点。

1)项目经理必须加强与技术专家的沟通。技术专家们比较注重技术方案的优化,对基层的具体施工工序了解较少,项目经理应因势利导,既发挥其理论优势,也应注重技术方案实施的可操作性。

2)项目经理应建立科学的项目管理系统。明确项目部成员各自的工作职责,设计完备的工作流程,明确项目中正式沟通的方式、渠道和时间,使项目部成员按照程序和规章制度办事。

3)项目经理应该注意从心理学和行为科学的角度激励项目部成员。项目是一次性的,不能完全照搬以往的经验,因此许多工程项目,尤其是复杂项目的工作是富有创造性和吸引力的,项目经理可采用有效的激励措施,例如在项目经理部内部适当放权,让一些职能部门管理者独立制定项目实施方案和安排计划,充分发挥自身的积极性和创造性。项目经理还应加强项目经理部的内部沟通,尽量避免职能部门间产生冲突。在工作中,关心每个项目部成员,善于听取其他成员的意见,营造相互信任、轻松工作的氛围。

11.2.4 项目经理与政府部门的沟通

在我国工程项目实践中,项目经理经常要与政府相关部门沟通,并按照这些部门的具体规定和要求,提供项目各类信息,协助业主办理与采购、施工等相关的法定手续,获得审批或行政许可等。因此,项目经理加强与政府部门的沟通在现代工程项目管理中也越来越受到重视,例如政府部门为了规范整个建设过程,需要项目经理协助业主到相关部门办理有安全、环保、施工许可证等,在一些交通和人流密集的地方,要事先与交通管理部门取得联系。不同于与其他社会组织的沟通方式,项目经理在与政府沟通时要注意以下几点。

1)要切实做好主动沟通。此类沟通的成效主要取决于双方的态度,项目经理应该以一种积极和良好的态度,主动与政府部门进行沟通,争取政府部门的重视和支持,这将对项目带来积极的影响。

2) 要事先计划，明确沟通目的。在与政府部门沟通的效率往往取决于事先准备，因此，项目经理应该在与政府部门项目沟通前做好充分的沟通计划，明确沟通目的。

3) 务必注意沟通方式。随着科学技术的发展，目前的沟通形式越来越多种多样，但不同的沟通方式对沟通效果存在巨大的影响，准确有效的沟通形式将对整个沟通成效起到关键作用。在与政府部门沟通时必须尽量选择官方渠道，例如正式的商业信函、报告会和正式会面等，另外还应注意言谈话语的简洁明了，语气措辞的谦逊有理。

11.3 工程项目的沟通方式

11.3.1 工程项目常见的沟通方式

沟通是项目经理最主要的工作之一，据统计可占其工作总时间约70%左右。一般而言，工程项目中常见的沟通方式如下。

① 按是否进行反馈分为：双向沟通（有反馈）和单向沟通（没反馈）。
② 按信息流向分为：垂直沟通（下行和上行）和横向沟通（平行）。
③ 按组织系统可分为：正式沟通和非正式沟通。
④ 按是否通过语言可分为：语言沟通和非语言沟通。
本书主要介绍工程项目的正式沟通和非正式沟通。

11.3.2 工程项目的正式沟通

工程项目的正式沟通是指在项目中通过正式的组织过程来实现的。是由项目的组织结构图、项目流程图、项目管理流程、信息流程和运行的规则构成的。项目正式沟通方式和过程一定要经过专门的设计，有专门的定义。工程项目的正式沟通的方式主要如下。

(1) 项目手册

项目手册是项目和项目管理基本情况的集成，它的基本作用就是为了项目参与者之间顺利沟通。它通常包括以下内容。

① 项目概括、规模、业主、工程目标、主要工作量；
② 项目参与者；
③ 项目工作分解结构；
④ 项目管理规范。

在项目手册中，应说明项目的沟通方式、管理的程序，文档和信息应该有统一的定义和说明、统一的WBS编码体系、统一的组织编码、统一的信息编码、统一的工程成本细目划分方法和编码、统一的报告系统。

(2) 各种书面项目文件

包括各种计划、政策、过程、目标、任务、战略、项目组织结构图、项目组织责任图、报告、请示、指令、协议。

① 在工程实际中应该形成书面文本交往的习惯，对工程项目问题的各种协商的结果、指令、要求都应该落实在书面文本上，项目各方的沟通都应以书面文本作为沟通的最终依据，这是法律和合同的要求，也是避免出现争执最好的方法。

② 定期报告制度，建立报告系统，及时通报工程的基本情况。

③ 对工程中出现的各种特殊问题进行处理并及时登记，并提交报告。

④ 工程过程中涉及各方面的活动应有相应的手续和签收证据，如场地交接、图纸交接、材料、设备验收等。

(3) 项目协调会议

项目协调会议通常包括：常规的协调会议和非常规的协调会议，前者一般在项目手册中有具体规定，后者一般是在特殊情况下才组织召开的会议。

项目经理对项目协调会议必须要足够的重视，应亲自组织和策划，原因如下。

① 通过协调会议可以获得大量的信息，便于对项目现状进行了解和分析。

② 便于检查工作，澄清问题，了解各子系统完成情况、存在问题及影响项目的主要因素，评价项目进展及时跟踪控制。

③ 布置下阶段工作，如调整网络计划、研究解决问题的对策，选择合理方案、分配资源。

④ 进一步进行新的激励，动员和鼓励其他承包商和项目部成员一起努力工作。

11.3.3 工程项目的非正式沟通

(1) 非正式沟通的形式

非正式沟通是通过项目中的非正式组织关系形成的。一个项目参与者在正式的项目组织中承担着一个角色，又处于复杂的人事关系网络中，如非正式团体，由爱好、兴趣组成的小组。在这些组织中人们建立起各种关系来沟通信息、了解情况，影响人们的日常行为。在工程项目中常见的非正式沟通形式有很多。

① 通过聊天、喝茶等传播消息，了解信息、沟通感情。

② 在正式沟通前后，在工程重大问题处理过程进行非正式磋商，如喝茶、聊天、吃饭等。

③ 现场观察，通过到现场进行非正式巡视，与各种人接触、聊天，旁听会议，直接了解项目情况。

④ 通过大量的非正式的横向沟通能加速信息的流动，促进理解、协调。

(2) 非正式沟通的作用

非正式组织折射出项目的文化氛围，支持组织目标的实现。非正式沟通的作用有正面的，也存在负面影响。管理者可以利用非正式沟通方式达到非常好的管理效果。

① 管理者可以利用非正式沟通可以了解参与者的真实思想、意图，了解真实情况；

② 通过非正式沟通可以解决各种矛盾，协调好各方面的关系；

③ 可以形成激励作用；

④ 非正式沟通获得的信息，可以辅助决策；

⑤ 承认非正式组织的存在，可以缩短组织层次之间的隔阂，使团队成员间亲近和了解。

⑥ 在作出重大决策前采用非正式沟通方式可以集思广益，平缓矛盾，将管理工作做得尽量大家都满意。

11.4 Project 在工程项目沟通管理中的运用

11.4.1 应用 Project 生成工程项目报表

为了有效地管理项目，项目经理要与相关人员沟通项目信息，生成和打印出符合各种需要的图表，是项目信息交流的必要手段。如在 Project 2010 中"报表"可以将项目信息以一种更为精密组织的方式输出，报表与一般视图的差异在于报表可产生具有汇总性、更详细、合理组织的信息。

(1) 报表的分类与应用操作

在 Project 2010 中首先点击菜单栏的"项目"，然后再点击子菜单"报表"，即可启动"报表"对话框。Project 2010 的"报表"功能中预定义了一些报表，并把常用的报表按照功能分为 5 类：总览、当前操作、成本、工作分配和工作量，如图 11-1 所示。

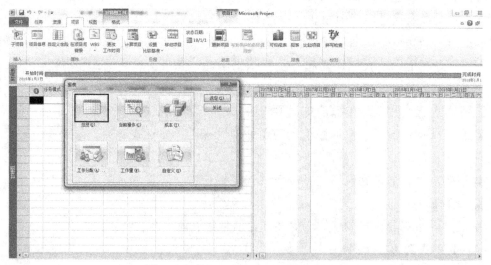

图 11-1 "报表"对话框图

而且，在每类中又包含了若干个报表，例如选择"成本"类型报表，点击"成本"对话框，则进入下一级对话框，如图 11-2 所示。

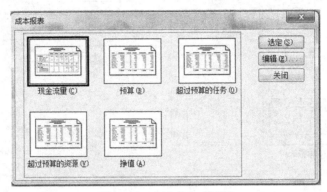

图 11-2 选择成本对话框

如果用户希望打印"现金流量图"，点击"选定"按钮或双击该图标，就会进入报表预览打印环境，而后只要根据需要设置打印格式再打印报表即可。如果想使用其他功能类型的报表，同样也可按照上述步骤，具体操作程序相同，不再赘述。

在使用 Project 2010 预设报表时，除了直接使用上述 5 大类报表外，用户还可以根据需要自定义报表。双击"自定义"类型图表后得到的结果如图 11-3 所示，所有系统预设的、用户自定义的报表都会在"自定义报表"对话框列出，选中要打印的报表后同样可"预览"或者"打印"。

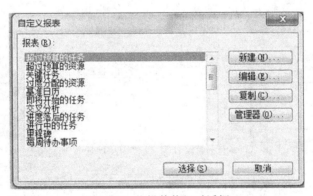

图 11-3 选择其他组对话框

(2) 选择适合用户的预定义报表

在 Project 2010 中系统已经预定义的报表约有 30 种之多，用户如果想要很好地利用它们，需要预先了解各种报表，然后再合理选择，最后打印出项目、资源、进度等信息便于沟通，以下简介 Project 2010 中按前述 5 种分类的常用报表。

1) 总览，用来报告项目整体信息的相关报表，包含 5 个报表，如图 11-4 所示。

• "项目摘要"：在项目计划和实施阶段的沟通工作常常需要使用该报表，利用该报表可以输出任务、资源的数量，项目成本、开始和完成日期等信息的摘要。

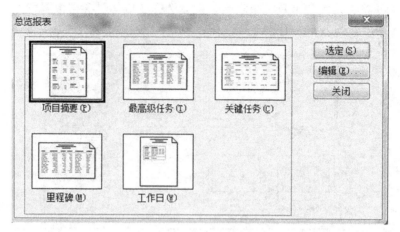

图 11-4　总览报表

- "最高级任务"：该报表可输出项目处于大纲级别的最高任务信息摘要，用于成员间沟通项目主要阶段的汇总信息。
- "关键任务"：该报表可输出所有关键任务的计划开始和完成日期、成本和当前完成百分比等信息的摘要。
- "里程碑"：该报表可输出按开始日期排序的里程碑任务列表，便于实施期间对项目主要进度、质量关键控制点等任务的沟通工作。
- "工作日"：该报表可输出基准日历中某一周每天都工作时间列表。

2）当前操作，用来报告与当前进度相关信息的报表，包含 6 个报表，如图 11-5 所示。

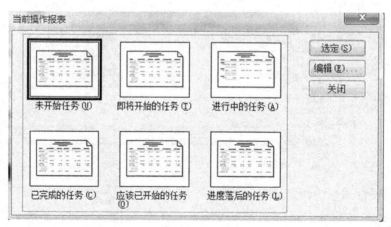

图 11-5　当前操作报表

- "未开始任务"：该报表可输出尚未开始的任务的工期、紧前任务、开始和完成日期、资源和工作分配列表等相关信息。
- "即将开始任务"：该报表可输出在指定时间段内开始的任务列表。
- "进行中的任务"：该报表可输出当前进行中的任务列表，显示任务发生的月份。

- "已完成的任务"：该报表可输出已完成任务列表及其发生的月份。
- "应该已开始的任务"：该报表可输出在指定日期应开始的任务列表。
- "进度落后的任务"：该报表可输出在任务比较基准完成日期之后的任务，便于共同关注和协调那些进度落后且尚未完成的任务。

3) 成本，用来报告与成本相关信息的报表，包含 5 个报表，如前述图 11-2 所示。

- "现金流量"：该报表可输出以周为增量的每项任务成本相关信息，并汇总数据。
- "预算"：该报表可输出每项任务的预算成本，预算成本与当前实际成本存在差异的任务列表。
- "超过预算的任务"：该报表可输出那些超过了比较基准成本的任务列表，便于项目成员共同关注和协调处理那些超支任务。
- "超过预算的资源"：该报表可输出超过了比较基准成本的资源列表，便于项目成员共同关注和协调处理那些资源超限任务。
- "挣值"：该报表可输出挣值信息及其对应任务列表。

4) 工作分配，用来报告与资源工作分配相关信息的报表，包含 4 个报表，如图 11-6 所示。

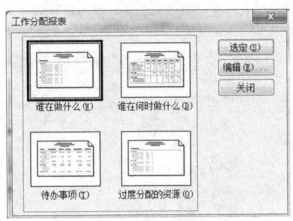

图 11-6　工作分配报表

- "谁在做什么"：该报表反映了每一种工作时间（简称工时）类资源的任务列表，可输出已分配任务、每项任务的计划工时、开始和完成日期及资源信息列表等。
- "谁在何时做什么"：该报表以交叉分析表方式每一种资源在每天的工时数列表，可输出已分配任务及每项任务的每天排定工时。该报表由于提供的信息非常详细，沟通时建议采用电子信息发布来共享，避免打印纸质文档造成不必要的浪费。
- "待办事项"：该报表统计出指定资源每周必须进行的任务列表，可输出对于指定资源按周划分的任务的工期、开始和完成日期、紧前工作等相关信息。
- "过度分配资源"：该报表可输出那些过度分配了的资源列表，以及对应的任务等。

5) 工作量，用来报告任务与资源工作量信息的报表，包含 2 个报表，如图 11-7 所示。

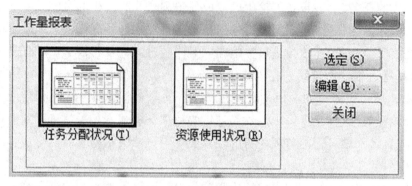

图 11-7　工作量报表

● "任务分配状况"：该报表可输出已分配资源以及表现为每周增量的计划工时量的任务列表。

● "资源使用状况"：该报表可用于按指定时间段来汇总各种资源对应的完成工作量，可输出每个资源已分配的任务，以及表现为每周增量的计划工时量的资源列表。

另外，直接使用系统各种预定义报表有时可能与实际需要存在差异，以及希望对报表的格式、字体等适当调整时，Project2010 提供了方便的报表编辑功能。如果想要修改预定义报表，单击对话框中的"编辑"按钮即可，如图 11-8 所示。

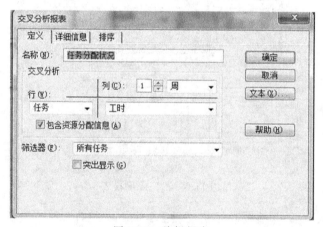

图 11-8　编辑报表

11.4.2　应用 Project 发送电子邮件功能进行项目沟通

在工程项目实际工作中，有时项目经理希望共享项目的有关信息，比如项目计划、项目总目标和工作制度等，为了便于及时沟通和共享这些信息，Project 可以将各种文档通过电子邮件和公用文件夹，发布为图片或网页，上传到内部网站中。

（1）将整个项目文档作为附件发送

在 Project 中打开需要发送的项目文档，再点击"文件"菜单，选择"保存并发送"和"邮件收件人"等各级菜单，如图 11-9 所示。

图 11-9　选择项目文档保存并作为邮件附件

系统便会自动启动操作系统中预设的电子邮件程序如 Outlook、Outlook Express 等，按照这些软件提示信息，在邮件对话框中输入收件人地址和邮件主题等信息，然后在邮件正文中输入相关信息，便可将项目文档作为邮件附件发送出去，如图 11-10 所示。

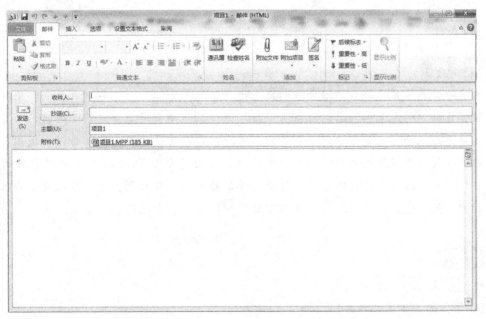

图 11-10　将整个项目文档作为附件发送

(2) 发送选定的一些任务和资源信息

在 Project 中提供了"发送日程备注"的功能，可以在任务视图中将选定的任务和资源作为图片发送给项目中资源和其他联系人。首先打开项目文档，选择要发送的任务和资源信息，然后点击"文件"菜单，选择"保存并发送"和"邮件收件人（以日程备注形式)"等各级菜单,系统会同样自动启动 Outlook 生成新邮件并发送。

(3) 在 Project 中提供了保存到"Share Point"的功能

如图 11-11 所示,用户可以将项目文件导出到 Share Point 列表中,能方便所有拥有"Share Point"密码的人员随时查看,换而言之整个项目组织的有关人员都可以查看。这大大改进了项目信息的共享方式,从而向项目经理提供了一种既简单又快速的共享或创建报表的方法。通过与 Share Point 信息列表同步,可以更加方便地使身处不同地域的项目成员协调、沟通。

图 11-11 将整个项目文档保存到 Share Point

本章小结

本章对工程项目协调和沟通管理的概念进行了基本介绍。对工程项目协调,主要讲解了工程项目协调的定义和沟通的联系等;而在论述工程项目沟通及沟通管理时,主要讲解了项目沟通的概念、主要影响因素和工程项目中几种常见的沟通,在此基础上提出了工程项目沟通方式,并强调了非正式沟通的重要性,最后简介了 Project 软件在工程项目沟通管理中的运用。通过上述内容学习,将使同学们对工程项目协调和沟通管理的重要性有较为全面的认识,也熟悉了如何运用工程项目管理软件的基本技能。

思考题

1. 什么是工程项目协调?
2. 什么是工程项目沟通?
3. 什么是工程项目沟通管理?你了解现代信息技术对工程项目沟通管理的影响吗?
4. 什么是正式沟通?什么是非正式沟通?两者有何异同。
5. 请你谈谈,为什么说项目经理是工程项目协调和沟通管理的核心?

思考题参考答案

第1章 略

第2章

一、判断题

1. √ 2. × 3. √ 4. × 5. × 6. √ 7. √ 8. √ 9. × 10. √ 11. × 12. √ 13. ×

二、单项选择题

1. C 2. A 3. A 4. C 5. C 6. B

三、多项选择题

1. ABC 2. ABCD 3. ABC 4. AB 5. BD 6. ABD 7. ABCD

第3章

一、填空题

1. shift、ctrl

2. 只读、副本

3. 常用视图、任务、资源

4. 单元格

二、选择题

1. B 2. C 3. D

第4章 略

第5章

一、判断题

1. √ 2. ×

二、单项选题

1. C 2. A 3. B 4. C 5. A 6. D

三、多选题

1. AD 2. AC 3. AD 4. ABD

第6章

一、判断题

1. √ 2. √ 3. √ 4. × 5. √ 6. ×

二、单选题

1. D 2. C 3. D 4. B 5. A 6. C

第7章

一、判断题

1. √ 2. × 3. √ 4. √ 5. √ 6. × 7. × 8. ×

二、单选题

1. B 2. B 3. A 4. D

三、多选题

1. ABC 2. BC

第 8 章　略

第 9 章

一、单选题

1. B 2. C 3. C 4. B 5. B

第 10 章　略

第 11 章　略

参 考 文 献

[1] 成虎,陈群.工程项目管理[M].北京:中国建筑工业出版社,2013.
[2] 宋淑启,杨奎清.现代项目管理论与方法[M].北京:水利水电出版社,2006.
[3] 戚安邦.项目成本管理[M].天津:南开大学出版社,2006.
[4] 盛天宝.工程项目管理与案例[M].北京:冶金工业出版社,2005.
[5] 黄维光.Project 2003实用教程[M].北京:清华大学出版社,2007.
[6] 黄维光,张敏.中文版Project 2007实用教程[M].北京:清华大学出版社,2008.
[7] 张晋延,曹明颜.中文版Project 2016实用教程[M].北京:清华大学出版社,2016.
[8] 白均生.建设工程合同管理与变更实务[M].北京:中国水利水电出版社,2012.
[9] 刘庭江.建设工程合同管理实务[M].北京:北京大学出版社,2013.
[10] 张宜松.建设工程合同管理[M].北京:化学工业出版社,2010.
[11] 高成民.建设工程合同管理[M].西安:西安交通大学电出版社,2013.
[12] 王广月,毛守让.工程合同风险管理与索赔[M].北京:中国水利水电出版社,2009.
[13] 李思齐.建设工程招投标与合同管理实务[M].北京:航空工业出版社,2012.
[14] 余立中.建设工程合同管理[M].广州:华南理工大学出版社,2011.
[15] 王菁,张亚利.Project 2016项目管理自学经典[M].北京:清华大学出版社,2016.
[16] 刘恩超,黄庆瑞.工程合同管理与索赔[M].上海:上海交通大学出版社,2015.
[17] 李晓东,张德群,孙立新.建设工程信息管理[M].北京:机械工业出版社,2015.
[18] 金永超,张宇帆.BIM与建模[M].成都.西南交通大学出版社,2016.
[19] 鲍学英.BIM基础及实践教程[M].北京:化学工业出版社,2016.
[20] 程朝斌,张水波.Project 2013中文版简明教程[M].北京:清华大学出版社,2015.
[21] 谢华.Project 2013中文版项目管理:从新手到高手[M].北京:清华大学出版社,2014.
[22] (美)Project Management Institute(项目管理协会).项目管理知识体系指南(PMBOK指南)(第六版)[M].北京:电子工业出版社,2018.
[23] 张会斌.Project 2010企业项目管理实践[M].北京:人民邮电出版社,2011.
[24] 刘国成.中文版Project 2013实用教程[M].北京:清华大学出版社,2015.
[25] 贺成龙,曹萍,成虎.工程项目管理(第二版)[M].北京:中国电力出版社,2018.
[26] 季福长,冯亚丽.工程项目管理[M].重庆:重庆大学出版社,2007.